D1730615

Ingrid Reisinger
Bekannte, unbekannte und vergessene Herren- und Gutshäuser
im Land Brandenburg
Band 2

Ingrid Reisinger
in Begleitung von Walter Reisinger

Bekannte, unbekannte und vergessene Herren- und Gutshäuser im Land Brandenburg

Eine Bestandsaufnahme

Band 2

၌ Stapp Verlag Berlin

Gedruckt mit freundlicher Unterstützung
der Stiftung Preußische Seehandlung

ISBN 978 3 87776 082 6

© Stapp Verlag Berlin 2013

Umschlaggestaltung: Katrin Dommermuth, Hamburg
Satz: Doris Rohr, Zeuthen
Druck: AZ Druck und Datentechnik GmbH, Berlin
Bindung: Stein + Lehmann, Berlin

Inhaltsverzeichnis

Landkreis Potsdam-Mittelmark

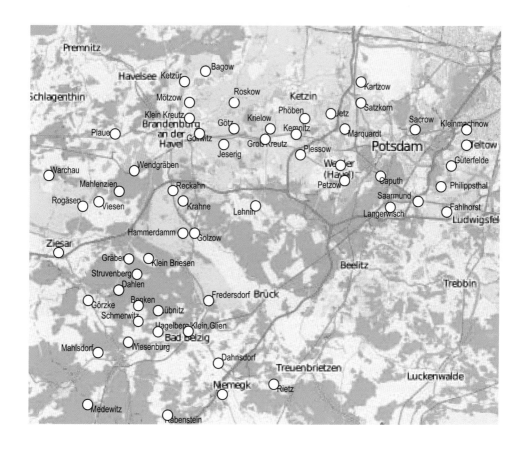

Kleinmachnow-Hakeburg

Seeseite 2010

Auf dem ehemaligen Rittergut Machnow waren die von Hakes nahezu 500 Jahre bis 1945 ansässig. Fontane beschrieb „... *Diese Familie, die drei Gemshörner (Haken) im Wappen führt. ...*" (27) Sie lebte an der Südseite des Machnower Sees, wo die „alte Hakeburg" aus dem 16. Jahrhundert und das Herrenhaus aus dem 18. Jahrhundert lagen. Beide Bauten sind im Zweiten Weltkrieg beschädigt und danach abgetragen worden. Die sehenswerte Kirche beherbergt viele Zeugnisse der früheren Patrone. Außerdem steht noch das Eingangstor.

Auf der anderen Seite des Sees, auf dem Seeberg, entstand von 1906 bis 1908 die neue Hakeburg. Bauherr war Dietloff von Hake, der von seinem Vetter, mit dem er das Familienerbe teilte, getrennt sein wollte. Er beauftragte Bodo Ebhardt (1865–1945) mit dem Bau der neoromanischen Burg. An das burgähnliche Hauptgebäude schließt sich ein kleiner Hof mit einfacheren Wirtschaftsgebäuden an.

1937 musste das Anwesen aus finanziellen Gründen verkauft werden und gelangte an die Deutsche Reichspost. Es wurde Wohnung des Postministers und Teil der Reichspostforschungsanstalt, die hier und an anderer Stelle Kleinmachnows Forschungen zur Farbfernseh-, Hochfrequenz-, Infrarot- und zu weiteren kriegswichtigen Techniken betrieb (82).

Nach 1945 war das Haus nacheinander SED-Parteischule, dann ein so genannter Intelligenz-Club und zuletzt Gästehaus der SED. Arafat, Castro, Chruschtschow und Gorbatschow wohnten hier. Nach der politischen Wende wurde im Gebäude ein Hotel mit Restaurant eingerichtet, das jedoch inzwischen aufgegeben ist. Zeitweilig diente die Burg als Ort für Veranstaltungen und Filmarbeiten.

Die Deutsche Telekom war als Post-Nachfolgerin Eigentümerin der Immobilie und verkaufte sie 2006 an eine Grundstücksverwertungsgesellschaft. Diese plant den inzwischen jahrelangen Leerstand durch eine Nutzung des Hauses für Eigentumswohnungen zu beenden. Nachdem das imposante Gebäude mehrere Jahre leer steht, strebt die Immobiliengesellschaft 2012 einen erneuten Verkauf an.

Teltow-Seehof

2012

Außerhalb von Teltow, am damals noch vorhandenen Teltowsee, der Anfang des 20. Jahrhunderts dem Teltowkanal zum Opfer fiel, entstand 1856 das Gut Seehof. Stadtrat Dr. Jacobson erwarb vom Ackerbürger Neumann dessen Land und Gehöft, das er durch Wirtschaftsgebäude und Wohnhäuser zum Gut Seehof erweiterte.

Die Brüder Albert und Max Sabersky kauften das Gut 1870. Albert baute sich eine neue Villa, Max ließ das Gutshaus in historisierendem Stil umbauen. Ein Wappen weist noch heute auf Max Sabersky hin. Den Park ließ er durch den Gartenarchitekten Theodor II Nietner (1823–1894), einen Schüler Lennés, gestalten. Ein Teil der Ländereien wurde parzelliert, und es entstand eine Villenkolonie. Seine Erben ließen das restliche Land durch einen Verwalter bewirtschaften. Nach 1933 musste der Besitz verkauft werden. Die Familie verließ Deutschland. (130)

Das Gutshaus wurde am Ende des Zweiten Weltkrieges sowjetische Kommandantur. Später beherbergte es ein Ambulatorium, jetzt wird es durch Zahnarztpraxen und ein Dentallabor genutzt. Auf den Ländereien und im Park entstanden und entstehen auch heute noch weitere Siedlungshäuser.

Güterfelde

Eingangsfront 2009   *Parkseite 2012*

Das vormals unter dem Namen Gütergotz (bis 1937) gegründete Rittergut ist seit Ende des 13. Jahrhunderts bekannt. Der Besitz wechselte häufig zwischen Adligen, Bürgerlichen, Kirchenfürsten und dem Landesherrn.

Der Geheime Oberfinanz- und Kriegsrat Grothe, der das Gut 1804 übernahm, ließ bis 1815 nach Plänen von David Gilly das Gutshaus erbauen und einen Park anlegen. Das Gutshaus war auf einem Feldsteinsockel gegründet und mit einem stumpfen Turm verziert. (Abb. unten links).

Von seinen Erben erwarb 1817 der Geheime Revisionsrat Paul Humbert das Anwesen (227).

Den nächsten Umbau veranlasste 1868 der nächste Besitzer, der preußische Kriegsminister Emil von Roon, der das Gebäude im Stil der Neorenaissance umbauen ließ (Abb. unten rechts).

Der letzte private Eigentümer war der Hausbankier Bismarcks, Gerson von Bleichröder, der das Gut schon 1873 von Graf von Roon erwarb. Bleichröder, der Kontakte mit der Bankiersfamilie Rothschild pflegte, nahm sich bei der erneuten Umgestaltung des Hauses in Gütergotz das Schloss Ferrieres der Rothschilds bei Paris zum Vorbild. Es entstand damit das Gebäude, das, bis heute in seiner äußeren Gestalt erhalten geblieben ist. Die Parkanlage, die nicht erhalten ist, wurde von Theodor II. Nietner entworfen (s. a. Teltow-Seehof).

Bleichröders Erben veräußerten das Anwesen 1893 an die Stadt Berlin. Das Herrenhaus wurde dann Sanatorium, Standort der „Division Feldherrnhalle", im Zweiten Weltkrieg Offiziersunterkunft. (38)

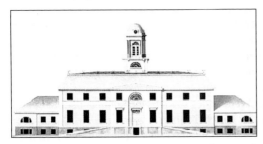 

Aquarellierte Federzeichnung. David Gilly (um 1804)   *Farblithographie. A. Duncker (1857–1883)*

Nach dem Krieg diente es zunächst als Kaserne für die Rote Armee. Danach war es Kinder-Tuberkulose-Heilstätte, von 1952 bis 2009 ein Pflegeheim. Seit 2011 wird es ebenso wie ein Nebengebäude aus den 1950er Jahren saniert. Durch einen privaten Betreiber werden Eigentumswohnungen eingerichtet.

Phillippsthal

Straßenseite 2008

Friedrich II. verfügte im Zusammenhang mit der Weber- und Seidenspinnerkolonialisierung, dass ein Dorf zu gründen sei, welches nach seinem Kammerdiener Philippsthal heißen solle. Der Entwurf aus den Jahren 1753/54 für das entsprechende Dorf stammt vom preußischen Ingenieur Knoblauch (245).

Als Mittelpunkt einer geplanten Maulbeerplantage wurde 1764 ein Domänengut (aus Friedrichs Huld!) mit Herrenhaus, Park und Nebengebäuden errichtet. Das herrschaftliche Haus diente als Wohnhaus des Dorfschulzen. Erster Besitzer des Gutes war der königliche Feldprobst Decker. 1801 erfolgte ein Umbau des Hauses im Stil der preußischen Landbauschule. Es erhielt den Namen „Friedrichhuld". Der Saal im Obergeschoss, der in der Art David Gillys ausgemalt wurde (Wände, Decke, Supraporten), ist bis heute erhalten.

Letzter Besitzer von 1820 bis 1945 war die Familie Allardt.

Der Schriftsteller Horst von Tümpling (1938–1983) bewohnte das Haus in den 1970er bis 1980er Jahren und bewahrte es dadurch vor dem Verfall.

Jetzt ist das Anwesen im Besitz einer Dame, einer Nachfahrin der Familie Allardt, welche nach Auskunft einer Dorfbewohnerin hier geboren wurde.

1997 bis 2000 ist das Haus einschließlich der schönen Malereien im Obergeschoss und die Nebengebäude durch die Besitzerin mit Unterstützung der Deutschen Stiftung Denkmalschutz restauriert worden.

Saarmund

Hofseite 2012

Bis Anfang des 19. Jahrhunderts war das Vorwerk Saarmund zusammen mit weiteren Vorwerken Kern der Königlichen Domäne Saarmund. Neben einem Wirtschaftshof gab es das Wohnhaus des Amtmannes. 1807 verkaufte Preußen diese Domäne an den Amtsrat Johann Ludwig Kühne. Er ließ das Vorwerk von der Preußischen Landbauschule unter David Gilly umbauen. Es entstand ein Ensemble aus traditioneller ländlicher und frühklassizistischer Bauweise. Das Amtshaus war eingeschossig und hatte sieben Achsen. Bis 1874 im Besitz der Familie Kühne, wechselten die Eigentümer danach häufig.

Einem Mitglied der Spirituosenfabrikantenfamilie aus Berlin, Alfred Gilka, gehörte das Gut Ende des 19. Jahrhunderts. Er veranlasste ab 1890 Umbauten im Tudorstil. Das Haus wurde um einen turmartigen Anbau erweitert und aufgestockt (histor. Abb.). 1896 verkaufte Gilka das

Anwesen dem Bremer Kaufmann Friedrich Corssen, der es 1900 an Robert Stock, den Gründer der Telegrafenapparate-Fabrik veräußerte (s. a. Werneuchen, Mehrow/ MOL). Als Robert Stock 1912 starb, ging der Besitz an den Prinzen Friedrich Leopold von Preußen. 1939 wurde das Gut an die Dresdener Bank verkauft. (240) Nach 1945 kamen Vertriebene im Herrenhaus unter. Später wurde es Sitz der LPG und enthielt Wohnungen. In dieser Phase ist der Turm in Größe und Gestalt verändert, sind Gliederungen und Krönungen des Gebäudes beseitigt worden. Im Besitz der Gemeinde, dient es weiter als Wohnhaus, es soll verkauft werden.

Fahlhorst

Gartenseite 2012

Vor dem Dreißigjährigen Krieg gehörte Fahlhorst zur Herrschaft der Frau von Schlabrendorf. Sie stiftete auch die erste Kirche des Sprengels.

1670 kamen die Ländereien unter kurfürstliche Herrschaft. Das Gut wurde Meierei, zuständig für die Versorgung des kurfürstlichen Hofes mit Butter. Bewirtschaftet haben es Amtmänner.

Später war das Fahlhorster Gut ein Vorwerk der Amtsdomäne Saarmund. Der Generalpächter Oberförster Kühne erwarb es 1813. Im Besitz der Kühnes blieb es bis 1880, als es von der Familie Koreuber erworben wurde (237). Das Gutshaus hat vermutlich die Familie Kühne errichtet.

Nach den Zweiten Weltkrieg richtete die Gemeinde Wohnungen im Gutshaus ein. Bis heute ist es ein Mietswohnhaus. 2002 bis 2004 wurden die Fassade und das Dach von der Gemeinde saniert. 2012 ist es an eine Wohnungsbaugesellschaft verkauft worden.

Langerwisch

Straßenseite 2010

Das Gutshaus ließ August von Thymen, Gutsherr auf Caputh und Langerwisch, um 1800 bauen. Die Güter blieben bis 1908 im Besitz der Familie.

Der siebenachsige Putzbau mit einem Mittelrisalit und mit Eckpilastern, die durch Palmetten- und Akanthusfriese (16) abgeschlossen werden, war das ursprüngliche Gutshaus.

Als es 1919 zu einem Gasthaus ausgebaut wurde, ist an der Ostseite ein Saal angefügt worden. Schon damals hieß es „Zum alten Schloss". Der Lyriker Peter Huchel (1903–1981) verbrachte als Kind häufig die Ferien im Gutshaus, bei einer Verwandten, der „Schlossbesitzerin".

Heute dient es, wie die Abbildung zeigt, weiterhin als Restaurant.

Werder

1786 kaufte der damalige Lehnschulze Kaehne aus Petzow das Gut Werder. Er ließ zwischen 1786 und 1789 das barock/frühklassizistische Gutshaus mit Stuckdekor an der Eingangsfront bauen. Auf dem Hof wurde später eine Brauerei eingerichtet.

Friedrich Wilhelm Lendel, der Besitzer eines Obstverarbeitungsbetriebes und Brauherr übernahm das Gut 1916 und nutzte das Gutshaus als Wohn- und Kontorhaus. Hinter dem Haus entstand eine Saftfabrik. Die Ehefrau führte nach dem Tod ihres Mannes bis 1953 den Betrieb weiter, danach wurde es ein „Betrieb mit staatlicher Beteiligung", später ein komplett „Volkseigener Betrieb". Im Gutshaus waren nach 1945 zuerst sowjetische Soldaten, später Flüchtlinge einquartiert.

2008 erwarb eine Vermögensverwaltungs-GmbH Haus und Hof. Beide werden jetzt gastronomisch und künstlerisch genutzt.

Werder, Straßenseite 2009

Plessow

2011

Das Rittergut Plessow befand sich von 1351 bis 1945 im Besitz der Familie von Rochow. Der Vorgängerbau des jetzigen Herrenhauses mit L-förmigem Grundriss stammt aus dem 17. Jahrhundert. Dieser ist im Kern im niedrigeren Seitenflügel des zweiflügeligen Putzbaus aus den Jahren 1789/90 enthalten. Am Hauptflügel und am Kopfbau des Seitenflügels fallen Lisenen im

Farblithographie. A. Duncker (1857–1883)

Stil der Gontard-Schule auf (16). Bauherr war Friedrich Ludwig von Rochow. Er erweiterte auch den Park bis zum Großen Plessower See.

Während der DDR-Zeit nutzte die Fachhochschule für Außenhandel das Gebäude, später die Zollverwaltung. Es erfolgten entsprechende Veränderungen im Inneren. Im Park wurden zusätzliche Lehrgebäude und ein Internat errichtet.

Jetzt ist es im Besitz des Bundesfinanzministeriums, das es als Bildungszentrum nutzt. Der neue Eigentümer ließ das ehemalige Herrenhaus in der Mitte der 1990er Jahre äußerlich denkmalgerecht sanieren. Im Inneren erinnern nur noch der Festsaal und die Kellerräume an die Ursprünge des Gebäudes. Auf dem ehemaligen Parkgelände sind weitere moderne Gebäude entstanden.

Die nahe gelegene kleine Kirche aus Feldstein im Tudorstil stammt aus der Stüler-Schule.

Kemnitz

2009

Seit dem 14. Jahrhundert, mit einer Unterbrechung im 16. Jahrhundert (von Görne), befand sich das Gut Chemnitz, so hieß es damals, im Besitz der Familie von Rochow. Das Gutshaus wurde 1702 vermutlich auf den Mauern eines Vorgängerbaus errichtet. 1735 erwarb die Familie von Britzke das Anwesen.

Gutshaus und Wirtschaftsgebäude, die aus dem 19. Jahrhundert stammen, liegen auf einer Halbinsel im nördlichen Ende des Großen Plessower Sees.

1994/96 wurden alle Gebäude von einem schwedischen Konsortium zu einer Wohnanlage umgebaut und weitere Häuser mit Eigentumswohnungen direkt am Seeufer hinzugefügt. Die Lage ist idyllisch, die Häuser stehen aber nach unserer Meinung zu dicht nebeneinander, und nicht alle haben direkten Wasserzugang.

Das Eigentum ist inzwischen an einen privaten Investor übergegangen, er selbst wohnt im ehemaligen Gutshaus. Dessen Park dehnt sich bis zum Seeufer aus.

Farblithographie. A. Duncker (1857–1883)

Groß Kreutz

Parkseite 2011

Groß Kreutz befand sich in wechselndem Besitz bekannter Adelsfamilien, wie von Rochow, von Hacken (Hake), von Arnstedt, von der Marwitz-Friedersdorf. Letztere waren Besitzer bis 1945.

Das Herrenhaus wurde 1765 bis 1767 für Botho von Hacken im Stile Knobelsdorffs von dessen Schüler Friedrich Wilhelm Dietrichs (1702–1782) erbaut. Die an Vorder- und Hinterseite halbrund vorspringenden drei mittleren Achsen lassen eine gewisse Ähnlich-

Farblithographie. A. Duncker (1857–1883)

keit mit Sanssouci erkennen. Auf der Westseite schließt sich ein flacherer vierachsiger Flügel an. Der Flügel auf der Ostseite wurde 1847 durch einen quer stehenden zweigeschossigen klassizistischen Bau, das Verwalterhaus, ersetzt. Er bildet den Übergang zu einem durch Weinbewuchs verschönerten Vierseiten-Wirtschaftshof mit einem Speicher aus dem 18. Jahrhundert, aber auch zu Neubauten aus der Zeit nach 1945.

Von 1946 bis 1957 gehörte das Gut zur landwirtschaftlichen und veterinärmedizinischen Fakultät der Humboldt-Universität, danach war es ein Lehr- und Versuchsgut für Tierzucht. Das Gutshaus diente in dieser Zeit als Lehrlingswohnheim mit entsprechenden Umbauten im Inneren.

Die ehemals kostbare Innenausstattung mit Stuck und dekorativen Wandmalereien im Gartensaal ist zwar teilweise noch erhalten, aber von Farbschichten bedeckt. Das Innere des Hauses, das wir bei einem Besuch 2011 sehen könnten, macht durch zerstörte Decken und auf Sanierung wartende Wände und Fenster einen trostlosen Eindruck. Im Gartensaal wird begonnen, die einstige Deckenmalerei freizulegen. Die dem Oval der Säle angepassten Türen sind noch vorhanden.

Seit Mitte der 1990er Jahre ist das Anwesen wieder im Besitz von Nachfahren derer von der Marwitz. Diese konnten es erwerben und wollen es nach und nach restaurieren. Unterstützung gewährt dabei die „Deutsche Stiftung Denkmalschutz". In den nächsten Jahren sollen das Haus mit seinem ovalen Festsaal und der Speicher restauriert werden (71). Allerdings ist – zumindest äußerlich – im Abstand der zwei Jahre, in denen wir das Anwesen besucht haben, kein wesentlicher Fortschritt zu erkennen.

Dagegen ist das Innere der im Barock umgebauten mittelalterlichen Kirche wunderbar restauriert. Das Verwalterhaus ist 2012 eingerüstet.

Zur Gemeinde Groß Kreutz gehören die folgenden Orte: Götz, Krielow und Jeserig.

Götz

Götz war früher ein Lehnschulzengut, dessen Gutsanlage noch zum Teil erhalten ist. Das Lehnschulzenhaus entstand zwischen 1790 und 1810 in Fachwerkbauweise.

Jetzt ist es ein Landgasthof. Er wurde 1990 restauriert.

2009

Krielow

Das Gut Krielow liegt direkt neben dem Kirchhof. Der Grabstein der Gutsbesitzerfamilie Wendt, die bis 1945 hier ansässig war, steht in der Nachbarschaft zum Gutshaus. Dieses ist ein langgestreckter eingeschossiger Putzbau mit Satteldach. Er befindet sich in privatem Besitz. Die begonnenen Restaurierungsarbeiten scheinen allerdings zu stagnieren. Das Haus steht seit Jahren leer.

Krielow ist bekannt durch die Flugversuche Otto Lilienthals, der 1891 vom Mühlenberg mit seinem

2012

Flugapparat einige Minuten fliegen konnte. Ein Denkmal auf dem Windmühlenberg erinnert daran.

Jeserig

Besitzer des Rittergutes waren seit 1644 mit Unterbrechungen bis 1914 mehrere Generationen der Familie von Rochow.

Das ehemalige Gutshaus Jeserig mit mehreren Anbauten beherbergt heute die Grundschule des Ortes. Das restaurierte Gebäude ist seit 2012 mit einem gelben Farbanstrich versehen.

2011

Lehnin

2010

Nach der Säkularisierung fiel der Besitz des Zisterzienserklosters Lehnin an den Landesherrn und wurde kurfürstliche, später preußische Domäne.

Das Amtshaus des Domänengutes Lehnin steht im Klostergelände. Es entstand Ende des 17. Jahrhunderts. Ein klassizistischer eingeschossiger Gartensaal kam im 19. Jahrhundert hinzu. 1911 wurde es Mutterhaus der Diakonissen.

1955 bis 1992 nutzte es die Chirurgische Klinik des Lehniner Krankenhauses, im Gartensaal befanden sich die Operationsräume! Danach wurde es durch das Land Brandenburg mit Unterstützung der Evangelischen Kirche restauriert. Seit 2005 beherbergt es das „Museum im Zisterzienserkloster" mit der Dauerausstellung „Wo Himmel und Erde sich begegnen".

„Schäferhaus" (nördlicher Flügel) 2012

Nördlich Lehnins liegt der kleine Ort **Damsdorf**, in dem ein ehemaliges Vorwerk der Domäne aus dem 18. Jahrhundert erhalten ist. Das Gut wurde im 19. Jahrhundert modernisiert. Vom Verwalterhaus aus dieser Zeit sind nur noch die beiden älteren Seitenflügel (ursprünglich Schäferhaus und Meierei) erhalten. Der zweigeschossige Mittelteil wurde nach 1945 abgerissen. Vom großen Wirtschaftshof sind noch zwei Gebäude erhalten. Der Hof ist heute geteilt und dem historischen Vorbild entsprechend restauriert.

Gollwitz

2009

Das in einem Landschaftspark und neben dem Kirchhof liegende Herrenhaus ist ein zweiflüge-liger Putzbau mit Mansarddach.

Im 16./17. Jahrhundert war die Familie von Rochow Rittergutsbesitzer in Gollwitz. Danach gehörte das Gut denen von Görne bis 1817. Es folgte die Familie von (dem) Hagen. Ab 1918 kam das Gut wieder in den von Rochowschen Besitz und blieb es bis 1945.

Der ursprüngliche Bau stammte aus dem 16. Jahrhundert, von diesem zeugen noch heute Teile des Kellers. Die von Görnes errichteten im 17. Jahrhundert ein neues Gutshaus und legten im 18. Jahrhundert einen Landschaftspark an. 1893 wurde das Herrenhaus durch den Oberförster Friedrich Karl von dem Hagen umgebaut.

Nach einem Brand 1929 musste es, nun in Rochowschen Besitz, wieder aufgebaut werden. Es entstand der noch jetzt vorhandene Bau nach den Plänen des Architekten Bodo Ebhardt.

1946 bis 1994 waren eine Schule und der Kindergarten im Herrenhaus. Danach stand es einige Jahre leer, bis es durch die 2001 ge-gründete Stiftung Gollwitz in der Stiftung Denkmalschutz als deutsch-jüdische Begeg-nungsstätte saniert wurde. Seit 2009 ist die Sanierung abgeschlossen.

Direkt auf dem Gelände befindet sich auch die ehemals gotische Feldsteinkirche, die 1750 verändert wurde, insbesondere ihre Turmkon-struktion.

Der Kirchhof beherbergt ein Mausoleum aus dem Jahre 1851 in der Bauart der Schin-kelschule und eine Familiengrabstelle der von Rochows.

Wiesenburg

Südflügel 2009

Farblithographie. A. Duncker (1857–1883)

Wiesenburg wurde im 15. Jahrhundert von dem sächsischen Adelsgeschlecht Brand(t) von Lindau erworben. Die ursprüngliche Verteidigungsanlage fiel der Zerstörung im Dreißigjährigen Krieg zum Opfer. Im Laufe des 300-jährigen Besitzes baute die Familie Brand von Lindau hier einen bedeutenden Herrschaftssitz auf. Durch Erbfolge gelangte der Besitz im 18. Jahrhundert an die Familie von Watzdorf, im 20. Jahrhundert an die des Grafen von Plaue. Die Watzdorfs ließen 1865 durch Oskar Mothes (1828–1903) und nach 1868 durch den Baumeister Hense Umbauten vornehmen. Der herrliche Schlosspark, der aus einem Wildgehege vom Anfang des 19. Jahrhunderts entstand, wurde ebenfalls nach 1865 neu gestaltet und erweitert. Vor 1990 wenig gepflegt, präsentiert er sich jetzt wieder in seiner vollen Pracht. Vorschloss, Schloss und Landschaftspark bilden eine kunstvolle Einheit. Die zu unserem Besuch herbstliche Laubfärbung unterstreicht die Schönheit des Ensembles.

Der Weg zum Schloss führt durch das aus der Renaissancezeit stammende äußere Tor. Es ist zwischen zwei stattlichen Putzbauten gelegen, davon eines mit schönen Neorenaissancegiebeln geschmückt. Der wappenverzierte Giebel des Tores ist von einer Ritterfigur gekrönt.

Über eine Brücke gelangt der Besucher durch ein an der Nordostseite befindliches, mit Sandstein in Renaissanceform dekoriertes Torhaus in den unregelmäßig gestalteten Fünfseitenhof des Schlosses.

Der rechts neben dem Torhaus an der Ringmauer stehende Bergfried aus dem 13. Jahrhundert wurde 1815 auf 48 m erhöht. Beim Umbau des Schlosses von 1864 bis 1868 ist unterhalb des Turmaufbaus von 1815 eine begehbare Galerie angefügt worden.

Vortor   *Torhaus und Bergfried*   *Hof mit Brunnen*

Im Hof fällt ein mit Säulen und Reliefs geschmückter Brunnen aus dem Jahre 1609 auf; er führt in elf Meter Tiefe noch immer Wasser. An den fünf Eingängen der schlichten verputzten Schlossflügel sind bei der Neugestaltung aufwendige Sandstein-Supraporten unter Verwendung originaler Reste aus dem 16. und 17. Jahrhundert angebracht worden.

Die Außenseite des Schlosses ist vor allem am Südflügel repräsentativ gestaltet. Eine Terrassenanlage führt von der Südfassade in den Park (Abb. vorige Seite).

Von 1946 bis 1992 beherbergte das Schloss eine Russisch-Oberschule einschließlich Internat.

Seit 1998 gehört es einem privaten Investor, der es sanieren ließ und Eigentumswohnungen und Büroräume einrichtete.

Klein-Glien

Klein Glien war seit 1595 fast 200 Jahre im Besitz der Familie Brand von Lindau, später von Brandt. Das erste Gutshaus entstand zwischen 1660 und 1670 durch Jobst Christoph Brand von Lindau. 1665 wurde eine kleine Kirche, dem Gutshaus gegenüber liegend, als Patronatskirche errichtet. 1790 erhielt sie ihre noch heute vorhandene Gestalt.

1775 gelangte das Gut an die Familie von Teyden, später durch Eheschließung an die von Tschirsky. 1822 wurde das Gutshaus, so wie es sich noch heute darbietet, durch den späteren Landrat Levin von Tschirsky erneuert. Die alten Wirtschaftsgebäude auf der Westseite wurden abgebrochen und neu errichtet. Auf der Ostseite ließ er den vorhandenen englischen Garten erweitern und neu gestalten. Seine Familie war bis 1945 hier ansässig. (203)

Die Hofanlage mit Gutshaus steht jetzt unter Denkmalschutz. Das Gutshaus wird als Tagungs- und Hochzeitshotel genutzt. Der Garten wurde in Anlehnung an den alten Stil restauriert.

Klein Glien ist Ortsteil des nahe gelegenen Hagelberg.

Klein-Glien, Gartenseite 2009

Hagelberg

Hofseite 2012   *Hofseite um 1900*

Hagelberg liegt idyllisch eingebettet in eine Senke nördlich des Hagelberges, der mit 200 Metern eine der höchsten Erhebungen Brandenburgs ist.

Vom Ende des 17. bis Mitte des 18. Jahrhunderts gehörten Hagelberg und Klein Glien zu den Wiesenburger Besitzungen der Linie von Brand von Lindenau. Danach waren von Treyden, von Watzdorff und von Plaue zu Wiesenburg Rittergutsbesitzer in Hagelberg.

Sehr häufig war Hagelberg verpachtet. 1877 bis 1914 war Amtmann Lignitz Pächter. Danach, bis 1945, bewirtschaftete der Pächter Kühtz das Gut. Ein Herrenhaus wird schon im 18. Jahrhundert erwähnt. Das Gutshaus, auf der Westseite des Gutshofes ist leer.

„Am Gutshaus selbst, es wurde im Jahre 1823 erbaut, entstand später 1867 ein Neuanbau." So steht es in der Chronik (203).

1858 bestand das Rittergut aus zwei Wohnhäusern und vier Wirtschaftsgebäuden (19). Vermutlich ist damit ein weiteres Wohnhaus auf dem Gutsgelände gemeint, das an der südwestlichen Ecke des Hofes gelegen ist, allerdings getrennt vom älteren Haus. Es wurde nach 1990 restauriert und ist bewohnt. Nur dieses Gebäude wird heute im Dorf als Gutshaus bezeichnet.

„Neus Gutshaus", Gartenseite 2012

Der Ort ist berühmt geworden durch die Schlacht am Hagelberg während der Befreiungskriege, bei dem ein französisches Korps durch Preußische Soldaten mit Hilfe russischer Kosaken geschlagen wurde. Das Gefecht fand statt am 27. August 1813 in der Folge der Schlacht bei Großbeeren und im Vorfeld der Völkerschlacht bei Leipzig. An das Ereignis erinnern zwei Denkmale. Eines von 1849, das ehemals eine Borussia trug und das durch Zerstörung 1945 verändert wurde und ein zweites mit einer Gedenktafel aus dem Jahr 1955 (!).

Schmerwitz

Nordflügel 2010

Das Rittergut Schmerwitz, ehemals zum Besitz von Wiesenburg gehörig, ging an Nachfahren der dort ansässigen Familie Brand von Lindau. Das Anwesen blieb im Besitz der Familie bis 1945.

Das ehemalige Herrenhaus besteht aus dem früheren Mittelteil und einem L-förmig ansetzenden Nordflügel. Ein Südflügel ist 1892 abgebrannt. Den Kern bildet der eingeschossige Hauptbau mit Stummelflügeln, zweigeschossigen Mittelrisaliten auf beiden Seiten und hohem Walmdach (Abb. S. 424). Er wurde 1736 wohl auf den Resten eines Vorgängerbaus aus dem 16. Jahrhundert für Carl Friedrich Brand von Lindenau aufgebaut.

Hofseite   *Hauptflügel*   *Gartenseite*

Ein neobarocker Aufbau des Nordflügels und die neobarocke Umgestaltung der hofseitigen übrigen Bauteile erfolgte 1871/72.

Nordöstlich des Herrenhauses liegt der große Gutshof mit einigen gut erhaltenen Wirtschaftsgebäuden und einem kleinen neobarocken Verwalterhaus aus dem Jahr 1871. Letzteres ist in einer Linie zum Nordflügel gelegen und sehr schön restauriert.

Nach 1945 war auf dem Gut ein volkseigener Saatzuchtbetrieb untergebracht. Durch eine hohe Betonmauer wurde der Gutshof vom Herrenhaus und dem umgebenden Gelände abgegrenzt. Denn in das Herrenhaus war 1954 eine Kampfgruppenschule eingezogen. Zuvor befand sich hier ein Parteischulungszentrum. Am Südende des Hauptflügels entstand 1954 ein Aula-Anbau aus rotem Backstein mit polygonalem Grundriss, der nach unserer Auffassung absolut nicht hierher passt. Umso erstaunter lesen wir, dass dieser Anbau der Architektursprache Hans Scharouns entspräche (16). Zur gleichen Zeit entstanden, ebenfalls aus rotem Klinker, Häuser für Schüler in einem ähnlichen Stil. Der frühere südlich und westlich des Schlosses gelegene Park ist durch spätere Neubauten, die zur Kampfgruppenschule gehörten, weitgehend zerstört worden.

Im Dorf selbst wurde ein Dorfangerkonzept mit speziellen „Aktivistenhäusern" realisiert, das als Besonderheit der Bebauung auf dem Lande in der frühen DDR-Zeit gilt. Die Häuser sind heute fast alle restauriert.

Das Schloss dagegen steht seit den 1990er Jahren leer! Ein weiteres Kulturgut droht zu verfallen.

Burg Eisenhardt- Bad Belzig

Die Burg wurde 997 erstmals urkundlich erwähnt. Die Besitzer wechselten zwischen der Markgrafschaft zu Meißen, zu Brandenburg und dem Erzbistum Magdeburg, später den sächsischen Kurfürsten. Die erweiterte Burg stammt aus dem 13. Jahrhundert und wurde von den sächsischen Kurfürsten im 15. Jahrhundert als Festung ausgebaut. Sie erhielt damals den Namen „Eisenhardt".

Die Zerstörungen im Dreißigjährigen Krieg machten einen Wiederaufbau erforderlich. Größere Umbauten im Inneren der Burg erfolgten im 18. Jahrhundert.

Die Burg wurde unterschiedlich genutzt: als Grenzfestung, Gerichts- und Zollstätte und als Jagdschloss. Mit der Übernahme durch Preußen 1815 wurde sie Sitz des Landratsamtes und um 1850 restauriert.

Bedeutende Gäste waren: Zar Peter der Große, der preußische General Gerhard von Scharnhorst, Kaiser Napoleon I.

Torhaus 2010

Nach 1933 wurde auf der Burg eine Reichsschule betrieben, nach 1945 eine Berufsschule, eine Jugendherberge und ein Jugendclub.

Die Festungsmauer mit fünf Bastionen umschließt einen unregelmäßigen polygonalen Burghof mit einem 24 m hohen Bergfried aus dem 12./13. Jahrhundert. Aus dem 15. Jahrhundert stammt das gewaltige Torhaus, flankiert von zwei halbrunden Türmen. Östlich des Torhauses liegt der niedrigere Speicherflügel, das ehemalige Salzmagazin.

Über eine Grabenbrücke ist das Tor zu erreichen, das sich zu einem Raum mit gotischem Zellengewölbe erweitert. Im Hof sind Ausgrabungen spätromanischer Burgreste der Kernburg, freigelegt.

Die zwischen 1992 und 1999 restaurierte Burg beherbergt jetzt das Heimatmuseum und eine Bibliothek im Torhaus. Im ehemaligen Speicher sind ein Hotel, ein Restaurant und Verwaltungsräume eingerichtet. Der Burgkeller wird für Veranstaltungen genutzt.

Burg Rabenstein

Die auf einer Anhöhe gelegene Burg wurde 1251 erstmals urkundlich erwähnt. Rudolf von Sachsen ließ die Burg um 1300 stärker befestigen. Danach fand mehrfach ein Besitzerwechsel statt: von Oppen, Kurfürstlich Sächsischer Amtssitz, Professor Unruh aus Wittenberg (Assessor des kurfürstlichen Amtsgerichts) und weitere bürgerliche Besitzer sowie anhaltinischer Hochadel (18).

Rabenstein diente 1813 dem schwedischen Kronprinzen Bernadotte als Hauptquartier.

Nach dem Übergang zu Preußen 1815 wurde Rittmeister von Schönebeck Eigentümer. Er nutzte die Burg als Gutshof.

Von 1890 bis 1945 befand sich hier eine Försterei, danach bis 1956 eine Forstschule. Von 1956 bis 1998 war die Burg eine Jugendherberge.

Die Burg wurde mehrmals umgebaut: im 15. und 17. Jahrhundert nach Zerstörungen, danach im 18. und 19. Jahrhundert, zuletzt nach 1990.

Hof mit Wohnflügel und Torhaus vor dem Bergfried 2012

Farblithographie. A. Duncker (1857–1883)

Steil aufragende Burgmauern umschlie-ßen die längsovale Burganlage. Neben dem Bergfried aus dem 13. Jahrhundert begrenzt ein Torhaus den Hof, der durch verschiedene Gebäude eingerahmt wird. Auf der Nordseite steht neben dem Torhaus der Wohnflügel, an den sich ein kleineres Wirtschaftsgebäude anschließt. Die Westseite wird durch ein gro-ßes Feldsteingebäude mit hohem Dach be-grenzt. Dieser sogenannte Rittersaal war wohl ursprünglich ein Wirtschaftsgebäude.
Im Wohntrakt lädt eine modernisierte Her-berge Gäste jeden Alters ein. Wir erleben, wie eine Hochzeitsgesellschaft aufbricht, die hier gefeiert und übernachtet hat.

Sacrow

2009

Das Wohnhaus wurde 1773 anstelle eines Vorgängerbaus für den Kommandanten der Spandauer Zitadelle, Graf Johann Ludwig von Hordt, errichtet. Dieser hatte das Gut zehn Jahre zuvor erworben. 1779 verkaufte er Sacrow an den Baron von Fouqué, den Vater des Dichters Friedrich de la Motte Fouqué (s. a. Lentzke, OPR).

Ab 1840 war es bis 1918 im Besitz des Preußischen Königshauses und diente als Domänensitz. In dieser Zeit entwarf und gestaltete Peter Joseph Lenné den Park mit wundervollen Sichtachsen zu den benachbarten Schlössern.

Danach wurde es zu Wohnzwecken für Minister genutzt, ab 1938 war es Sitz des Reichsforstmeisters. Zu dieser Zeit erfolgten Umbauten, und Nebengebäude wurden errichtet.

Nach 1945 diente das Schloss zunächst als Erholungsheim. Ab 1961 im Besitz der NVA und später der Zollbehörde der DDR, war es für die Öffentlichkeit nicht mehr zugänglich.

Das änderte sich mit der „Wende". Haus und Park wurden 1993 durch den neuen Besitzer, die Stiftung „Preußische Schlösser und Gärten Berlin-Brandenburg", restauriert. Besucher können sich an dem Anblick des Hauses und den Blicken über die wieder gewonnenen Sichtachsen erfreuen.

Caputh

Parkseite 2010

Das Herrenhaus ist „... *ein Hochparterrebau, mit Souterrain und zweiarmiger Freitreppe.*" (26) So beschrieb Fontane das Schloss am Schwielow-See. Diese Freitreppe führt in den kleinen Park, der sich bis zum Ufer des Sees erstreckt. Der ursprünglich barocke Schlosspark wurde durch Lenné als kleiner Landschaftspark gestaltet, er präsentiert sich auch heute noch so.

Der erste Landsitz an dieser Stelle aus dem 16. Jahrhundert wurde im Dreißigjährigen Krieg zerstört. 1662 erwarb der Große Kurfürst Gut Caputh. Der neunachsige Kern des heutigen Schlosses stammt aus den 1660er Jahren, als es sich kurzzeitig im Besitz des Baumeisters Philipp de la Chieze befand. Nach dessen Tod 1671 wurde es wieder landesherrlich. Für die zweite Gemahlin des Kurfürsten, Dorothea, ist es ab 1675 um hofseitige Eckpavillons erweitert und repräsentativ ausgestaltet worden. Auch als es die Ehefrau Sophie des Kurfürsten Friedrich Wilhelm III. (später König Friedrich I.) von 1690 bis 1694 nutzte, sind Umgestaltungen der Innenausstattung erfolgt.

König Friedrich Wilhelm I. diente das Gebäude als Jagdschloss. Er ließ im Jahre 1720 den Speisesaal seiner Jagdgesellschaften mit den noch heute beeindruckenden holländischen Fliesen auskleiden. Die folgenden Könige nutzten das Schloss nicht mehr, es wurde verpachtet.

1820 erwarb die Familie von Thymen Schloss und Gut Caputh, später ging es im Erbgang an die Familie von Willich. Diese änderten im Inneren des Schlosses wenig. Im Park wurde ein Kavaliershaus errichtet und im Jahre 1909 ein westlicher Seitentrakt an die Vorderseite des Schlosses angefügt.

Nach der Enteignung befanden sich hier berufsbildende Einrichtungen. Eine Restaurierung wurde schon zu DDR-Zeiten begonnen, aber erst mit dem Übergang in den Besitz der Stiftung Preußische Schlösser und Gärten Berlin-Brandenburg von 1995 bis 1999 beendet. Heute ist das Schloss als Museum der Öffentlichkeit zugänglich. Zu den Ausstellungsobjekten gehören Kunstwerke, die noch aus dem Nachlass der Kurfürstin Dorothea stammen.

Petzow

Parkseite 2011

Gegenüber Caputh, auf der anderen Seite des Schwielowsees, auf einer Halbinsel zwischen Schwielow- und Glindower See, liegt das von Schinkel und Lenné geprägte Ensemble Petzow mit Dorf, ehemaligem Herrenhaus, Park und Kirche.

Geschaffen wurde dieses Refugium von der Familie (von) Kaehne (1740 geadelt), die sich, wie Fontane es bezeichnete, *„von der Pike auf"* entwickelte. Die Kaehnes waren seit dem Dreißigjährigen Krieg zunächst als Bauern, bald als Lehnschulzen und – durch Landzukauf – als Rittergutsbesitzer seit Anfang des 19. Jahrhunderts bis 1946 hier ansässig.

Carl August Friedrich von Kaehne ließ ab 1820 seinen Besitz in der noch heute im Wesentlichen vorhandenen Form gestalten. Das Herrenhaus wurde anstelle eines Vorgängerbaus nach Plänen von Schinkel in gotisierendem Stil errichtet. Der südlich des Hauses ebenfalls von Lenné im Jahre 1820 angelegte Park ist zwischen dem Schwielowsee und einem kleinen von ihm ausgehenden Haussee gelegen, wodurch das Malerische der Anlage besonders betont wird. Ein Erbbegräbnis der von Kaehnes und ein Obelisk sind heute wieder restauriert.

Der frühere Gutshof auf der parkabgewandten Seite des Hauses ist bis auf seine Einfahrt und Teile der Ummauerung nicht mehr vorhanden.

Auf einem Hügel – in einer Achse zum Herrenhaus – liegt die beeindruckende Kirche, errichtet 1842 von G. E. Prüfer nach Plänen von Schinkel. Sie fand aber – ebenso wie das „Schloss" selbst – bei Fontane keine architektonische Anerkennung. Ihn beeindruckte allerdings „ ... *das malerische Element"*, wodurch es „ ... *anmutend wirkt* ..." (26).

1952 wurde das Herrenhaus seeseitig auf der Hofseite um einen Seitenflügel als Bettenhaus mit einer abschließenden Aula erweitert, denn es diente dem FDGB als Schulungs- und Erholungsheim.

Nach der politischen Wende war es bis 2003 Hotel und Restaurant. Seither steht es leer. Als Neubesitzer ist seit 2008 das „Schwielowsee-Resort" ausgewiesen. 2011 musste es wieder verkauft werden, seit Ende 2012 hat es einen neuen Besitzer.

Marquardt

West und Ostflügel 2010

Das beeindruckende Herrenhaus liegt auf einer kleinen Anhöhe am Ufer des Schlänitzsees. Von Theodor Fontane erfahren wir, dass Marquardt zu alten Zeiten Schorin hieß und dessen Besitz oft wechselte, bis 1704 der Etatsminister Marquardt Ludwig von Printzen *„das reizende Schorin vom Könige zum Geschenk und das Geschenk selber, dem Minister zu Ehren, den Namen Marquardt erhielt"* (26). Er besaß es bis 1719, danach wechselten wiederum die Besitzer, zumeist waren es Hofleute aus dem nahen Potsdam. Im Besitz des Hofmarschalls von Dorville wurde es durch einen Brand zerstört, bei welchem nur die Außenmauern erhalten blieben. Es wurde deshalb 1791 zweigeschossig und siebenachsig neu erbaut und ist im Kern des heutigen Ostflügels erhalten.

Der Eigentümer ab 1795, der preußische General und spätere Minister von Bischofswerder verlieh Haus und Park den Charakter, wie Fontane ihn erlebte und schilderte. Das Gebäude ließ der Minister erweitern, der Park wurde nach Skizzen von Lenné neu angelegt. Bischofswerder gehörte zu den Vertrauten König Friedrich Wilhelms II. Dieser war Pate seines in Marquardt geborenen Sohnes und weilte oft hier, vermutlich auch um an spiritistischen Sitzungen teilzunehmen. Diese sollen in einer „blauen Grotte" stattgefunden haben, welche heute nicht mehr existiert. Nach weiteren Besitzerwechseln kaufte der Industrielle Louis Ravené 1893 das Haus und gab ihm seine heutige Gestalt. Der Ostflügel wurde Ende des 19. Jahrhunderts aufgestockt und der Turm angefügt. Ein neobarocker ovaler Saal entstand 1912 westlich. Die Innenausstattung wurde durch schöne Holzpaneele und Stuckdecken verändert. Der vergrößerte Park erstreckt sich nun bis zum Ufer des Schlänitzsees. Von der Terrasse vor dem Saalbau eröffnet sich ein herrlicher Blick über eine große Rasenfläche bis zum See.

1932 wurde das Haus von Kempinski, nach 1937 von Aschinger gepachtet. Es entstand ein für die Berliner und Potsdamer sehr beliebtes Hotel mit Restaurant. Ab 1939 dienten die Räumlichkeiten als Reservelazarett.

Nach 1945 war es Flüchtlingsquartier, Kindererholungsheim und Gehörlosenschule. 1958 bis 1993 wurde hier das Institut für Obstbau und Obstzüchtung der Humboldt-Universität zu Berlin untergebracht.

Jetzt gehört es schon seit Jahren einer Immobiliengesellschaft. Diese will laut Anzeige das gesamte Anwesen einschließlich Wirtschaftshof, der ungenutzt leider anfängt zu verfallen, für 6,9 Mill. Euro verkaufen. Seit mehreren Jahren, auch bei unserem Besuch 2011, wurde aber bisher noch kein Käufer gefunden, und eine Sekte, die das Haus besetzte und es nutzen wollte, wurde von den Ortsbewohnern vertrieben. Der Saal wird häufig für festliche Veranstaltungen verpachtet. 2012 berichtet die Presse, die Besitzgesellschaft wolle das Haus nun doch selbst sanieren und ein Veranstaltungszentrum einrichten.

Uetz-Paaren

2010

Uetz liegt an der Wublitz, einem Nebenfluss der Havel. Bekannt wurde es dadurch, dass der König dort seinen Weg von Potsdam über die Wublitz mittels einer Fähre nahm in Richtung des neugebauten Landschlosses Paretz. Die Fährstelle gehörte zu Uetz. Das von Ludwig Persius entworfene Fährhaus ist noch heute vorhanden. Die Wublitz ist allerdings durch Kanalbauten versandet. Fontane widmete dieser Ansiedlung und seiner Geschichte ein Kapitel im Band Havelland (26).
Das Rittergut Uetz gehörte vom 15. bis zum 19. Jahrhundert den von Hake. 1832 kam es in königlichen Be-

sitz und blieb bis 1945 Eigentum der Hohenzollern. Unweit der Kirche liegt der Gutshof. Das Verwalterhaus des Gutshofes stammt wohl vom Ende des 19. Jahrhunderts. Am Giebel des ehemaligen Pferdestalls entdecken wir das Zeichen des königlichen Besitzes (kleine Abb. S. 431).

Heute ist der Gutshof ein Reiterhof.

Dahlen

Eingangsfront 2010

Das Rittergut **Dahlen** war seit dem 17. Jahrhundert im Besitz der Familie von Schierstedt. Sie ließ das Herrenhaus 1837 durch den Schinkelschüler Ludwig Persius (1803–1845) umbauen. Die das ehemalige Gut umgebende Parklandschaft entstand ebenfalls in jener Zeit.

Zu DDR-Zeiten wurde im Gutshaus ein Pflegeheim eingerichtet und ein Anbau angefügt. Heute wird es als Altenpflegeheim des Arbeiter-Samariter-Bundes genutzt. Das ehemalige Herrenhaus bietet äußerlich den ursprünglichen Zustand und ist wie alle übrigen Anlagen restauriert. Der Landschaftspark mit altem Baumbestand ist als Naturdenkmal eingetragen.

Im Nachbarort **Gräben** wurde das ehemalige Herrenhaus um 1960 durch Umbau in eine Kindereinrichtung und Wohnungen komplett verändert. Es ist als Herrenhaus völlig unkenntlich.

Das Rittergut Gräben gehörte vom 13. Jahrhundert bis 1946 der Familie von Borch. Das Herrenhaus entstand 1860 auf den Grundmauern eines durch Brand zerstörten Vorgängerbaues. Der Gutspark ist in seiner Grundstruktur erhalten und als Flächenkulturdenkmal geschützt. An seinem südlichen Rand liegt das Erbbegräbnis derer von Borch.

Nachfahren der letzten Besitzer erwarben einen Teil der Besitzungen 1998 zurück.

Struvenberg

Gartenseite 2012

Das ehemalige Gut Struvenberg steht auf der Denkmalliste des Landes Brandenburg, obwohl es erheblich verändert wurde. Es liegt einsam und versteckt im Wald, weitab von jeglicher Ansiedlung. Das verlassene Objekt ist frei zugänglich.

Das Rittergut gehörte im 18. Jahrhundert der Adelsfamilie von Boeltzig. Ihnen folgten ab 1820 bürgerliche Besitzer. Vermutlich nach einem Konkurs kam das Gut 1899 an die Stadtsparkasse Burg, von der es Maximilian von Hiller 1903 erwarb. Die Familie war bis nach 1929 (bis1945?) Eigentümerin (250).

Gutshaus und Gutshof wurden zu DDR-Zeiten durch Um- und Anbauten stark verändert. Das ehemalige Gutshaus (linker Teil auf der Abb.) erhielt einen dominierenden Anbau mit Turm. Das Anwesen wurde vom Ministerium für Staatssicherheit als Ausbildungsstätte für Auslandsspione umgebaut.

Nach der Wende bis 2002 war in dem Gebäude ein Asylantenheim angesiedelt. Seither steht es leer und weist Spuren von Vandalismus und Verfall auf.

Im Internet entdeckt: Auf einer Homepage (Ulrich von Nahodyl) wird das Objekt zum Verkauf angeboten. Hat er es erworben und will es nun wieder loswerden?

Fredersdorf

Gartenseite 2010

Farblithographie. A. Duncker (1857–1883)

Das Rittergut Fredersdorf gehörte zu den umfangreichen Besitzungen der sächsisch/märkischen Familien von Oppen, die schon seit dem 15. Jahrhundert im Belziger Raum (und anderen Regionen der Mark, s. a. Kossenblatt/LOS) ansässig waren.

Das Herrenhaus Fredersdorf ließ, nachdem der Vorgängerbau 1719 durch einen Brand zerstört worden war, der Oberforstmeister Ludwig von Oppen errichten. Die beiden flacheren Seitenflügel wurden 30 Jahre später angebaut.

1927 erfolgte eine Modernisierung mit partiell neuer Fassadengestaltung. Die Familie Oppen von Huldenberg (seit 1840 durch Erbfolge) war Besitzerin bis 1945. Danach diente das Haus als Landschulheim, das bis 2003 hier existierte.

Seither ist es Privatbesitz eines Berliner Architekten und seiner Frau und wird denkmalgerecht restauriert. Wann die Baumaßnahmen beendet sein könnten, haben wir nicht in Erfahrung bringen können.

Klein Briesen

Gutshaus von West 2010

Das Dorf Klein Briesen liegt versteckt zwischen Wäldern und Feldern und besteht nur aus wenigen Häusern. 1608 entstand der Rittersitz unter der Familie von Thymen, die über Jahrhunderte den Ort prägte. Gegenüber einem reizenden Fachwerkkirchlein, 1692 von denen von Thymen gebaut, liegt der ehemalige Gutshof. Das eingeschossige Gutshaus ist leer und über und über mit Efeu und Weinlaub bewachsen.

Zu DDR-Zeiten wurde es als Ferienlager genutzt. Jetzt gehört es zu einem Anwesen, auf dem das ehemalige Gesindehaus zu einem ansprechenden Ferienhaus umgebaut worden ist.

Außerhalb des Dörfchens, mitten im Wald, gibt es ein aus derben Blockhütten bestehendes „Vitalhotel Juliushof", eingerichtet von der „Europäisches Bildungswerk für Beruf und Gesellschaft GmbH" zur Ausbildung von Jägern und deren Hunden. Vor 1990 war es der Jagdsitz des DDR-Innenministers Dickel.

Reckahn

Neues und altes Herrenhaus, Parkseite 2011

Farblithographie. A. Duncker (1857–1883)

Reckahn befand sich seit dem 14. Jahrhundert im Besitz der verzweigten Familie von Rochow, die auf Gütern der Region, wie Reckahn, Golzow, Gollwitz und Plessow ansässig war. Der älteste Wohnsitz des Reckahnschen Zweiges derer von Rochow ist das Herrenhaus aus dem Jahr 1605, das mit seinem Renaissancegiebel noch heute nördlich des neuen „Schlosses" neben der Toreinfahrt existiert (große Abb. rechter Bildrand).

Das barocke neue Herrenhaus wurde von 1726 bis 1730 für Friedrich Wilhelm II. von Rochow durch einen Architekten aus der Schlüterschule zeitgleich mit der in Sichtachse liegenden Kirche errichtet. Der vorspringende zweigeschossige Mittelbau auf der Gartenseite begrenzt zwei übereinander liegende oktogonale Säle. Als Pendant befindet sich auf der Hofseite ein dreiachsiger Mittelrisalit, der die doppelläufige Treppe aufnimmt. In einem Nebenraum im Erdgeschoss, der jetzt ein Café beherbergt, ist ein beeindruckender Kachelofen mit Themen aus der Bibel erhalten.

Friedrich Eberhard von Rochow (1734–1805) ist als Reformpädagoge und durch seine aufklärerischen Schriften berühmt. Er errichtete 1773 erstmals in Preußen eine Schule für die Landkinder in Reckahn und weitere Schulen in seinen anderen Dörfern (so 1779 in Krahne) und verfasste ein entsprechendes Schulbuch. Er stellte als Erster einen Lehrer an. Die noch erhaltene Schule dient heute als Schulmuseum, welches an F. E. von Rochow, aber auch an den ersten Lehrer Bruns erinnert. Für ihn hat v. Rochow auch einen Gedenkstein im Schlosspark gesetzt. Gemeinsam mit den Ausstellungen im Herrenhaus bildet es das Rochow-Museum. Der weitläufige Park bezieht das Flüsschen Plane und die nahe liegenden Fischteiche in seine Gestaltung mit ein. Im Park liegt auch das Erbbegräbnis der Familie aus dem Jahre 1910.

Nach der Enteignung 1946 zog in das Herrenhaus eine Schule ein, die bis 1998 hier verblieb. Danach wurde es restauriert und 2001 das Schlossmuseum eröffnet.

Der obere Saal wird für Hochzeiten und Veranstaltungen genutzt.

Krahne

Hofseite 2010

Krahne gehörte zum Besitz der Familie von Rochow, die auf den Gütern von Reckahn sesshaft war. Durch Erbteilung wurde Krahne im 19. Jahrhundert gesondertes Rittergut.

Der ehemalige Gutshof liegt jenseits eines großen Dorfangers, der von der Kirche und dem Pfarrhaus begrenzt wird. In der straßenseitig gelegenen ehemaligen Schmiede ist ein sehr hübsches Restaurant entstanden.

Das im Jahr 1838 gebaute und 1898 durch Friedrich Ludwig von Rochow (1858–1914), Patron von Plessow und Krahne, erneuerte Gutshaus begrenzt auf einer Seite den Wirtschaftshof. Von diesem sind noch einzelne Gebäude erhalten, die z. T. restauriert wurden. Auf der Westseite des Hofes sind noch Reste eines Parks zu erkennen. Das Haus, das bisher von mehreren Familien bewohnt wurde, ist nahezu leer gezogen, nur eine Wohnung scheint noch belegt zu sein.

Nach Angaben der Restaurantbesitzerin soll das ehemalige Herrenhaus versteigert werden.

Medewiz

Eingangsfront 2010

Das kleine Jagdhaus mitten im Wald wurde für die Familie Brand von Lindau aus Schmerwitz 1914 gebaut. Der halbrunde Mittelteil umschließt einen großen Speisesaal über beide Stockwerke mit einer Galerie. Zum Garten hin besitzt das Haus zwei Stummelflügel, die den hinteren Eingang begrenzen.

Zu DDR-Zeiten befand sich hier das Kinderferienlager eines sächsischen Betriebes. Aus dieser Zeit stammen Nebengebäude im Garten. Jetzt gehört das Anwesen der „WABE", einer sozialtherapeutische Einrichtung für Suchtkranke.

Golzow

Golzow war über Jahrhunderte Herrschaftssitz derer von Rochow. Sie waren von 1313 bis 1945 hier ansässig. Ursprünglich war eine Wasserburg der Wohnsitz. Nach den Zerstörungen im Dreißigjährigen Krieg errichteten die Rochows 1685 ein barockes Herrenhaus, das 1945 zerstört wurde.

Vom ehemaligen Schlossbezirk sind die oktogonale Kirche (Abb. S. 439) von 1750 und eine Brennerei, die heute Museum ist, erhalten.

Amtshaus, Hofseite 2012

Der Brennerei gegenüber liegt das ehemalige Amtshaus von 1717, das 1833 nach Westen erweitert wurde. Ende des 19. Jahrhunderts ist auf der östlichen Seite ein Stall (grauer Teil) angebaut worden. Fassade und Dach des Amtshauses konnten 1997 mit Fördermitteln restauriert werden. Seither steht es leer. Jetzt hat sich die Gemeinde zum Verkauf entschlossen.

Die Kirche dient der evangelischen Gemeinde als Gotteshaus. Das barocke Innere mit umlaufender Empore, unterbrochen durch Patronatsloge und Kanzelwand mit einem schönen Kronleuchter an der Decke wirkt durch den weißen Anstrich licht. Portraits und ein Wappenschild schmücken das Gebäude zusätzlich.

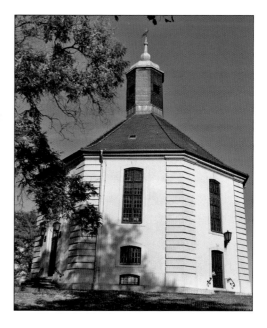

Hammerdamm

2012

Das ehemalige Vorwerk derer von Rochow zu Golzow beindruckt durch seine nahezu vollständig aus Raseneisenstein errichteten Gebäude. Diese Gesteine lagerten in der Umgebung von Golzow (203) und wurden hier abgebaut. Wahrscheinlich verwendete man sie zum Bau der Anlage.

Der U-förmige Gutshof bestand an seiner Stirnseite aus Gesindehäusern, links und rechts befanden sich Wirtschaftsgebäude. Schon 1771 als Meyerei genannt, entstanden die heutigen Gebäude vermutlich zu jener Zeit.

1938 erwarb Wilhelm Zangen, Generaldirektor der Firma Mannesmann in Düsseldorf, das Vorwerk. Er ließ das nördliche Ende der westlichen Scheune als Wohnhaus ausbauen (in der Abb. rechts) und nutzte es als Jagdsitz.

Nach Enteignung und Bodenreform wurden in den Häusern Wohnungen eingerichtet, die LPG betrieb auf dem Anwesen Schafzucht.

Von der Besitzerin eines der früheren Gesindehäuser erfahren wir, dass ein Enkel des Herrn Zangen das jetzt leere Wohnhaus und die östliche Scheune gekauft hat. Er will das Haus sanieren und ein Wochenenddomizil einrichten.

Niemegk

2012

In Niemegk entstand im 12. Jahrhundert unter den Askaniern eine Burganlage; sie ist nicht mehr vorhanden.1441 wurde sie letztmals als „Schloss" erwähnt. Auf den Grundmauern entstand später das Gutshaus derer von Oppen, die über mehrere Generationen auch Besitzer des Rittergutes waren.

1750–1782 gehörte es der Familie von Francois (47). Karl von Francois traf sich hier 1809 mit Ferdinand von Schill, um „gegen Napoleon zu ziehen". Ein Gedenkstein vor dem Haus erinnert daran (kleine Abb.)

Anstelle des Gutshauses ließ 1908 wiederum ein von Oppen die heute noch vorhandene Gutsvilla bauen.

Sie wurde bis 2010 saniert und dient jetzt als Wohn-und Geschäftshaus.

Rietz

2012

Besitzer des Rittergutes Rietz war im 19. Jahrhundert die Familie von Buchholz. Aus finanziellen Gründen verkaufte es Hugo von Buchholz 1903 an den preußischen Fiskus (203).

Von 1907 bis 1917 war der spätere Chemie-Nobelpreisträger Walther Nernst Eigentümer des Gutes. Er ließ das Gutshaus umgestalten, wobei der Turm – damals noch mit Zinnenkranz – entstand. Er nutzte es als Urlaubs- und Jagdsitz und empfing hier viele Gäste, vor allem aus der Wissenschaft.

Letzter Eigentümer nach Zwischenbesitzern war Dr. Koennemann.

Nach dem Zweiten Weltkrieg diente das Haus als Unterkunft für Flüchtlinge, später wurden Wohnungen eingerichtet. Von einer Mieterin erfahren wir, dass nach der politischen Wende Nachfahren des letzten Besitzers das Anwesen erwarben. Sie sanierten das Gebäude und die Wohnungen, von denen sie eine selbst als Feriendomizil nutzen.

Dahnsdorf

Dahnsdorf war von 1227 bis 1776 im Besitz des Deutschen Ritterordens und Sitz einer relativ kleinen Komturei. Die Kirche und die Komturmühle zeugen noch davon. Die Deutschherren verkauften den Besitz an Ludwig von Blankenstein aus Zerbst.

1815 kam die Region zu Preußen. Im Besitz derer von Blankenstein wurde das Anwesen als Rittergut anerkannt. 1912 parzellierte man die Ländereien und verteilte sie an Dörfler.

Kirchseite   2010   Hofseite

Das „Deutsche Haus", wie die Komturei damals hieß, existiert heute nicht mehr (47).

Ein denkmalgeschützter Vierseitenhof mit gut erhaltenen Wirtschaftsgebäuden von 1880 liegt direkt neben der Kirche. Ein Fachwerk-Gutshaus aus dem 18. Jahrhundert (vielleicht ein Nachfolgebau der Komturei?), das überwiegend verputzt ist, trennt den Guts- vom Kirchhof.

Heute wird der Hof privat geführt und hält Ferienwohnungen im ehemaligen Guts- und im Gesindehaus bereit. Die Gebäude werden nach und nach restauriert.

Görzke

Seit dem 16. Jahrhundert gab es durch Erbteilung des Besitzes des Hans von Schierstedt drei Rittergüter im Ort. Von diesen ist nur noch eines, der so gen. Unterhof, erhalten. Er gehörte zuletzt (bis etwa 1935) einer Familie Bertrand (10).

Es ist ein Dreiseitenhof mit roten Klinkerbauten aus dem Ende des 19. Jahrhunderts, die wunderbar restauriert sind und verschiedene Gewerke und ein Museum beherbergen.

An der Schmalseite liegt das ehemalige Gutshaus. Es ist im Gemeindebesitz und enthält Wohnungen.

Zu DDR-Zeiten diente das Gutshaus als Kindergarten, der Hof gehörte zur BGH (Bäuerliche Handelsgenossenschaft). Die kleine Stadt Görzke selbst besitzt eine längere Tradition als Keramikstadt. Hier gibt es mehrere Tonwarenproduktionsstätten, die schon über Generationen von Keramiker-Familien betrieben werden.

Hofseite 2010

Benken

2012

Wer vom Töpferstädtchen Görzke nach Benken fährt, entdeckt abseits der Straße, mitten im Wald gelegen, eine Wohnstätte für behinderte Kinder und Erwachsene, die „Miteinander – gemeinnützige Wohnstätten GmbH – Wohnheim ‚Hoher Fläming'". Der Besucher ist sofort angetan von der Lage des Anwesens und seinem ansprechenden Anblick.

Das 1901 im Heimatstil errichtete Haus war Land- und Jagdsitz einer Adelsfamilie (so in einer Mitteilung zur Wohnstätte zu lesen). Im Heim selbst hören wir, dass es ein Forsthaus gewesen sein soll. Nähere Informationen sind leider nicht zu ermitteln.

1945 diente es Kriegswaisen als Unterkunft, später war es Kinderferienheim. In dieser Zeit kamen ein Küchenanbau sowie weitere Gebäude im Park dazu. Anfang 2000 ist das gesamte Anwesen saniert worden.

Zum Forstgut gehörten früher ein Gärtner- und ein Kutscherhaus mit Remise, ebenfalls in Anlehnung an den Heimatstil gebaut. Beide Gebäude liegen jetzt außerhalb der Anlage und haben eigene Besitzer.

Lübnitz

Rittergutsbesitzer von Lübnitz sind von 1467–1601 die Familie von Ziegesar, danach die Familie von Lochow gewesen. Letztere waren bis 1945 auf dem Gut ansässig.

Das ehemalige Herrenhaus ist Bestandteil eines großen Gutshofes. Der ältere südliche Teil des Gutshauses entstand als Fachwerkbau in der Mitte des 18. Jahrhunderts. Es wurde später verputzt und nach 2000 mit einer Holzfassade versehen. Ein späterer nördlicher Anbau isr wahrscheinlich nach 1945 verändert worden.

Hofseite 2011

Der Hof wird heute von einer großen Hofgemeinschaft genutzt und nach und nach zu Gewerbe- und Wohnzwecken restauriert. Das Gutshaus dient der Gemeinschaft als Versammlungsraum. (www.hofgemeinschaft-lübnitz.de).

Nachfahren der Familie von Lochow haben sich in den letzten Jahren bei der Sanierung der mittelalterlichen Kirche engagiert.

Mahlsdorf

Parkseite 2010

453

Ursprünglich gehörte der Gutsbezirk zum Besitz der Brand von Lindau auf Wiesenburg. Durch Erbfolge gelangte es an die Familie von Treyden (s. a. Klein Glien), welche es bis etwa 1840 besaß. Danach werden die Familie von Goldacker und Curt von Schwerin (ab 1929) als Eigentümer genannt (250). Am Ende des Zweiten Weltkrieges war die japanische Gesandtschaft im Schloss untergebracht.

Das erste Herrenhaus stammt aus der Zeit um 1750. Um 1870 wurde es von den damaligen Besitzern von Goldacker um- und eine Loggia angebaut sowie ein Landschaftspark angelegt (204).

Nach dem Zweiten Weltkrieg zog ein Waisenheim ein, später ein Heim für schwer erziehbare Knaben. 1971 erfolgte ein Umbau des Hauses, der dessen Charakter als Herrenhaus beseitigte. Nach dem Auszug des Heimes Anfang der 1990er Jahre war das Gebäude lange ungenutzt.

Nach Angaben einer Dorfbewohnerin ist es jetzt Privatbesitz. Es wurde nur kurzzeitig von den neuen Besitzern bewohnt. Seit 2008 steht es erneut leer und ist trotz eines geschlossenen Zaunes vom Vandalismus gezeichnet.

Ziesar

Burg und Storchenturm 2012

Die ursprünglich slawische Burg war seit dem 13. Jahrhundert bischöfliche Burg. Im 14. Jahrhundert wurde sie als Residenz für die Bischöfe Brandenburgs ausgebaut. Sie blieb es bis nach der Reformation 1560. Innerhalb dieser Phase erfolgten die bedeutendsten Baumaßnahmen und repräsentativen Ausgestaltungen, die zum Teil noch heute erhalten sind. Das architektonische Kleinod ist die 1470 unter Bischof von Stechow errichtete Schlosskapelle. Im 16. und 17. Jahrhundert diente die Burg der Familie des Kurfürsten als Aufenthaltsort. Später war sie Amtssitz bis 1820, danach wurde sie an private Besitzer verkauft, die sie als Gutshof mit Stärkefabrik nutzten.

Nach 1945 wurden zunächst Flüchtlinge im Schloss untergebracht. Von 1955 bis 1993 waren Palas und Nebengebäude, ein wie ein „Auszeichnungsschild" zeigt zu DDR-Zeiten ein

„lobenswertes Schulinternat". Im südlichen Teil, einem Neubau aus dem 19. Jahrhundert, und auf dem Wirtschaftshof war eine Maschinen-Traktoren-Station eingerichtet.

Die Kapelle, vorher 132 Jahre ungenutzt, dient seit 1952 der katholischen Gemeinde als Gotteshaus. Sie wurde bis 2008 restauriert und zeigt jetzt wieder prachtvolle Wand- und Deckengemälde aus dem Mittelalter. Zuvor wurde sie 1856 von Ferdinand von Quast (s. a. Radensleben – OPR), 1864 von Friedrich August Stüler und 1952 durch Fritz Leweke (1901–2001) restauriert. (85) Von der ehemaligen Vorburg existiert noch ein Turm aus dem 15. Jahrhundert, der Storchenturm. Seinen Namen verdankt er den darauf brütenden Storchenpaaren, die schon seit Jahrhunderten in jedem Jahr hierher zurückkehren.

Auf der Hauptburg mit polygonalem Grundriss sind aus dem Mittelalter der Bergfried, der ehemalige Palas mit Nebengebäude, das Torhaus und die Kapelle erhalten. Sie wurden allerdings in späteren Zeiten verändert. So erhielt der Bergfried im 16. Jahrhundert eine Renaissance-Kuppelbekrönung, die „Bischofsmütze". Der dreigeschossige Palas wurde durch Veränderung der Geschosshöhen und zur Vorburg hin durch eine repräsentative Putzfassade umgestaltet. Im Palas und dem anschließenden Gebäude, mit dem Bergfried durch einen Neubau verbunden, gibt es seit 2005 ein Museum für brandenburgische Kirchen- und Kulturgeschichte des Mittelalters. Es bietet eine bemerkenswerte Ausstellung zur Baugeschichte der Burg.

Im Süden der heutigen Stadt gab es ein Rittergut der von Bardeleben. Das **Herrenhaus** wurde für die Familie Ende des 16. Jahrhunderts errichtet (Abb. rechts). Im 19. Jahrhundert wechselte der Besitz an die Familie Albrecht, die ihn bis 1945 hielt.

Jetzt wird das restaurierte Fachwerkhaus als Kindertagesstätte genutzt.

Satzkorn

Straßenseite 2010

In Satzkorn gab es drei Rittersitze, die Johann Conrad Friedrich Brandhorst, Leibarzt des Preußen-königs Friedrich Wilhelm I., im Jahre 1731 erwarb und vereinigte. Auf dem vormaligen Anwesen derer von Hünecke, die auf einem der Rittersitze seit dem 15. Jahrhundert ansässig waren, ließ er 1739 anstelle des Vorgängerbaus das heutige Gutshaus errichten.

Ab 1889 nannten sich die Nachkommen Brandhorst-Satzkorn, ein Familiengrab auf dem Kirchhof weist das aus. Sie besaßen das Gut bis zur Enteignung 1947.

Danach war es Volkseigenes Gut, das Gutshaus war dessen Verwaltungssitz. (43)

Seit 1991 steht das historische Gebäude leer. Inzwischen im Privatbesitz, ist es leider dem Verfall preisgegeben. Allerdings wurden jetzt erste Sicherungsarbeiten durch die Potsdamer Denkmalbehörde veranlasst.

Kartzow

Parkseite 2010

Das Rittergut Kartzow war über 300 Jahre im Besitz der Familie von Hünecke. Nachdem diese es 1729 veräußerte, wechselte der Besitz häufig. 1837 gelangte es an die Familie Sietlow, unter der das Gut zu wirtschaftlicher Blüte kam (113). Um 1850 entstand ein herrschaftlicher Wohn-sitz (Abb. Duncker) mit einer „anmutigen" Parkanlage, angelegt durch den königlichen Hofgärt-ner Joachim Anton Fintelmann (1747–1863) (18).

1914 ließ der Berliner Spirituosenfabrikant Arthur Gilka,der das Gut zuvor erworben hatte, an Stelle des oben dargestellten Hauses den neobarocken Bau durch den Architekten Eugen Schmohl (1880–1926), der auch Teile der Gutsanlage in Groß Behnitz (HVL) entworfen hat, errichten.

Nach einem Zwischeneigentümer, welcher das Anwesen 1937 von Gilkas Witwe kaufte, kam es 1941 in den Besitz der Deutschen Wehrmacht. Nach 1945 beherbergte das Haus zunächst Flüchtlinge, danach diente es bis 1991 als Kindersanatorium. Nach einer Zwischennutzung durch eine Hospitalgesellschaft stand es von 1998 bis 2006 leer. Seither ist es in privater Hand. Nach denkmalgerechter Sanierung ist es jetzt ein Hochzeits- und Veranstaltungshotel.

Der kleine Park mit alten Bäumen, der 1940 durch Georg Potente (1876–1945) neu angelegt wurde, ist nach Vernachlässigung bis Anfang 2000 jetzt wieder gut gepflegt.

Die zum Anwesen führenden Torhäuser, das Einfahrtstor flankierend, haben andere Eigner und passen durch zusätzliche Anbauten wenig zur ehemals repräsentativen Einfahrt. Diese führt über eine herrschaftliche Treppe zum Schlosseingang, der von gewaltigen Halbrundtürmen gerahmt wird.

Farblithographie. A. Duncker (1857–1883)

Rogäsen

Das Rittergut Rogäsen war seit Anfang des 15. Jahrhunderts im Besitz der Familie von Werder. Ihr bekanntester Vertreter war der preußische Staatsminister Hans Ernst Dietrich von Werder (1740–1800). Er hatte enge Beziehungen zu Friedrich II. Dieser soll ihn auch beim Bau des Herrenhauses um 1750 unterstützt und sich dort später mehrfach aufgehalten haben.

Es wurde als Dreiflügelanlage im barocken Stil anstelle eines bescheidenen Vorgängerbaus errichtet. Der östliche Flügel wurde 1807 zerstört und nicht wieder aufgebaut. Der das Haus umgebende Park, der sich noch heute weit nach Norden, jenseits der Straße, erstreckt, wurde im 18. Jahrhundert angelegt. 1845 erwarben die Grafen von Wartensleben aus dem nicht weit entfernten Carow (jetzt Karow, Sachsen-Anhalt) das Gut. Diese behielten es bis zur Enteignung 1945. (206)

Das Herrenhaus liegt auf einer kleinen Anhöhe mit weitem Blick über das Fiener Bruch. Der frühere Wirtschaftshof lag nordwestlich, jenseits der Kirchenruine, deren Turm und Apsis restauriert sind. Ein schöner Spaltstein-Klinker-Stall ist noch erhalten. Ende des 19. Jahrhunderts erfolgten am Herrenhaus Umbauten, wobei eine Terrasse und ein Balkon auf der Südseite errichtet wurden. Der westliche Flügel musste nach einem Brand 1914 erneuert (kleine Abb. S. 450) werden.

Nach 1945 diente das Herrenhaus als Schule und Kindergarten. Nach 1993 stand es leer, bis es gemeinsam mit der Gutsanlage von einer Enkelin derer von Wartenberg und

Hofseite 2011

Farblithographie. A. Duncker (1857–1883)

ihrem Ehemann erneut erworben wurde.

Nach dem Klingeln werden wir von der jungen Besitzerin überaus freundlich begrüßt. Sie führt uns durch die im historischen Stil restaurierten Repräsentationsräume im Erdgeschoss und zur Terrasse. Auch die privaten Räume im Obergeschoss dürfen wir sehen, sie entsprechen modernen Wohnansprüchen. Auf gleicher Ebene liegen Ferienräume, die vermietet werden. Beide Etagen sind durch eine sehr hübsche Treppe, die aus dem Vestibül auf eine Galerie führt, verbunden.

Es ist immer wieder erfreulich zu sehen, wie durch persönliche Initiative alte Kulturgüter bewahrt werden. Leider fühlt sich die Familie im Dorf nicht angenommen und plant den Verkauf des beeindruckenden Anwesens. 2012 wird die historische Immobilie im Internet angeboten.

Plaue

2012

Die Geschichte des Schlosses Plaue ist ausführlich in Fontanes Band „Fünf Schlösser" der „Wanderungen" geschildert (28).

Ursprünglich stand hier an Havel und Plauer See eine Burg der Quitzows, die vom Burggrafen Friedrich gemeinsam mit dem Bischof von Magdeburg 1414 erobert wurde. Bis 1560 war es kurfürstliches Amt, danach im Besitz der Familien von Saldern und von Arnim, die es 1620 an Christoph von Görne verkaufte. In der „Görnezeit", wie Fontane schrieb, erlebten Schloss und Stadt ihre Blüte. Unter anderem wurde in Plaue eine Porzellanproduk-

Farblithographie. A. Duncker (1857–1883)

tion begründet, die mit jener aus Meißen konkurrierte. 1711 bis 1715 entstand unter Friedrich von Görne anstelle des alten Wasserschlosses das dreiflügelige Barockschloss mit einstöckigen Seitenflügeln. In dieser Zeit waren bedeutende Persönlichkeiten zu Gast – so der Soldatenkönig mit seinem Sohn Friedrich und Zar Peter I.

Nach zweimaligem Besitzerwechsel erwarb 1839 Graf von Königsmarck Schloss Plaue, das bis 1945 im Besitz der gräflichen Familie blieb. Um 1860 erfolgten Umbauten und neobarocke Veränderungen. Später wurde ein Balkon angefügt. Eine doppelläufige Freitreppe auf der Wasserseite (Abb. Duncker) ist heute nicht mehr vorhanden.

Schloss Plaue präsentierte sich Fontane zufolge im Inneren äußerst herrschaftlich: mit Sälen im Corps de Logis, die den Blick auf die Havel freigaben, und einer umfangreiche Bildersammlung, ein „Ruhmesmuseum" derer von Königsmarck (28).

Im Zweiten Weltkrieg wurde das Schloss beschädigt, später geplündert. Ab 1946 beherbergte es eine Verwaltungsschule. 1966 wurde es durch die Umgestaltung für ein Institut zur Sprachintensivausbildung für DDR-Auslandskader vereinfacht. Nachdem das Institut 1993 auszog, standen Schloss und Nebengebäude leer. 2006 wurde das Schloss an einen Berliner Immobilienunternehmer versteigert. Es sollte touristisch und gastronomisch genutzt werden. Leider sind am Schloss noch keine Baumaßnahmen zu erkennen. Die Informationen auf der Homepage von Schloss und Besitzer machen dafür Differenzen zwischen Baubehörde und Investor verantwortlich. Zwei Nebengebäude sind als Gästehaus und Schlossschänke sehr schön restauriert. Hoffentlich kann der Umbau des Schlosses ebenfalls bald beginnen.

Auf der anderen Uferseite liegt der Margarethenhof mit dem früheren Gutshaus des Ziegeleibesitzers Wiesicke (1798–1880), der es im Jahre 1828 als **„Villa Wiesicke"** bauen ließ. Das

Haus wurde später mehrfach erweitert. Fontane besuchte den alten Herren 1874 und beschrieb im Kapitel „Dem Schloss Plaue gegenüber" Leben und Professionen des erfolgreichen Mannes. *„Carl Ferdinand Wiesicke war eine spezifische märkische Figur, unter anderem auch darin, daß er mehr war, als er schien."* Und *„... erschien C. F. Wiesicke dem Schlosse gegenüber und schuf ... das unfruchtbare Sand- und Sumpfland in ein Garten Eden um und machte seine Studierstube zur Kultusstätte für Hahnemann und Schopenhauer."* (28)

Wiesecke hatte 1823 die Plauerhofer Ziegelei (sie gibt es heute nicht mehr) erworben und wollte in ihrer Nähe wohnen. Darüber hinaus erwarb er später das benachbarte Rittergut Plauerhof mit beträchtlichen Ländereien und zog bald dorthin um. 1853 zog er sich aber wieder in seine Villa mit einem inzwischen schönen Park dem Plauer Schloss gegenüber zurück und beschäftigte sich mit der Philosophie Schopenhauers und betrieb Homöopathie.

1920 wurde das gesamte Gut aufgeteilt in den Plauerhof und den Margarethenhof und verkauft.

Nach 1945 waren in der „Villa" Wohnungen eingerichtet. Seit Anfang der 1990er Jahre steht sie leer. Ein Zaun und der zugewachsene Garten gestatten nur einen partiellen Blick auf seine Gartenseite (Abb. links). Der westlich anschließende ansprechend restaurierte Gutshof (Abb. unten) gehört einer Fischerei-Genossenschaft. Diese hat einen Teil verpachtet, auf dem Freizeitunterhaltung angeboten wird.

Der Park ist wenig gepflegt, aber es lohnt sich, ihn zu besuchen. Denn hier ist in der Nähe eines Weihers die Begräbnisstätte von Carl Ferdinand Wiesicke und seiner Familie zu finden.

Mahlenzien

Südseite 2012

Das Rittergut wurde erstmals im 14. Jahrhundert erwähnt. Nach einzelnen Besitzerwechseln kam es 1583 an die Familie Schierstedt zu Dahlen, die es bis 1945 besaß.

Das frühklassizistische Gutshaus mit barocken Elementen wurde um 1800 erbaut. Der Originalzustand besteht noch immer, denn es ist später nie umgebaut worden. Bemerkenswert sind hochwertige historische Deckenbemalungen (171).

Zu DDR-Zeiten waren im Herrenhaus Wohnungen eingerichtet.

Seit etwa 10 Jahren ist das Gebäude in privater Hand eines Berliners (Auskunft eines Dorfbewohners). Es ist gesichert. Bisher wurden der Dachstuhl und das Fachwerk saniert, unterstützt durch die Deutsche Stiftung Denkmalschutz.

Das neben dem Haus liegende Kirchlein ist romanischen Ursprungs. 1729 wurde es von der Familie von Schierstedt als Patronatskirche umgebaut und erhielt den Fachwerkturm und -giebel. Über dem Eingang ist das Schierstedtsche Wappen angebracht.

Warchau

Südseite 2011

Farblithographie. A. Duncker (1857–1883)
(Nordseite)

Warchau besaß zwei Rittersitze, die seit dem 15. Jahrhundert der Familie von Schildt gehörten (43). Friedrich Adolph Ferdinand von Britzke erwarb 1818 beide Güter und modernisierte den Landwirtschaftsbetrieb. Er errichtete neue Wirtschaftsgebäude und erneuerte das Herrenhaus. Seine jetzige Gestalt erhielt es um 1880. Das langgestreckte Gebäude begrenzte von Süden her den Wirtschaftshof, der nur noch partiell erhalten ist.

Östlich des Gebäudekomlexes erstreckt sich der Park mit einem kleinen Teich.

Zwei Schwestern derer von Britzke haben bis 1945 im östlichen Teil, eine Familie Hellmann (Pächter?) im westlichen Teil des Herrenhauses gewohnt (Auskunft einer Dorfbewohnerin).

Später kamen Vertriebene und Flüchtlinge im Herrenhaus unter. Es blieb Wohnhaus bis heute, jetzt ist allerdings nur noch eine Wohnung belegt.

Das Haus hat angeblich vor etwa zwei Jahren ein Holländer gekauft, dessen Pläne im Dorf nicht bekannt sind. 2012 wird es im Internet auf einer Immobilienseite angeboten.

Bagow

2011

Nur durch einen schmalen Park ist das Herrenhaus vom Ufer des Beetzsees getrennt. Das feste Haus aus der Renaissancezeit ließ 1545 Albrecht von Schlieben erbauen. Es gehörte der Familie von Schlieben bis zum 17. Jahrhundert, es folgten von Katte, von Stechow und von Graevenitz, deren Wappen über dem Portal noch immer vorhanden ist.

Im 18. Jahrhundert wurde ein eingeschossiger Wirtschaftsflügel an das Haus angebaut.

1772 erwarb die Familie von Ribbeck Gut und Haus. Sie wohnte hier einige Jahrzehnte, ehe sie wieder in ihr Stammhaus im Havelland zog. Der Besitz aber blieb der Familie von Ribbeck bis 1945.

Nach 1945 bis 1963 war das Gutshaus eine Schule, danach waren ein Kindergarten, kleinere Einrichtungen der Gemeinde und eine antifaschistische Gedenkstätte im Haus untergebracht. Der Wirtschaftsflügel bot vor der Wende mehreren Familien Wohnungen, jetzt ist er leer.

Im Inneren des Hauptflügels sind zwei historische Räume mit Sternrippengewölben aus dem 16. Jahrhundert und eine frei tragende Barocktreppe erhalten (16).

Das Herrenhaus konnte von der Familie von Ribbeck 1999 zurückerworben werde. Sie hat es der Gemeinde verpachtet, die es als Bürgeramt nutzt.

Ketzür

Gutshaus Nordseite 2011

Das Gutshaus stammt im Kern aus dem 16. Jahrhundert, gebaut für die Familie von Brösicke. Am westlichen Standerker (kleine Abb.) ist ein Renaissancegiebel aus dieser Zeit erhalten. Im 18. Jahrhundert und in späteren Zeiten wurde das Haus verändert. Das Rittergut gehörte seit dem 15. Jahrhundert bis 1690 allein der Familie von Brösicke. Danach entstanden zwei Rittersitze, die ab 1824 im Besitz derer von Rochow und derer von der Hagen waren (43).

Der letzte Gutsbesitzer vor 1945 war die Familie Kersten. Ihre Grabmale befinden sich an der Rückseite der Kirche.

Nach 1945 beherbergte das Gutshaus Wohnungen und Verwaltungsräume. Auf der Südseite wurde ein entstellender Anbau (kleine Abb. links) angefügt.

Mitte der 1990er Jahre wurde es restauriert. Das Obergeschoss beherbergt Wohnungen, das Untergeschoss Sitzungsräume für die Gemeindeverwaltung. Diese werden wegen der Zusammenführung in der Großgemeinde Beetzseeheide allerdings kaum noch genutzt.

Die dem Herrenhaus gegenüberliegende ehemalige Patronatskirche ist eine Sehenswürdigkeit mit überregionaler Bedeutung. Sie besteht aus Anteilen unterschiedlicher Bauepochen und hat eine bedeutende Renaissanceausstattung. Insbesondere die Epitaphe und Grabsteine derer von Brösicke und die Wandmalereien sind hervorzuheben. Das ursprüngliche Oktogon aus dem 14. Jahrhundert wurde

nach Nordwesten um den Turm im 15. (unterer Teil) 17. und 18. Jahrhundert (oberer Teil) und um ein östliches Renaissanceschiff ergänzt (Abb. S. 456 unten).

Darüber hinaus steht in Ketzür eine 250 Jahre alte Bockwindmühle.

Mötzow

Hofseite 2011

Der Wirtschaftshof des Domstiftes zu Brandenburg neben dem Dorf Mötzow wird schon im 14. Jahrhundert erwähnt. Anfang des 18. Jahrhunderts war das Anwesen Vorwerk und Schäferei. Danach wurde das Gut von verschiedenen Pächtern bewirtschaftet. 1859 bis 1963 waren Friedrich Sander und seine Nachfahren als Pächter eingetragen. 1894 ließ Friedrich Sander das Gutshaus als späthistorisches Ziegelgebäude bauen. Am Rundturm neben dem Eingang ist das Wappen des Domstiftes als Eigentümer und die Jahreszahl 1894 eingelassen.

1945 verließ die Familie Sander Mötzow. Das Domstift musste nun das Gut wieder selbst bewirtschaften.

Seit 2001 ist es erneut verpachtet an einen Landwirt aus Niedersachsen. Es ist ein Spargel- und Fruchthof entstanden. Die Gutsgebäude, die teilweise älter als das Gutshaus sind, wurden restauriert und bilden einen Erlebnishof besonderer Art.

Roskow

Parkseite 2011

Farblithographie. A. Duncker (1857–1883)

„Viele der Katteschen Familienmitglieder endeten auf dem Schlachtfelde, freilich auch Eines, der Jugendfreund Friedrich des Grossen, auf dem Schafott." Das stellte A. Duncker in seiner Beschreibung der nebenstehenden Lithographie fest. (Es handelte sich um Hans Herrmann von Katte (1704–1730), allerdings aus dem Hause Wust (Altmark).

Roskow war zunächst klösterliches Eigentum und kam im Mittelalter in den Besitz der Familie von Bredow, die es 1656 an den Magdeburger Landrat Christoph von Katte verkaufte. Sein Sohn, Domherr zu Brandenburg, begann mit dem Schlossbau. Dessen Sohn Hans Christoph, Obrist des kurfürstlich sächsischen Leibregiments, ließ den Bau 1727 als Dreiflügelanlage vollenden. Aus dieser Phase stammen die barocken reich geschmückten Mittelrisalite auf der Hof- und Parkseite. Die Fassaden waren schlicht gehalten.

Beim Umbau 1880 bis 1890 durch Gerhard Hauer (s. a. Reichenow, MOL) wurde die Fassade neobarock gestaltet und die Lukarnen im Dach eingefügt. 1952 zog eine Schule in das Gebäude ein. 1968 wurde es restauriert und das stuckverzierte Balkonzimmer als Festsaal erhalten. 2001 musste wegen einer Brandstiftung der Dachstuhl erneuert werden. 2005 übersiedelte die Schule in das hofseitig benachbarte neuere Schulgebäude, so dass das Herrenhaus leer stand. 2010 erwarben Nachfahren der Kattes das Gebäude. Es soll ein Kulturschloss entstehen. Man kann es jetzt schon für Veranstaltungen mieten.

Das Schloss zeigt sich ebenso wie das benachbarte Inspektorenhaus aus dem 19. Jahrhundert, das kürzlich saniert wurde, in gutem Zustand. Leider ist vom Park nur noch ein kleiner Garten vorhanden.

Klein Kreutz

Hofseite 2011

Dorf und Gut Klein Kreutz, früher der Stadt Brandenburg gehörend, wurden 1823 durch einen Brand fast vollständig zerstört und an der heutigen Stelle neu aufgebaut. 1839 kaufte die Familie Wiese das Gut. Sie besaß es bis 1945. Das Herrenhaus entstand um 1850.

Zu DDR-Zeiten war das Gut VEG, im Gutshaus waren dessen Verwaltungsräume und ein Kindergarten untergebracht.

Nach 1990 standen die Gebäude überwiegend leer. Seit 2001 ist der Gutshof mit Herrenhaus und dazugehöriger Landwirtschaft wieder in privatem Besitz. Der Hof wird nach und nach sehr ansprechend saniert.

Das Gut ist ein regelmäßiger gut erhaltener Vierseitenhof, an dessen Stirnseite das Gutshaus liegt. Wir treffen den neuen Besitzer, der aus Nordrhein-Westfalen stammt. Er und seine

Familie sind dabei, nach dem Gutshaus die Wirtschaftsgebäude nach und nach zu restaurieren. Der lang gestreckte Ort Klein Kreutz, der heute wieder zur Stadt Brandenburg gehört und an einen kleinen See grenzt, wird von kleinen Hügeln umrahmt, die früher einmal dem Wein- und Obstanbau dienten.

Wendgräben

2012

Das Gut Wendgräben war ursprünglich eine Schäferei, die um 1800 zu einem Vorwerk erweitert wurde. Später war es ein Forstgut und ab 1898 ein Rieselgut der Stadt Brandenburg.

Der Gutshof ist ein Vierseitenhof, dessen östliche Seite das Gutshaus bildet. Es soll aus der ersten Hälfte des 18. Jahrhunderts stammen. Frühere Fassadengliederungen und ein Balkonvorbau über dem Eingang sind nicht mehr vorhanden.

Heute wieder in privatem Besitz, wurde es ebenso wie die ehemaligen Wirtschaftsgebäude sehr ansprechend restauriert. Im Gutshaus und in den Nebengebäuden werden Ferienwohnungen angeboten, in Stall und Scheune kann gefeiert werden. Zu besonderen Feierlichkeiten, vor allem Hochzeiten, kann das gesamte Anwesen gemietet werden. Es ist eine wunderschöne Oase.

Die Hausherrin erklärt uns, dass sie und ihr Mann sich zur Renovierung des Gutes als „Hochzeitsgut" entschlossen haben, weil sie den Verfall vor Augen hatten – sie besaßen gegenüber ein Ferienhaus.

Wir erleben, wie die Gäste einer Hochzeitsgesellschaft aufbrechen. Sie waren hochzufrieden. (www.gut-wendgraeben.de)

Viesen

Straßenseite 2012

In Viesen gab es lange Zeit zwei Rittergüter. Eines gehörte seit dem 17. Jahrhundert der Familie Britzke, die es von Britz aus verwalten ließen. Das zweite Gut wurde im 19. Jahrhundert von Bauern gekauft und aufgeteilt.

Daneben gab es das Lehnschulzengut. Das Lehnschulzenhaus wurde wahrscheinlich um 1730 errichtet. Die Wirtschaftsgebäude des Hofes stammen aus dem 18. und 19. Jahrhundert.

Heute ist das Lehnschulzengut privates Wohnhaus und Ferienwohnheim. Die Eigentümer züchten Polo-Pferde. Darüber hinaus finden im Hof Theaterveranstaltungen statt. (www.lehnschulzenhof.de)

Landkreis Prignitz

Meyenburg

2009

Meyenburg war über viele Jahrhunderte (1364 bis 1914) im Besitz der Adelsfamilie von Rohr. Das schlossähnliche zweigeschossige Herrenhaus besteht aus zwei L-förmig angeordneten Flügeln. Der ältere Flügel aus dem 15. Jahrhundert bezieht Teile der mittelalterlichen Stadtbefestigung von Meyenburg und Schlossbauten des 16. Jahrhunderts mit ein (kleine Abb.).

Der ursprünglich aus zwei getrennten Teilen bestehende Baukörper des Schlosses wurde um 1865 durch den Berliner Baumeister Friedrich Adler (1827–1908) zusammengefügt und im Stil der Neorenaissance verändert.

Nach 1914 fanden erneut Umbauten statt, denn das Schloss wurde öffentlich genutzt: zuerst als Sportschule, für den Reichsarbeitsdienst in den 1930er Jahren und nach 1945 als Flüchtlingsunterkunft.

Später waren ein Kindergarten, eine Schule mit Internat, Lehrerwohnungen und die Schulküche im Herrenhaus untergebracht.

Durch die Sanierung in den Jahren von 1996 bis 2002 wurde der durch die Umgestaltung um 1865 geschaffene Zustand wiederhergestellt. Das Schloss beherbergt heute ein Modemuseum, das Schlossmuseum und die öffentliche Bibliothek.

Der von Teichen durchzogene Park ist um 1860 als Landschaftsgarten gestaltet und nach 1996 ebenfalls restauriert worden.

Penzlin

Hofseite 2009

Seit Ende des 16. Jahrhunderts war Penzlin Rittersitz der Familie von Rohr. Ursprünglich gab es hier wohl einmal eine Wasserburg. Das jetzige Gebäude entstand um 1850 im englischen Burgenstil auf einer älteren, mehrfach umgebauten Anlage. Die von Rohrs lebten hier bis zum Jahre 1904. Das aus der Mitte des 19. Jahrhunderts stammende Erbbegräbnis für die Familie ist auf dem Kirchhof gelegen.

Später kam es zur Aufsiedlung des Gutes durch die Kultur- und Siedlungs-AG Deutscher Landwirte.

Nach 1945 nutzte die LPG das Gut, ins Herrenhaus zogen kommunale Einrichtungen (Kultursaal, Standesamt) und eine Gaststätte.

Bei unserem Besuch im Jahre 2009 präsentieren sich das Wohnhaus und die beiden Wirtschaftsgebäude in einem aufgeräumten Zustand, Baumaßnahmen sind zu erkennen. Wir erfahren, dass das Anwesen seit einem Jahr an einen Privatmann verkauft ist.

Seit 2011 wird das Gutshaus mit Scheune als Tagungsstätte im Internet vorgestellt und mit Fotos optisch beworben. Die Bilder sprechen für sich! (www.tagen-im-gutshaus.de)

Frehne

Parkseite 2011

Im 17. Jahrhundert gab es in Frehne mehrere Rittergüter, die im 17. und 18. Jahrhundert durch die Familie von Graevenitz vereinigt wurden. Hans Georg Heinrich von Graevenitz ließ 1726 das Herrenhaus als eingeschossigen Fachwerkbau mit hohem Mansarddach errichten (Abb. Duncker).

Das Allianzwappen derer von Graevenitz und Ehefrau geb. von Falcken, ist noch heute über dem Eingang des inzwischen veränderten Hauses vorhanden.

1912 erfolgte ein erneuter Umbau. Auf der Hofseite entstanden zwei kurze Seiten-

Lithographie: A. Duncker (1857–1883)

flügel und gartenseitig eine Erweiterung des Gartensaals. Auch dieses Datum ist über der Tür zu lesen, ebenso wie der Name des Bauherren, E. L. v. G. (Elias L. von Graevenitz)

Vor der politischen Wende waren im Gutshaus öffentliche Einrichtungen der Gemeinde und der LPG untergebracht.

Jetzt wird das denkmalgeschützte Gutshaus von einer Wohngruppe mit Jugendlichen der „Kinder- und Jugendhilfe ohne Grenzen e.V." genutzt.

Gerdshagen–Rapshagen

2012

Ende des 16. Jahrhunderts war **Gerdshagen** selbständiger Gutshof mit Vorwerk, Schäferei und Hirtenhaus im Besitz der Familie von Rohr zu Meyenburg. Nach dem Dreißigjährigen Krieg lag es wüst. Anfang des 18. Jahrhunderts gab es hier drei Rittersitze, die den Familien von Rohr, von Burghagen und von Quitzow gehörten. Später wird nur noch ein Rittergut erwähnt.

Das Gutshaus aus dem 19. Jahrhundert (auf Vorgängerbauten errichtet?) war Wohnsitz des Verwalters.

Zu DDR-Zeiten war das Gutsverwalterhaus eine Schule. 1984 wurde daneben ein neues Schulgebäude errichtet, das aber seit 2003 ungenutzt ist. Das Gutsverwalterhaus ist jetzt ebenso wie der einstige Speicher Treffpunkt für die Dorfbevölkerung.

Zu Gerdshagen gehört seit 1974 auch das ehemalige Kirchdorf **Rapshagen.** Ursprünglich war Rapshagen Rittergut der Familie von Rohr (151). Später wurde es Gut des Stiftes Heiligengrabe, zu dem es bis heute gehört. Es entstand Ende des 19. Jahrhunderts. Das dazu gehörige Gutshaus wurde 1945 abgerissen. Das erhalten gebliebene Verwalterhaus wird von einer jungen Familie, die das ehemalige Stiftsgut bewirtschaftet, restauriert und als Wohnhaus genutzt. Die beeindruckenden Wirtschaftsgebäude dominieren den Gutshof.

Verwalterhaus   *2012*   *Speicher und Ställe*

Warnsdorf

Hofseite 2012

Über vier Jahrhunderte (bis 1752) gehörte das Vorwerk Warnsdorf zur Herrschaft derer von Rohr zu Meyenburg, später zu Penzlin. Danach folgten Anfang des 19. Jahrhunderts die Familien von Luck und von der Marwitz (242). Einer der letzten Eigentümer war die Verlegerfamilie Ullstein (26), deren Sohn Frederick das Gut von 1933 bis zur Emigration 1936 leitete.

Das kürzlich restaurierte Gutshaus wurde um 1780 zur Zeit der Herrschaft von Rohr errichtet.

Nach 1945 diente es kommunalen Zwecken (Konsum, Kindergarten). Jetzt wird es von den privaten Eigentümern als Wohnhaus und Büro genutzt. Es liegt in einem Park, getrennt vom ehemaligen Gutshof, dessen Gebäude (zwei Feldsteinscheunen und zwei weitere Häuser) leer stehen.

Ellershagen

Dorfseite 2009

Parkseite

Ellershagen ist ein Runddorf. Die schöne Dorfanlage, die im Halbrund um zwei Teiche symmetrisch angeordnet ist, lässt nach Westen hin den Blick auf die Eingangsseite des Gutshauses frei.

Ellershagen entstand 1754 als Vorwerk zum Gut Penzlin für die Familie von Rohr. 1820 wurde das Gutshaus durch die Familie von Avermann erbaut. Um das Jahr 1890 erfolgte ein Umbau im Schweizerstil, der Nordgiebel wurde mit einem klassizistischen Anbau versehen (21).

Auf der anderen Seite des Hauses erstreckt sich ein kleiner Landschaftspark. Ein Wirtschaftshof ist nicht mehr vorhanden

Der jetzige Besitzer des Hauses ist dabei, es für eigene Wohnzwecke zu restaurieren.

Streckenthin

Hofseite 2009

Der eingeschossige Putzbau mit Mansardwalmdach aus dem Jahre 1823, damals im Besitz derer von Bastineller (250), wurde 1913 neoklassizistisch überformt. 1995 erfolgte eine Restaurierung des Hauses.

Im „Café im Wald" erfahren wir: Seit 2005 ist es im Besitz des Regisseurs Stromberg aus Hamburg, der gelegentlich Schauspieler einlade und für die Dorfbewohner Aufführungen veranstalte.

Im Internet präsentiert sich die gGmbH: wasihrwollt PRODUCTIONS (w.i.w. AKADEMIE Brandenburg) mit dem Geschäftsführer Tom Stromberg, sogar noch 2012 unter der Beteiligung von Peter Zadek (1926–2009), im Gutshaus Streckenthin. Die Akademie bietet postgraduale Weiterbildungen für Künstler an.

Silmersdorf

Ursprünglich gehörte Silmersdorf den Gans Edlen Herren zu Putlitz. Nach der Zerstörung im Dreißigjährigen Krieg erwarb der Landrat Hans George Ernst von Graevenitz zu Frehne die „Wüste" Silmersdorf als Vorwerk. Er ließ um 1760 das Fachwerkgutshaus bauen. Sein Sohn verkaufte es wieder. Es gehörte danach im 19. Jahrhundert den Familien von Romberg, zu Putlitz und Henning, im 20. Jahrhundert wieder den von Graevenitz und Dierke. (250)

Um 1920 wurde das Gebäude um-, das Dach zur Gartenseite ausgebaut.

Um 2000 ist das im Laufe der Jahre desolat gewordene Gutshaus von der Vereinsgründerin und Stifterin der „Baustelle Leben" wunderbar restauriert worden und wird zur Verbreitung christlicher Ideen und Lebensformen genutzt (87).

Die Gebäude des großen ehemaligen Gutshofes, die nicht zum Verein gehören, verfallen leider weiter.

Silmersdorf, Hofseite 2012

Hofseite 2012

Ein noch traurigeres Bild bietet der benachbarte Gutshof **Neu Silmersdorf** (Abb. links). Hier sind nicht nur die Wirtschaftsgebäude, sondern auch das ehemalige Gutshaus verfallen.

Von einer Bewohnerin der angrenzenden Wohnsiedlung erfahren wir, dass auf dem Vorwerk von Silmersdorf um 1840 Wohnhaus und Wirtschaftsgebäude für einen Cousin der damals in Silmersdorf ansässigen Familie Hennig errichtet wurden.

1945 kamen Flüchtlinge hier unter, später sind Wohnungen eingerichtet worden. Seit 1988 steht das Haus leer. Es ist in privater Hand. Bis auf die teilweise Dach-„Sicherung" sind bisher keinerlei Maßnahmen zur Erhaltung des Hauses unternommen worden.

Nettelbeck

2012

Auf einem quadratischen ehemaligen Turmhügel, der auf zwei Seiten von einem Graben umgeben ist, steht das Gutshaus aus der Zeit um 1800. Vermutlich war es vorher ein festes Haus und vollständig von einem Wassergraben umgeben.

Nettelbeck war seit Anfang des 18. Jahrhunderts Rittersitz der Gans Edlen Heren zu Putlitz. Deren Nachfahren, die Freiherren von Jena, besaßen es über hundert Jahre bis 1936. Unter Carl von Jena prosperierte die Gutswirtschaft. Er ließ Mitte des 19. Jahrhunderts die Gutsanlage bauen, die zum Teil noch vorhanden ist, so auch die beeindruckende Brennerei. Nach seinem Tod (1886) zogen sich die Erben aus Nettelbeck zurück.

1936 wurde das Gut aufgesiedelt.

Zu DDR- Zeiten befanden sich im Gutshaus eine Schule und ein Kindergarten, später Wohnungen. Nach langjährigem Leerstand ist es jetzt wieder in privatem Besitz. Sanierungsarbeiten, zunächst in diskreter Form, deuten sich an.

Die als Wohnhaus genutzte Brennerei wurde schon um 1996 restauriert.

Schmarsow

Hofseite 2012

Vom Gutshaus aus dem 19. Jahrhundert war bis zum Beginn seiner Sanierung 2006 nur noch eine fensterlose Hülle vorhanden.

Es stand ursprünglich an der Stirnseite eines Gutshofes, von dem heute lediglich der Rest eines Stallgebäudes übrig geblieben ist. Auf der anderen Seite des Hauses lag ein gepflegter Landschaftspark. Er ist heute verwildert.

Letzter Besitzer vor dem Ende des Zweiten Weltkrieges war nach zwei Vorbesitzern die Familie von Engelbrecht. Nach deren Enteignung 1946 zogen in das Gutshaus zwei Familien ein. Wesentliche Renovierungen fanden nicht statt. Nach dem Auszug der Bewohner stand das Gebäude über 30 Jahre leer.

2006 haben es Nachfahren von ehemaligen Bewohnern des Nachbardorfes erworben und haben vor, im renovierten Gebäude vier Wohnungen einzurichten.

Putlitz

Putlitz war der Stammsitz der Familie der Edlen Herren Gans, die schon im 12. Jahrhundert mit der Region belehnt wurden. Daher rührt der Name Gans Edle Herren zu Putlitz. Im Wappen wird eine zum Flug bereite Gans geführt.

Burghof, Hofseite 2012

Die Putlitzer Burg – erhalten sind heute nur noch Mauerreste und der Bergfried –, entstand vermutlich schon im 10. Jahrhundert. Sie war Wohnsitz der Gans zu Putlitz. Im Dreißigjährigen Krieg zerstört, sind die Reste der Burg und der umgebenden Wirtschaftsgebäude – der „Burghof" – danach verpachtet worden.

Von 1878 an bewirtschafteten die „Edlen Gänse" das Rittergut wieder selbst.

Für die Witwe von Eugen zu Putlitz auf Laaske ist 1898 das noch heute vorhandene, auf dem Burghof gelegene Gebäude im Heimatstil entstanden. Es wurde bis 1947 von Mitgliedern der Familie bewohnt, danach war es bis 1995 Mietshaus. Seither ist das denkmalgeschützte Haus leer.

Im 16. Jahrhundert nahm die Familie Gans zu Putlitz ihren Wohnsitz nördlich der Burg an der Stepenitz. Nach dem Erbauer, Philipp Gans Edler Herr zu Putlitz (gest. 1603) genannt, entstand der **„Philippshof".** Dieser musste 1811 veräußert werde, konnte aber mit den übrigen früheren Besitztümern 1878 zurückerworben werden.

Das große Geviert des Wirtschaftshofes ist noch heute vorhanden, die Gebäude sind aber teilweise verändert. Das Herrenhaus bildete ursprünglich die nördliche Begrenzung des Gutshofes. Es brannte 1909 ab und wurde durch neue Wirtschaftsgebäude ersetzt.

Haus Philippshof, Hofseite 2011

1895 ist nördlich des Hofes ein neues Gutshaus im Gründerzeitstil mit Eckturm erbaut worden. Ein dazugehöriger Park erstreckte sich nach Norden hin. (7)

Nach 1945 zog in das Herrenhaus eine Schule ein. Später entstand im Park zusätzlich ein Schulneubau, der auch jetzt noch als Schule genutzt wird. Das Herrenhaus, das die Schule 2004 räumte, wurde 2005 versteigert. Der Zustand ist gut. Es hat aber den Anschein, als stehe es immer noch leer.

Laaske

Hofseite 2012

Mitte des 18. Jahrhunderts errichteten die in Wolfshagen ansässigen Gans Edlen Herren zu Putlitz – so der vollständige Titel – in Laaske ein Vorwerk. Hier stand ein Fachwerk-Verwalterhaus, das zeitweilig auch von Familienmitgliedern genutzt wurde. Um 1880 wurde das Gebäude durch Eugen zu Putlitz um einen zweistöckigen Bau mit Eckturm erweitert. Dieser Bau ist wiederum in einen Neubau integriert worden, den Walther zu Putlitz 1906 an Stelle des alten Gutshauses in neobarockem Stil errichten ließ. Er bildet den hinteren Flügel (kleine Abb.), der Eckturm wurde damals beseitigt. An der Südfront des neuen Hauptflügels fällt ein Mittelrisalit auf, den bis 1945 ein Allianzwappen über dem mittleren Fenster zierte. Ein Altan auf Säulen überdeckt die Auffahrt.

Ein ausgedehnter Park nach Norden ist Mitte des 19. Jahrhunderts angelegt und später erweitert worden.

1943 kam ein Altenheim aus Hamburg in das Herrenhaus. Nach 1945 wurden die zu Putlitz enteignet, im Haus war dann eine Kinderklinik, ab 1960 bis 1996 ein Altenpflegeheim untergebracht. (7)

Heute befinden sich Park und Herrenhaus in privatem Besitz. Das Haus wird jetzt zur Vermietung für Feste, Filmaufnahmen u.a.m. angeboten.

Bei unserem Besuch sind Restaurierungsarbeiten zu beobachten. Von einer Angestellten des Hauses erfahren wir, dass die Eigentümer Hamburger sind. Fotos auch von der Rückseite des Hauses sind möglich.

Die noch vorhandenen Wirtschaftsgebäude, an denen man bei der Zufahrt zum „Schloss" vorbeifährt und die nicht mehr zum Herrenhausareal gehören, sind leer und leider in schlechtem Zustand.

Der in Laaske geborene Diplomat Wolfgang Freiherr Gans Edler Herr zu Putlitz (1899–1975) kam nach dem Zweiten Weltkrieg aus London (er war vermutlich englischer Spion) nach Berlin (Ost) und lebte hier bis zu seinem Tod. Sein Buch „Unterwegs nach Deutschland" war wie er selbst in der DDR berühmt.

Groß Langerwisch

Hofseite 2012

Das Herrenhaus begrenzt an der Nordseite den Gutshof mit überwiegend erhaltener Bausubstanz von der Mitte des 19. Jahrhunderts. Die Wirtschaftsgebäude sind ebenso wie das Gutshaus seit wenigen Jahren restauriert.

Das Gut wurde 1752 als Vorwerk zum nahe gelegenen Gut Schönhagen für die Familie von Rohr gegründet.

Das spätklassizistische Haus ließ 1827 der damalige Besitzer König erbauen, der das Gut Anfang des 19. Jahrhunderts von den von Rohrs erworben hatte.

1908 kaufte Walther zu Putlitz auf Laaske das Gut für seinen Sohn. Dieser verlor seinen Besitz durch die Enteignung 1945. (7)

In der Zeit danach waren im Herrenhaus Mietwohnungen eingerichtet.

Jetzt gehört das Gut einem Privatmann. Im Haus wohnt die Familie des das Anwesen bewirtschaftenden Verwalters. Die junge Dame des Hauses gestattet uns, auch den Park auf der Rückseite des Gutshauses zu besichtigen, der z. T. schon rekonstruiert ist.

Gülitz

2012

Das Gut Gülitz war Besitztum der Gans Edlen Herren zu Putlitz. Sie waren die Lehnsherren, die im 17. Jahrhundert die Familie von Bevernest mit Gülitz belehnten.

Im 18. Jahrhundert und im 19. Jahrhundert besaßen die von Kaphengst das Gut Gülitz als Lehen. Sie konnten es durch Lehnsablösung verkaufen (110). Nachfolger waren die Familien Hansen und im 20. Jahrhundert die von Winterfeld (250).

Das Fachwerkgutshaus wurde 1717 errichtet. Der eingeschossige Anbau entstand vermutlich später.

Seit 1945 waren Wohnungen im Gutshaus eingerichtet. Nach 1990 ist es durch einen Hamburger Besitzer als Landsitz restauriert worden.

Wolfshagen

Am Ufer der Stepenitz waren die Gans Edlen Herren zu Putlitz schon im 13. Jahrhundert ansässig. Wolfshagen war einer der Stammsitze dieses bedeutenden Adelsgeschlechtes und gehörte dieser Familie bis 1945.

Die Zweiflügelanlage wurde 1773 bis 1787 durch Albrecht Gottlob Gans Edler Herr zu Putlitz auf den und mit den Resten der Vorgängerbauten errichtet.

Den Wirtschaftshof verlegte man Mitte des 19. Jahrhunderts nach Westen und Osten, so dass das Herrenhaus von dem von P. J. Lenné gestalteten Park umgeben war. Dieser Park ist nicht mehr vorhanden, das nähere Umfeld des Gutshauses an der Stepenitz aber gut gepflegt.

Der riesige Wirtschaftshof ist derzeit leider ungenutzt und notdürftig gesichert.

Das Herrenhaus beherbergte nach 1945 zunächst Flüchtlinge, später bis 1998 eine Schule.

Das der Gemeinde gehörende Haus wurde durch die Initiative eines Fördervereins unter Vorsitz eines der Nachfahren der Vorbesitzer, Prof. von Barsewisch, mit Hilfe vieler Förderinitiati-

Südseite 2012

ven 2002 saniert. Es wird seither als Museum genutzt. Die nach historischem Vorbild eingerichteten Wohnräume im Erdgeschoss sind mit Gegenständen aus dem Besitz derer zu Putzlitz und anderer Adelsfamilien aus der Prignitz ausgestattet. (255) Einige Kamine und Wandmalereien sind beeindruckend.

Das Obergeschoss beherbergt die Ausstellung einer bedeutenden Sammlung unterglasurblau gemalten Porzellans von Bernhard von Barsewisch.

Lithographie: A. Duncker (1857–1883) – Nordseite

Das zum Gut Wolfshagen gehörende Vorwerk **Dannhof** wurde 1936 aufgesiedelt. Das dortige Verwalterhaus vom Ende des 19. Jahrhunderts (kleine Abb. rechts) ist später als Mietwohnhaus genutzt worden. Derzeit wird das denkmalgeschützte Gebäude als privates Ferienhaus umgebaut.

Wirtschaftsgebäude sind nicht mehr vorhanden.

Groß Pankow

Hofseite 2012

Das Gut Groß Pankow gehörte seit Anfang des 17. Jahrhunderts, anfangs als eine Schäferei, zum Besitz der Gans Edlen Herren zu Putlitz. Das Gutshaus, später auch Wohnhaus der Besitzer, wurde mehrfach umgebaut.1891 war daraus ein Haus in historisierendem Stil entstanden, das durch einen Brand beschädigt wurde. 1924 entstand das heutige Gebäude durch den letzten Besitzer, Waldemar zu Putlitz.

Zu DDR-Zeiten war hier eine Außenstelle des Krankenhauses Pritzwalk eingerichtet.

Nach der politischen Wende erwarb der Neffe des letzten Besitzers, der Professor für Augenheilkunde Bernhard von Barsewisch aus München, Herrenhaus, Park und Verwalterhaus und gestaltete das Anwesen nach historischem Vorbild. Im Herrenhaus entstanden eine Tages-Augenklinik und die Wohnung des Eigentümers. (7)

Der im 19. Jahrhundert angelegte Park mit Teich und Wassergraben ist nahezu vollständig rekonstruiert. Der Gutshof, etwas entfernt südöstlich des Herrenhauses gelegen, ist in Teilen erhalten. Westlich des Hauses stehen die ehemalige Remise, jetzt Hofladen, und das Verwalterhaus, jetzt Gästehaus. Beide sind ebenfalls saniert.

Ein Ortsteil von Groß Pankow ist das Runddorf **Guhlsdorf**. Das Rittergut war im 18. und 19. Jahrhundert im Besitz der Familie von Wartenberg. 1929 gelangte es an die Landgesellschaft „Eigene Scholle" Frankfurt/Oder und wurde aufgesiedelt.

Der Gutshof liegt südlich des Dorfes. Er ist heute ungenutzt, die noch vorhandenen Wirtschaftsgebäude sind in desolatem Zustand, das Fachwerkgutshaus ist zusammengefallen.

Auf dem Kirchhof existiert noch ein Grab eines Familienmitglieds derer von Wartenberg.

Retzin

Parkseite 2012

Schon lange vorher im Besitz der Herren zu Putlitz wurde die Gutsanlage ab Mitte des 18. Jahrhunderts weiter ausgebaut.

Das erste bescheidene Gutshaus entstand Anfang des 19. Jahrhunderts durch Eduard zu Putlitz, der auch 1828 den ersten Erweiterungsbau auf 13 Achsen veranlasste. Sein Sohn Gustav ließ zunächst am Ostgiebel einen kleinen Querflügel anfügen und um 1885 das Haus im Neorenaissancestil umgestalten. In dieser Zeit wurde auch der Park durch Eduard Neide angelegt. (7) Gustav Gans zu Putlitz (1821–1890) war zu seiner Zeit auch als Schriftsteller und Theaterintendant sehr bekannt.

Nach 1945 kamen im Herrenhaus Flüchtlinge unter, später wurde es multifunktionell für die LPG und die Gemeinde genutzt.

Seit 1994 nutzt ein Behindertenheim der „Lebenshilfe e.V. Brandenburg" das Gebäude. Das einstige Herrenhaus im Neorenaissancestil ist denkmalgerecht restauriert. Während der nach 1945 zerstörte Altan zum Park wieder aufgebaut ist, wurde der früher eine Auffahrt überdachende Altan an der Frontseite nicht wieder errichtet. Den Giebel des vorderen Mittelrisalits ziert die Gans, das Wappen derer zu Putlitz.

Vom ehemaligen Gutshof sind nur noch ein Wirtschaftsgebäude und ein Gärtnerhaus erhalten, letzteres steht leer. Der ausgedehnte Park im Besitz der Gemeinde wird erhalten und ist ausreichend gepflegt.

Mesendorf

Hofseite 2012

Das spätbarocke Gutshaus mit Krüppelwalmdach entstand 1786 unter David Christian von Platen. Im 19. Jahrhundert und um 1920 wurde das Haus parkseitig mit Anbauten erweitert. Direkt an das Haupthaus schließt ein zweistöckiger Flügel an, der östlich einen Treppenturm aufweist. Dieser ist heute durch einen Anbau im unteren Teil verdeckt (kleine Abb.). An diesen hinteren Flügel wurde ein nach Osten abgewinkelter langer eingeschossiger Anbau angefügt.

Der im Jahre 1880 angelegte und 1910 erweiterte Park bedarf jetzt einer Restaurierung. Pläne dazu gibt es (112).

Im Park steht die Ruine eines festen Hauses, das vermutlich im 13. Jahrhundert aus Feldsteinen errichtet wurde. Es liegt auf einem von einem Graben umgebenen Hügel. Damals gehörte Mesendorf zum Besitz derer von Quitzow. Ihnen folgte im 15. Jahrhundert die Familie von Platen, die das Rittergut 1789 an Ernst von Flatow veräußerte. Im 19. und 20. Jahrhundert kam es an bürgerliche Eigentümer, zuletzt (ab 1929) an die Familie Meyer (250).

Das Gutshaus stand einige Jahre leer. Jetzt wird der vordere Teil von einer Besitzergemeinschaft genutzt und nach und nach als Ferienhaus restauriert. Der eingeschossige hintere Anbau ist das Wohnhaus eines Ortsansässigen, der uns diese Informationen gab und uns die Parkbesichtigung ermöglichte.

Seefeld

Hofseite 2012

Seefeld, das zuvor als Vorwerk derer von Winterfeld zu Kehrberg (dort gibt es kein Herrenhaus mehr) genannt wurde, war ab Ende des 18. Jahrhunderts Rittergut. In dieser Zeit wurde ein eingeschossiges Gutshaus zu sieben Achsen errichtet. Durch spätere Um- und Anbauten entstand der heutige 15achsige Bau mit einem zweigeschossigen Mittelrisalit an Hof- und Parkseite.

Durch Heirat gelangte das Gut an die Familie von Rohr, die es Anfang des 20. Jahrhunderts an den Verwalter Jäger verkaufte. 1928 ist das Land aufgesiedelt worden. Restteile des Gutes und das Gutshaus blieben bis 1945 in bürgerlichem Besitz. Danach wurde das Gutshaus kommunal (Wohnungen, Kindergarten, Gemeindebüro) genutzt.

Jetzt gehört es einem jungen Mann, von dem wir die Geschichte des Hauses erfahren. Er hat vor, es zu restaurieren und es dabei auf den ehemaligen siebenachsigen Teil zu reduzieren. Vorerst sind jedoch keine Baumaßnahmen zu erkennen.

Der ehemalige Park mit einem Teich ist verwildert.

Wutike

2012

Das Rittergut Wutike gehörte von 1651 bis 1945 zum Besitz der Familie von Platen. Alexander von Platen ließ im Jahre 1702 den Fachwerkbau errichten. Im 19. Jahrhundert wurde er durch seitliche eingeschossige verputzte Fachwerkanbauten erweitert (21).

Nach 1945 beherbergte das Haus zunächst Vertriebene und Flüchtlinge und wurde später Mietswohnhaus. Ein neuer Besitzer restauriert jetzt im mittleren Gebäudeteil Wohnungen, sie sind zur Vermietung vorgesehen. Die Seitenflügel sind von früheren Mietern erworben und nach dem jeweils eigenen Geschmack renoviert worden.

Vehlow

Hofseite 2010

Wir treffen eine junge Frau neben dem Haus, die ihr Kleinkind beim Spiel beaufsichtigt. Es stellt sich heraus, dass sie und ihr Mann, ein Architekt, aus Berlin stammen. Sie haben vor, das von ihnen erworbene Gebäude denkmalgerecht zu sanieren und sind schon eifrig dabei. Der zweigeschossige, später verputzte Fachwerkbau wurde um 1700 durch die Familie von Blumenthal

zu Vehlow und Horst errichtet. Diese Familie war seit dem 14. Jahrhundert bis 1839 hier ansässig. Danach wechselten die Eigentümer mehrmals, bis es 1929–1945 wieder einem Dr. von Blumenthal gehörte.

Zum Park hin fassen zwei eingeschossige kurze Flügel eine Terrasse ein (kleine Abb.). Diese Erweiterung wurde um 1840 vorgenommen.

Vor 1990 befanden sich im Gutshaus Wohnungen und ein Kindergarten.

Demerthin

Parkseite 2010

Hofseite 2012

Schloss Demerthin ist das letzte unveränderte Renaissanceschloss in der Region. Es ist der Stammsitz der Familie von Klitzing, die seit 1237 in der Prignitz und seit 1468 in Demerthin bis auf eine kurze Unterbrechung bis 1945 ansässig war. Das heutige Schloss wurde 1604 auf älteren Grundmauern durch Katharina von Klitzing, geb. von Oppeln, errichtet. Es ist einen zweigeschossiger Bau mit zwei Zwerchhäusern vorn und drei an der Hinterseite, die ein drittes Geschoss vortäuschen. Der auf der Hofseite liegende Treppenturm wird von einem Sitznischenportal mit Renaissanceornamentik und Allianzwappentafel geziert. Die barocke Turmhaube wurde 1748 aufgesetzt.

Lithographie: A. Duncker (1857–1883)

Im Inneren fallen in zwei Räumen kreuzförmige Deckenstrukturen wohl vom spätgotischen Vorgängerbau (16) sowie barocke Türen und geschnitzte Wandpaneele auf.

Die letzte Besitzerin, Adda von Klitzing geb. von Rohr, bewohnte bis 1945 das Herrenhaus und galt als resolute Wirtschafterin des Gutes.

Nach 1945 wurde das Schloss als Schule genutzt. Jetzt im Besitz der Gemeinde, erfolgt seit 1992 nach und nach die Restaurierung. Die Außenhülle, das konstruktive Innengerüst und der Treppenturm wurden mit Hilfe der Deutschen Stiftung Denkmalschutz bis 2003 restauriert.

Die Sanierung der Innenräume haben sich die Gemeinde und ein Förderverein, auch unter Beteiligung der Familie von Klitzing, vorgenommen.

Die Innenausstattung der gegenüberliegenden spätgotischen Kirche mit mittelalterlichen Wandmalereien ist sehenswert.

Granzow

Hofseite 2012

Hofseite um 1920

Das Rittergut Granzow gehörte im 19. Jahrhundert zum Besitz der Familie von Klitzing (250). Das als Wohnsitz errichtete eingeschossige Gutshaus stammt aus dem Jahr 1832. Damals wurde die gesamte Gutsanlage neu errichtet. 1878 erfolgte ein Umbau mit Erweiterung des Gutshauses um einen zweigeschossigen Seitenflügel (historisches Foto).

Am Fuße eines Hügels gelegen, begrenzte es ursprünglich den Gutshof, von dem noch zwei Gebäude erhalten sind. Eine ausgedehnte Wiese breitet sich vor dem Hause aus und gestattet einen weiten Blick in die idyllische Landschaft.

Nach 1945 wurde das Gutshaus von der sowjetischen Kommandantur in Beschlag genommen. Später war es im Eigentum der LPG Verwaltungssitz und enthielt den Festsaal der Gemeinde.

Nach 1990 wechselten die Besitzer des Gebäudes, für den Erhalt des Hauses wurde leider wenig getan. Der Verfall insbesondere des älteren Teiles zeichnet sich ab. Die jetzigen Besitzer bauten bereits den neueren Teil als Künstler- und Ferienhaus aus, die übrigen Gebäudeteile werden als Ruine zumindest gesichert. (www.gutshaus-granzow.de)

Zichtow

Hofseite 2012

Das einst als Vorwerk gegründete Gut Zichtow ist seit 1713 als Rittergut bekannt. Von 1727 bis 1780 waren zwei Brüder von Saldern Erbherren von Zichtow. Innerhalb dieses Zeitraumes wurde das Rittergut errichtet. Im Jahre 1876 entstand eine Brennerei, in der Zeit von 1890 bis 1900 wurden vermutlich auch die meisten Gebäude des Gutes modernisiert. Dessen letzter Besitzer bis 1945 war ein Erich Schütze. Das genaue Baujahr des Herrenhauses ist unbekannt.

1945 und Jahre danach bot es vielen Vertriebenen und Umsiedlern ein Dach über dem Kopf. Ab den Jahren 1953/54 war das Haus im Besitz der LPG des Dorfes. Diese quartierte in dem Gebäude das Büro und die Betriebsküche der LPG ein, später zogen auch eine Gaststätte sowie der Dorfkonsum in das Haus. Nach 1990 wurde es geräumt, es steht seither leer. (239)

Seit kurzem bemüht sich ein Verein (genannt „Mangold-Verein") um den Erhalt des Gebäudes. Es soll über einen längeren Zeitraum nach und nach restauriert werden. Anfänge der werterhaltenden Maßnahmen sind auch schon zu erkennen.

Karlsruhe, ein Ortsteil von Zichtow, war der ehemalige Freischulzenhof von Karl Hermann Borchardt, sein Karlsruhe. Der Hof ist im Jahre 1877 an Erich Schütze verkauft worden (239) und wurde Vorwerk des Rittergutes Zichtow. Das dazugehörige Gutshaus (kleine Abb.) ist aber erst um 1920 errichtet worden (21).

Heute in privatem Besitz, ist es wieder in einem ausgezeichneten Zustand.

2012

Krampfer

Parkseite 2012

Von 1413 bis 1945 gehörte Krampfer bis auf eine Unterbrechung im 17. Jahrhundert (von Graevenitz, von Blumenthal) zur Herrschaft der Adelsfamilie von Möllendorff (109).
Im Jahre 1608 sind das Dorf und das Gut abgebrannt.

Das heutige Herrenhaus, dessen Kern noch aus dem 17. Jahrhundert stammt, wurde im Laufe der Jahrhunderte mehrfach umgebaut. Georg Gottlob von Möllendorff, der Krampfer 1792 übernahm, ließ es im Jahre 1809 umbauen. Die letzte Umgestaltung und Erweiterung (beidseits eine Fensterachse und der Turm) in neobarockem Stil erfolgte 1909 durch Ottokar Richard von Möllendorff. Nach 1945 dient das Gutshaus Flüchtlingen als Unterkunft. 1946 war in einer Hälfte des Hauses eine Schule eingerichtet, die andere Hälfte blieb Wohnungen vorbehalten. 1978 zog die Schule aus, und verschiedene kommunale Einrichtungen zogen ein. Seit 1990 steht das eindrucksvolle Haus leer.

2008 hatte es ein Integrationsverein erworben. In die Schlagzeilen geriet das einstige Herrenhaus, als es Anfang 2009 in den Besitz des „Kirchenstaates und Fürstentums Germania", einer offenbar esoterischen Aussteigergruppe, geriet. Das Gebäude wurde von der Polizei noch im Jahr 2009 geräumt, da es den bauaufsichtlichen Anforderungen nicht genügte. Das „Staatsoberhaupt", Freiherr von Pallandt, der persönlicher Eigentümer des „Schlosses" sein soll, habe daraufhin beschlossen, es zur Ruine verfallen zu lassen (182). Der Verfall ist leider schon im Gange!

In enger Nachbarschaft zum Gutshaus steht ein beeindruckender Speicher aus roten Backsteinen vom Jahr 1858, der leider Spuren des Verfalls zeigt, und eine Feldsteinkirche. Letztere ist ein gotischer Saalbau, an den seitlich eine Gruftkammer angebaut wurde. Sie ist heute nicht mehr zugänglich, aber durch eine Öffnung sind Särge zu erkennen.

Auf der Internetseite von Prignitz/Krampfer (19) findet man dazu: *„Bei der Sanierung (1994) fand man die Mumie des Deichhauptmannes Reimar Friedrich von Möllendorf, der 1809 gestor-*

ben ist, und zwei Frauenleichname, die man ihm als seine zwei Gattinnen zuordnete. Man stellte jedoch etwas ganz anderes fest. Die Deckelinschrift des einen Sarges benennt die Leiche Katharina (?, s. unten) von Dürhofen (Düringshowen) aus dem Jahre 1696 und gehörte zu den Frauen Blumenthals. Sie lebte von 1641 bis 1696. Vom „dicken" Deichhauptmann fehlt der Schädel; man konnte ihn nicht finden. Die Leichname wurden in neue Särge eingebettet und die alten Särge darauf gestellt. Der Grufteingang wurde zugemauert, um die Totenruhe nicht zu stören."

Georg Ernst von Blumenthal (gest. 1697 zu Krampfer) war verheiratet mit Albertine Barbara von Diringshofen (gest. 1696 zu Krampfer) (191).

Hoppenrade

Parkseite 2012

Das ursprüngliche Vorwerk Hoppenrade gehörte viele Jahrhunderte dem Domstift Havelberg. Im Jahre 1743 wurde es an Hans Georg Heinrich von Quitzow auf Grube verpachtet, danach an den Amtmann Andreas Freyer. Nachfolgende Pächter wechselten, bis das Vorwerk wieder an den späteren Amtmann Freyer kam, der das Gut erfolgreich entwickelte. 1803 endlich konnte die Familie Freyer (später von Freier) die Ländereien vom Dom-

Lithographie: A. Duncker (1857–1883)

495

stift erwerben. Das Gut erhielt die Rechte und Pflichten eines Rittergutes. Unter Amtsrat Johann Wilhelm von Freier prosperierte das Gut im 19. Jahrhundert weiter. 1823 erwarb er auch das Gut im benachbarten Garz dazu.

Das Herrenhaus in Hoppenrade baute von Freier 1830. Den Park hatte er schon kurz nach dem Erwerb des Gutes angelegt. Sein Sohn Carl Emil gewann 1847 den Berliner Gartenarchitekten Eduard Neide (1818–1883), einen Schüler Lennés, zur weiteren Parkgestaltung. Auch die folgenden Generationen sorgten für die Gestaltung dieser bemerkenswerten Anlage, genannt „Perle der Prignitz"! Erst in den Jahren nach 1945, die Familie von Freier war inzwischen enteignet, wurde der Park zunehmend vernachlässigt. Jetzt kümmert sich ein Förderverein um dessen Wiederherstellung und Pflege.

Nach 1945 wohnten Vertriebene und Flüchtlinge im Herrenhaus, später war es Schule.

1990 ist eine Renovierung des Gebäudes begonnen worden, nach deren Abschluss die „Christophorusschule" hier einzog. Diese Schule ist Wohnstätte und Förderschule des „Christlichen Jugenddorfwerkes Deutschlands (CJD)" für geistig behinderte Kinder und Jugendliche.

Für diese Aufgabenstellung musste angebaut werden, dafür entstand im Jahre 1991 am Ostgiebel ein leider entstellender Anbau.

Garz

2012

Garz gehörte seit dem 17. bis zur Mitte des 18. Jahrhunderts zur Herrschaft eines Zweiges derer von Saldern. Bald darauf ging das Gut an den Generalmajor Freiherrn von Wrangel über. 1823 wurde es von dem Besitzer von Hoppenrade, von Freier, erworben und bewirtschaftet. Später war ein von Quitzow Gutsherr zu Garz. Seine Nachkommen kümmerten sich nicht mehr um den Besitz. (170)

Das ehemalige Wrangelsche Herrenhaus wurde 1820 zum Kornspeicher umgebaut. Das Fachwerk-Haupthaus wird beidseits von früheren Kavaliershäusern aus dem 18. Jahrhundert flankiert, die sogenannten „Junkerhäuser". Es sind würfelförmige Fachwerkbauten mit Mansarddach.

Die denkmalgeschützten Häuser und der dazu gehörende Hof gelten als Museum, ein Kultur- und Förderverein kümmert sich um das Anwesen.

Grube

Dorfseite 2012

Der Dorfanger, in dessen Zentrum eine reizende Fachwerkkirche steht, führt auf das prächtig renovierte ehemalige Herrenhaus zu.

Das Gebäude wurde 1741 für die Familie von Quitzow auf den Resten eines Vorgängerbaus als barocker zweigeschossiger neunachsiger Putzbau errichtet. Die Quitzows waren schon seit 1376 bis zum Jahre 1817 hier ansässig. Danach gehörte das Gut kurzzeitig dem Dorf und einem bürgerlichen Eigner. Im Jahre 1888 erwarb es Busso Gans Edler Herr zu Putlitz. Er ließ die Innenausstattung des Herrenhauses erneuern und das Dach ausbauen. Von 1919 bis 1945 im Besitz der Familie Kamlah, erfolgte 1920 ein weiterer Umbau. (97)

Zu DDR-Zeiten gab es hier eine Schule, die Bürgermeisterei, eine Verkaufsstelle und Wohnungen. Die dafür erforderlichen Umbauten im Inneren wurden vorgenommen, eine Restaurierung erfolgte aber nicht. Umso erfreulicher ist das Ergebnis der in den Jahren 2009 bis 2011 durchgeführten denkmalgerechten Sanierung. Zwei Anwälte aus Berlin haben in dem jetzt wunderschön aussehenden Haus ein kleines Hotel mit Restaurant eingerichtet (253).

Sigrön

Westseite 2012

Sigrön wurde erstmals 1871 als Vorwerk von Grube erwähnt. Sein späterer Besitzer, Busso Gans Edler Herr zu Putlitz, verkaufte es an seinen Schwager Dietrich von Bredow. Dieser ließ um 1912 das Gebäude im Burgenstil als Jagdsitz errichten. Das Haus ist ein zweigeschossiger Putzbau auf hohem Sockel. Seine Fassade wurde nachträglich vereinfacht. (265)

Später ging es in den Besitz von Dr. Robert Frank, Generaldirektor der Preußischen Elektrizitätswerke in Berlin, über. Seit 1925 Eigentum des Berliner Majors a. D. Ernst Kummer, wurden die Innenräume in den 30er Jahren durch den Architekten Albert Speer umgestaltet. (227)

Nach 1945 sind hier zunächst Waisenkinder aufgenommen worden. Später wurde es Jugendwerkhof für schwer erziehbare Knaben. 1994 übernahm die Stiftung „Großes Waisenhaus zu Potsdam" das Heim. Deren Tochtergesellschaft, die Gemeinnützige Gesellschaft zur Förderung Brandenburger Kinder und Jugendlicher (GFB), betrieb hier ein so genanntes Kinder- und Jugenddorf bis 2007.

Seit 2010 ist es im Besitz des Betreibers mehrerer Wellnesshotels u.a. in ehemaligen Herrenhäusern wie Bantikow und Rühstedt. Der Eigentümer hat hier seinen Wohnsitz und betreibt eine Kosmetikfirma.

Kletzke

2012

Auch Kletzke war einer der Herrschaftssitze der von Quitzows. Heute sind von der ehemaligen Burg, aus der später ein Renaissanceschloss wurde, nur noch wenige Ruinenreste im Park erhalten.

Im 17. Jahrhundert entstand neben den Resten des alten Quitzow-Schlosses durch die Familie (von) Klinggräf ein Fachwerk-Gutshaus. Von der Familie von Eckardstein, die 1805 bis 1909 hier ansässig war, wurde an dessen Stelle Ende des 19. Jahrhunderts ein Herrenhaus im Stil des Neobarock neu erbaut. Der nächste Besitzer, Emil Müller, veränderte den Baustil des Hauses wiederum in einen eklektizistischen Bau, der durch einen Turm besonders auffällig gestaltet war (269).

1928 wurde die Familie Wrede Besitzer. Sie ließ das Gutshaus 1931 erneut umbauen, wodurch im Vergleich zum Vorherigen ein schlichtes Gebäude entstand.

Nach 1945 war das Herrenhaus bis zum Jahre 1990 ein Kinderheim.

Im Jahre 2000 konnte ein Nachfahre derer von Quitzow das ehemalige Herrenhaus erwerben. Er ließ es zu Wohnzwecken renovieren. 2009 wurde es erneut verkauft, wiederum an einen privaten Besitzer, der es als Wohnhaus nutzt.

Ähnlich wie in der Rühstedter Kirche sind auch in der Kletzker Kirche steinerne Zeugen der Quitzowschen Vergangenheit zu finden.

Plattenburg

Süd- West-Seite 2012

Lithographie: A. Duncker (1857–1883)

Die im 14. Jahrhundert erstmals erwähnte Burg war im 15. und 16. Jahrhundert Sommerresidenz der Havelberger Bischöfe. 1560 übergab Kurfürst Joachim II. seinem Kämmerer Matthias von Saldern Burg und Ländereien als Lehen. Die Burg war bis 1945 Sitz der Familie von Saldern. Während dieser nahezu vierhundert Jahre währenden Herrschaft erfolgten mehrmals Umbauten der mittelalterlichen Wasserburg.

Die gut erhaltene und von 1992 bis 1996 restaurierte Burg besteht aus der Ober- und der Unterburg.

Die Oberburg, ehemals dreiflügelig, ist jetzt eine zweiflügelige Anlage. Sie besteht aus einem Wohnflügel und dem 1609 ausgebauten Bischofsflügel. Letzterer ist ein im Kern gotischer, dreigeschossiger und jetzt verputzter Bau. Im Inneren sind bedeutende Dekorationen aus der Spätrenaissance erhalten. Nach Westen kam 1724 ein Fachwerkflügel mit beidseitigen Eckpavillons hinzu. Dieser Flügel ist in der Gestaltung bis heute unverändert erhalten. Parkseitig ist dieser Wohntrakt mit Fachwerkfassade zweigeschossig, hofseitig hat er drei Etagen und eine Backsteinfassade. Der Umbau in diese Form erfolgte um 1865 nach Plänen von Stüler. Damals ist der dritte Flügel auf der Nordseite beseitigt und an seiner Stelle der hohe Eckturm errichtet worden. Dieser viereckige Turm erhielt nach einem Brand 1883 einen neogotischen Aufsatz. Wohn- und Bischofsflügel sind durch eine Freitreppe miteinander verbunden (Abb. rechts), die mit einem liegenden Löwen geschmückt ist .

Die dreiflügelige Unterburg besteht aus spätgotischen Backsteinbauten. Der Nordflügel, er enthielt das Back- und Brauhaus, wurde 1714 zur Kapelle umgebaut und um 1885 neogotisch umgestaltet (Abb. rechts unten). Im Westflügel waren Stall und Speicher und im Südflügel das Knappenhaus angesiedelt. Diese beiden Flügel stehen noch leer, ihre Fassaden sind aber restauriert. Im Kellergewölbe unter der Kapelle gibt es ein Restaurant.

Im Hof der Unterburg hören wir bei unserem Besuch laute Vogelrufe und werden durch freilaufende Pfauenmännchen überrascht.

Die Burg ist von Burggräben umgeben, die vom Fluss Karthane abgehen. Außerhalb der Burg gelegen sind die Remise, heute ein Fischerhaus, und die Mühle. Letztere ist leider leer stehend und in mäßigem Zustand. Neben der Burg stehen das restaurierte Schweizerhaus (früher Melkerunterkunft, jetzt Ferienwohnungen enthaltend) und gesicherte Reste einer historischen Scheune.

Nach 1945 bis etwa 1960 waren in der Burg Flüchtlinge untergebracht. Danach bot die Oberburg Quartier für Kinderferienlager, in der Unterburg hatte die LPG Stallungen untergebracht.

Die Burg dient jetzt als Museum und kulturelles Zentrum.

Quitzöbel

Der Ort wird im Jahre 1310 erstmals als Quitzhovel, „Quitzows Hügel", erwähnt. *„Hier in Quitzöwel"*..., wie es bei Fontane heißt, ist „*... die Stammburg der berühmten Quitzowfamilie" gelegen.* (28). Diese Familie gelangte Anfang des 15. Jahrhunderts, Fontane nannte diesen Zeitraum die „Quitzowzeit", durch Überfälle und Eheschließungen in den Besitz bedeutender Burgen und Schlösser in der Mark. Die Quitzows wurden damit zu einem der mächtigsten Adelsgeschlechter. Sie erkannten die Herrschaft der neuen Landesherren „aus Nürnberg", die der Hohenzollern, jedoch nicht an. Aber ihr Widerstand wurde relativ schnell gebrochen. Sie mussten sich bald auf ihre Güter in der Prignitz zurückziehen.

Im 17. Jahrhundert ging Quitzöbel in den Besitz derer von Bülow über. In jener Zeit entstand das Gutshaus, das Friedrich Wilhelm von Bülow 1754 errichten ließ. Er veranlasste auch

Parkseite 2012

die Anlage des Gutshofes und eines Parks. Zum Ende des 18. Jahrhunderts waren die Familien von Gansauge und seit 1820 die von Jagow Eigentümer des Rittergutes. Die von Jagow, zuletzt durch Heirat unter dem Namen von Vogel von Falckenstein, blieben bis 1945 Besitzer von Quitzöbel.

1945 wurde das Herrenhaus geplündert, und Vertriebene und Flüchtlinge zogen ein. (102)

Später war hier bis zum Jahre 1981 eine Zentralschule untergebracht, bis 1990 wurde es dann als Lehrlingswohnheim genutzt. Nach langem Leerstand ist es jetzt wieder in Privateigentum, wie wir von einer Dorfbewohnerin erfahren. Der Besitzer bewohnt das Haus und will es nach und nach restaurieren.

Ein Teil der ehemaligen Wirtschaftsgebäude ist in unterschiedlich baulichem Zustand erhalten. Der Park ist verwildert.

Rühstedt

Eine Brücke führt über den ehemaligen Wassergraben auf das Portal zu. Die auf Dunckers Lithographie dargestellten Skulpturen auf der Brückenbrüstung von 1782 wurden 1945 zerstört, nur Reste sind erhalten und eingelagert. An der Stelle des heutigen Herrenhauses stand vom 14. Jahrhundert bis Anfang des 18. Jahrhunderts eine Wasserburg und danach das Renaissanceschloss derer von Quitzow. Der General und Minister Friedrich Wilhelm von Grumkow bekam 1719 Gut Rühstedt von König Friedrich Wilhelm I. geschenkt. Er ließ 1720 anstelle des alten ein neues Herrenhaus errichten und den Park barock gestalten. 1780 mussten seine Erben das Anwesen an Magdalene Charlotte von Jagow geb. von Bismarck-Briest und ihren zweiten Mann (einen Vetter ihres ersten Ehemanns) Georg Otto Friedrich von Jagow verkaufen. Im Besitz derer von Jagow blieb Rühstedt bis 1945.

Da das barocke Herrenhaus 1780 abbrannte, ist 1782 auf seinen Fundamenten ein neues Schloss, ein zweigeschossiger Putzbau von 13 Achsen errichtet worden (Abb. Duncker). Umbauten der Innenräume fanden mehrmals statt. 1856 wurde auf der Parkseite eine Terrasse mit einer Freitreppe zum Gartenparterre angelegt, die sich über die gesamte Breite des Hauses

Hofseite 20110

erstreckt. Später erhielt das Haus an der Südseite (1911) und an der Nordseite (anlässlich
der Sanierung 1991) jeweils zweiachsige Anbauten.

Der Park wurde Anfang des 19. Jahrhunderts als Landschaftspark umgestaltet. An
seinem westlichen Ende steht in der Sichtachse des Schlosses ein Obelisk, den noch von
Grumkow aufstellen ließ. Im Park ist das Erbbegräbnis der Familie von Jagow erhalten.

Nach 1945 war bis 1998 ein Altenpflegeheim im Herrenhaus untergebracht. Es ist gelungen, das Interieur zu erhalten. Seit der Sanierung 2000/01 wird das Gebäude als Hotel

Lithographie: A. Duncker (1857–1883)

genutzt. Vom Wirtschaftshof sind das Back- und Brauhaus (Hotel seit Mitte der1990er Jahre)
und ein Stall mit Speicher erhalten, die Gebäude sind restauriert.

Die Kirche des Ortes ist wegen der darin befindlichen Bildhauerarbeiten aus der Renaissance und bedeutender Skulpturen sehenswert. So „... *ist die Kirche zu Rühstädt, die von ältes-
ter Zeit Ruhstätte (daher der Name) der Quitzowfamilie war, reich an Monumenten und Grab-
steinen, wenn dieselben auch nicht annähernd der Zahl derer entsprechen, die hier im Laufe von
vielleicht 300 Jahren beigesetzt wurden.*" (28).

Neuhausen

Parkseite 2012

Wir lesen erst auf unserer Fahrt dorthin, dass ein Besuch zum Zwecke der Besichtigung des Schlosses angemeldet werden sollte. Dazu war es nun zu spät, dennoch empfängt uns der Hausherr trotz Zeitmangels sehr freundlich und ermöglicht uns auch einen Blick in die groß-artig restaurierte Kapelle.

Von 1316 bis 1711 gehörte Neuhausen der Familie von Rohr. Der Familienwohnsitz war zunächst eine Burg, die im 16. Jahrhundert zu einem Renaissance-Schloss ausgebaut wurde.

Nachfolgende Herrschaft war die Familie von Winterfeld. Diese hatte schon 1618 die Hälfte des Rohrschen Besitzes in Neuhausen erworben. Die Winterfelds, ab 1944 durch Heirat mit dem Namen von Busse, besaßen das Rittergut bis zum Jahre 1945 – mit einer nur zweijährigen Unterbrechung.

1738 wurde das Herrenhaus als barocke Dreiflügelanlage errichtet. Die beiden eingeschos-sigen Seitenflügel des Hauses („Kapellenflügel" – westlich – und „Küchenflügel" – östlich) schließen sich in stumpfem Winkel an das Haupthaus an. Bauherr war Johann Gebhard von Winterfeld, der das Haus unter Einbeziehung vorhandener älterer Gebäude errichten ließ.

Auf dem Gelände in der näheren Umgebung des Herrenhauses finden sich noch immer Reste der alten Burg – südwestlich gelegen, sowie des Renaissanceschlosses – östlich davon.

Bedeutende Relikte der Vorgängerbauten sind die kreuzgratgewölbten Keller, die Tordurch-fahrt und vor allem die Kapelle. Letztere entstand um 1570 und liegt im Erdgeschoss des Tor-hauses. Die vegetabilisch figürliche Groteskenmalerei (16) ihrer kreuzgratgewölbten Decke und der Wände ist beeindruckend.

Beim Umbau 1903 ließ der Bauherr Henning Karl von Winterfeld die Seitenflügel um ein Geschoss aufstocken und an der Parkseite des Kapellenflügels einen kleinen Erker mit Türm-chen anfügen.

Am Kriegsende fanden Vertriebene und Flüchtlinge im Herrenhaus Unterkunft. Seit Ende der 1970er Jahre stand das inzwischen denkmalgeschützte Wohnhaus aber leer. Plünderungen, die schon nach 1945 geschehen waren, fanden nun leider eine Fortsetzung. (256, 23)

Nach ersten Sicherungsmaßnahmen durch die Gemeinde 1990 wurden Haus, Park und Res-te des Gutshofes 1993 an den jetzigen Besitzer, einen Architekten, verkauft. Diesem ist es gelungen, auch mit Hilfe von Fördermitteln, das Haupthaus und den Kapellenflügel denkmalgerecht zu restaurieren. Vom Küchenflügel sind nur die gesicherten Außenwände erhalten. Dieser Teil wird als Terrasse genutzt. Im Haupthaus befinden sich die Wohnung der Besitzerfamilie und Ferienzimmer sowie im Erdgeschoss Räume für öffentliche Veranstaltungen.

Vom ehemaligen Wirtschaftshof nördlich des Herrenhauses ist nur noch der Pferdestall erhalten, der heute restauriert als Gästehaus des Schlosses dient.

Die kleine Kirche mit isoliert stehendem Glockenturm nahe der Anlage ist ebenfalls restauriert und sehenswert.

Das für die Region einmalige Kulturdenkmal ist jederzeit eine Reise wert!

Neuhof

2012

Zum Rittergut zu Neuhausen gehörend ließ J. G. von Winterfeld im Jahre 1764 das Vorwerk Neuhof anlegen.

Am Anfang des 19. Jahrhunderts wurde es dann ein eigenständiges Gut, weiter im Besitz der Familie von Winterfeld. Das Gutshaus im Schweizer Stil entstand 1878.

Nach 1945 beherbergte das Haus eine Kindertagesstätte und den Dorfkonsum, jetzt ist es Ferienwohnhaus einer Berliner Familie.

Einzelne ehemalige Wirtschaftsgebäude sind noch vorhanden. Sie sind offenbar ungenutzt und in schlechtem Zustand.

Strigleben

Portal 2012

Strigleben war ein Vorwerk, das zum Gut erweitert wurde. Das Gutshaus entstand um 1760 für die Gutsbesitzer von Winterfeld. Um 1820 wurde es von den neuen Eigentümern, der Familie von Wilamowitz, umgebaut und klassizistisch überformt. Auffällig ist der breite Mittelrisalit an Hof- und Gartenseite, der beim Umbau aufgestockt wurde. An der nördlichen Seite der Rückfront kam ein eingeschossiger kurzer Seitenflügel mit Satteldach hinzu, woraus sich ein L-förmiger Grundriss ergibt.

Letzter Besitzer vor 1945 war Familie Behrens. Während der DDR-Zeit beherbergte das Gutshaus Wohnungen, den Konsum und die Feuerwehr.

Es steht seit Jahren leer. Ein Teil des Daches ist vor wenigen Jahren eingestürzt. Dennoch hat die Gemeinde es zum Verkauf angeboten.

Karwe

August Albrecht von Winterfeld, ein Bruder des Besitzers von Neuhausen, ließ um 1740 das Herrenhaus als Fachwerkbau auf seinem Rittersitz errichten. Es wurde später mehrmals umgebaut und modernisiert. Das Gut war bis 1928 im Besitz der Familie von Winterfeld.

Danach wurde es vermutlich aufgesiedelt. Das Gutshaus kam, wahrscheinlich mit dem Restgut, in bürgerlichen Besitz. Eigentum dieser Familie blieb es auch nach 1945 bis zum Verkauf 1993.

Der jetzige private Eigentümer saniert das Haus eigenhändig. Wir treffen ihn bei der Reparatur des Daches an.

Das schöne Gebäude besteht aus einem neunachsigen Hauptteil mit hof- und parkseitigen zweigeschossigen Mittelrisaliten mit Dreiecksgiebeln. An den Hauptteil schließen zu beiden Seiten niedrigere dreiachsige Flügelbauten mit Satteldächern an. Einer der Seitenflügel ist direkt mit einem der Wirtschaftsgebäude verbunden. Zwei weitere Wirtschaftsgebäude sind in ausreichend gutem Bauzustand erhalten.

Ein vollständiger Park ist nicht mehr vorhanden.

Gartenseite 2012

Dallmin

Gartenseite 2012

Dallmin war von 1433 bis 1799 Herrschaftssitz der Familie von Winterfeld. Das ursprüngliche Renaissanceschloss wurde 1567 errichtet und in der Folgezeit mehrfach umgebaut.

Seine heutige Gestalt erhielt das Herrenhaus im Jahre 1808. Georg Otto Friedrich von Jagow, der den von Winterfelds folgende Besitzer auf Dallmin (und Rühstädt, s. dort), ließ auch dieses Haus unter Einbeziehung des Vorgängerbaus in barockem Charakter umgestalten. Die Attika der Mittelrisalite auf Hof- und Gartenseite schmückten Sandsteinplastiken. Diese sind heute dort nicht mehr vorhanden, aber zumindest die „Vier Jahreszeiten" der Gartenseite lagern im Depot. 1889 wurden im Inneren des Hauses Veränderungen in historisierendem Stil vorgenommen. Vestibül, Treppe und Bibliothek aus dieser Zeit sind erhalten, wenn auch etwas verändert.

507

Durch Heirat mit Agnes von Jagow gelangte das Gut an Theophil von Podbielski. Beider Sohn war Victor von Podbielski (1844–1916), Generalleutnant, Staats- und Landwirtschaftsminister sowie Staatssekretär des Reichspostamts Preußens. Kaiser Wilhelm II. besuchte mit einem Sonderzug seinen Minister einige Male in Dallmin. (190)

Auf Victor von Podbielski geht neben der Erneuerung der Innenausstattung des Herrenhauses auch der Ausbau des Wirtschaftshofes zurück. Auf einem Gutsgebäude finden sich noch heute die Initialen (V.v.P. 1906).

Das Gut war bis nach 1929 im Besitz der Familie von Podbielski. Um 1930 gelangte es an die Industriellenfamilie Polte/Nathusius (93). Diese ist 1945 enteignet worden. Danach nutzten eine Lehrerbildungsstätte und später ein Kinderheim das Herrenhaus.

Jetzt hat ein privater Träger eine psychotherapeutische Einrichtung für Knaben darin eingerichtet.

Bootz

Lithographie: A. Duncker (1857–1883)　　　　*Ehem. Seitenflügel 2012*

1773 entstand das damalige Vorwerk der Herren zu Garlin und Bootz. Von Alexander Duncker ist zu erfahren, dass der (Berliner) Landrat Carl Friedrich von Petersdorff 1794 das Rittergut Garlin-Bootz (als Landsitz) erwarb. Das Gehöft musste wegen der Nähe zum Fluss Löcknitz, der häufig über die Ufer trat, etwas vom Fluß entfernt neu errichtet werden. Dieses auf Dunckers

Lithographie abgebildete Haupthaus existiert heute nicht mehr. Lediglich der Seitenflügel, der später (Anfang des 19. Jahrhunderts) angefügt wurde, ist noch als privates Wohnhaus vorhanden. Einen Gutshof gibt es nicht mehr.

1914 erwarb Victor von Podbielski zu seinem Dallminer Besitz auch das Rittergut Bootz.

Im Park des Gutes, zwischen früherem Herrenhaus und der Löcknitz, entstand 1934 eine Villa (Abb. links), die wahrscheinlich von

Verwaltern (Sauerland, Kruse und anderen) bis 1945 bewohnt wurde. Danach ließ die DDR darin Wohnungen einrichten, die Gemeindeschwesternstation und einen Kindergarten.

Jetzt gehört die Villa einer jungen Familie aus Berlin, welche uns einige Informationen zum Gut Bootz geben konnte.

Burghagen

Hofseite 2012

Der ehemalige Rittersitz ist der Stammsitz der Ritter von Burghagen und wurde im 14. Jahrhundert erstmals erwähnt. Aus dieser Zeit existiert auf der Gartenseite des Gutshauses noch ein Wohnhügel mit Resten eines Wohnturmes, von einem Wassergraben umgeben.

Das Fachwerk-Gutshaus stammt aus dem Jahre 1740. Eine gut erhaltene Inschrift in einem Balken über dem Eingang: „H. C. S. L. gebaut 1740." (Hans Caspar von Burghagen und Sophie Luise von Göhren) weist darauf hin.

Nachdem das Geschlecht der Burghagen Anfang des 19. Jahrhunderts ausstarb, folgten häufige Besitzerwechsel.

1919 wurde das Land aufgesiedelt, und der Landwirt Koch übernahm das Restgut mit dem Gutshaus. Im Besitz dieser Familie ist es noch heute. Wir treffen die Eigentümer an und erfahren von ihnen diese Geschichte.

Gutshaus, Hof und Park einschließlich des historischen Wohnhügels sind ansprechend restauriert.

Kleinow

2012

Das Dorf gehörte zum Rittersitz derer von Burghagen. Rittergut war es bis zum 19. Jahrhundert. Als Besitzer werden auch von Knobelsdorff und von Zieten genannt (250). Letztere besaßen es nach 1800. Danach folgten im 19. Jahrhundert zwei bürgerliche Besitzer.

Das Gutshaus stammt aus der Mitte des 18. Jahrhunderts. Der quergelagerte zweigeschossige Anbau kam vermutlich im 19. Jahrhundert dazu.

Nach 1950 diente das Gebäude als Schule und wurde zu diesem Zweck umgebaut. Jetzt ist es eine Kindertagesstätte. Die geschlossenen Fenster auf der Abbildung sind durch den Aufnahmezeitpunkt an einem Sonntag zu erklären.

Dergenthin

Hofseite 2012

Das spätbarocke Gutshaus mit Krüppelwalmdach ließ um 1770 die Familie von Wartenberg errichten. Die ursprüngliche Fassadengliederung mit Pilastern wurde durch „Modernisierung" zu DDR-Zeiten nahezu unkenntlich. Jetzt zeigt sich uns der Verfall des seit Jahren leer stehenden Hauses leider sehr deutlich.

Das Gutshaus steht auf der Nordseite eines großen Wirtschaftshofes aus dem 19. Jahrhundert. Die gesamte denkmalgeschützte Gutsanlage befindet sich in einem beklagenswerten Zustand.

Kaltenhof

Im Jahre 1540 ist der Kaltenhof durch die Familie von Karstedt errichtet worden. Ihr gehörte das Gut bis nach 1929. Das Gutshaus wurde 1742 in Fachwerkbauweise neu errichtet. Dieses Herrenhaus soll zu den Schönsten derartiger Bauten in der Prignitz gehört haben. Ein zweigeschossiger siebenachsiger Mittelbau mit hohem Walmdach wurde beidseits durch eingeschossige Flügelbauten verbreitert.

2012

Leider steht heute nur noch eine immer mehr zerfallende Ruine (ein Seitenflügel ist noch übrig geblieben), der man die einstige Schönheit aber immer noch ansieht.

Das Haus steht auf privatem Grund, der nicht zugänglich ist.

Seetz

2012

Seetz war Rittergut im Besitz derer von Karstedt, von Platen und von Klitzing. Nach weiteren – bürgerlichen – Eigentümern wurde 1896 das Rittergut liquidiert und aufgesiedelt. Das heute noch vorhandene Herrenhaus ließ Stellan Ernst von Karstedt Anfang des 18. Jahrhunderts errichten (193).

Einige Jahre war das Gebäude Gasthof. Jetzt wird es nur noch partiell als Wohnhaus genutzt.

Gramzow

Hofseite 2012

Von 1800 bis Anfang des 20. Jahrhunderts gehörte das Rittergut denen von Karstedt. Nach 1929 wird als Eigentümer ein Herr Krick genannt (250).

Vor 1990 befanden sich im Gutshaus Gramzow die LPG-Verwaltung und Wohnungen. Auf der Westseite des Haupthauses wurde damals ein flacher Küchenflügel (auf dem Bild nicht sichtbar) angebaut. Das Gutshaus und die zwei historischen Wirtschaftsgebäude sind 1993 restauriert worden. Der jetzige Besitzer lebt in den alten Bundesländern. Im Haus wohnt und arbeitet der Gutsverwalter.

Mankmuß

Hofseite 2012

Der historisch gewachsene Gutshof Mankmuß ist ein Schmuckstück! Das kleine Fachwerkguts-haus bildet seine nördliche Begrenzung. Die übrigen Wirtschaftsgebäude, Feldsteinscheune, Kuhstall und Fachwerkstall sind denkmalgerecht restauriert. Besonders ansehnlich ist ein ehe-maliger Stall in Ziegel-Fachwerkbauweise.

Von 1480 bis 1700 war das Gut, ursprünglich ein Vorwerk, Eigentum der Familie von Capel-len. Danach kam der Besitz durch Heirat in die Familie von Bredow im Havelland (Linie Wage-nitz-Landin). Das bescheidene Wohngebäude diente vermutlich als Verwalterhaus.

1896 erwarb der Kaufmann Selig Sternberg das Anwesen als Landsitz (227).

Heute ist der Gutshof privat geführt. Die Besitzer bieten Interessierten einen Urlaubsaufent-halt in ländlicher Umgebung an.

Perleberg

Perleberg wurde Anfang des 13. Jahrhunderts von der Familie Gans gegründet. Auf einer Insel zwischen zwei Armen der Stepenitz gelegen, gedieh der Ort und erhielt schon zu jener Zeit das Stadtrecht. Mitte des 14. Jahrhunderts trat Perleberg der Hanse bei und entwickelte sich damit zum politischen und wirtschaftlichen Zentrum der Region. Im 15. Jahrhundert begann der wirtschaftliche Niedergang der Stadt.

Heute kündet der Marktplatz mit der St. Jakob-Kirche, dem Rathaus und mit einem mäch-tigen Roland von dem später wieder einsetzenden Aufschwung der Stadt. Von der „Gänseburg" zu Perleberg ist nichts mehr vorhanden.

Hofseite 2012

Das frühere Stadtgut lag damals außerhalb der Stadt, inzwischen sind große Teile seiner Flächen bebaut. Das zweiflügelige Gutshaus des ehemaligen Stadtgutes Perleberg ist als einzi-ges Gebäude des früheren Gutshofes erhalten. Es ist, wie eine Inschrift am Haus zeigt, 1797 für Johann Daniel Stargard errichtet worden. Zur Bewirtschaftung der städtischen Ländereien wurde das Gut verpachtet.

Das Gutshaus steht schon einige Jahre leer.

Wittenberge

2012

Anfang des 13. Jahrhunderts gehörte Wittenberge neben Perleberg und Putlitz zum Lehnsbesitz der Gans Edlen Herren zu Putlitz, die das Zollrecht für den Elbhandel besaßen.

Nach den Zerstörungen im Dreißigjährigen Krieg ließ Adam Gans ein neues Herrenhaus errichten. Der zweiflügelige Fachwerkbau, die so. gen. „Weiße Burg", diente den „Gänsen" bis 1781 als Wohnsitz. Zu dieser Zeit verloren sie aus finanziellen Gründen ihren Status als Burg- und Stadtherren von Wittenberge. Ihr Besitz kam zur Versteigerung, Erwerber war der letzte Erb- und Gerichtsherr von Wittenberge, Hauptmann Kitscher.

1817 gelange das Herrenhaus an die Stadt Wittstock. Diese verkaufte es an unterschiedliche Eigner, 1876 bis 1907 war hier der Sitz einer Gärtnerei. Danach wieder im Stadteigentum, richtete diese eine Töchterschule ein.

Von 1951 an wurde das Haus als Feierabendheim genutzt. Seit 1971 ist es bis heute ein ansehnliches Stadtmuseum.

Breitenfeld

2012

Breitenfeld, als Vorwerk des Klosters Heiligengrabe gegründet, wurde 1870 ein eigenständiges Gut mit wechselnden Besitzverhältnissen.

Das Gutshaus entstand 1837 als Wohnhaus für den Verwalter. Die Erweiterung um den hofseitigen Seitenflügel erfolgte vermutlich um 1900, genauere Daten dazu existieren nicht.

Nach 1945 beherbergte das Gebäude Flüchtlinge, danach war es Wohnhaus für mehrere Familien. Seit 2001 im Besitz einer jungen Familie, ist das Haus nach und nach denkmalgerecht saniert worden. Es liegt mitten im Dorf gegenüber einem Dorfteich. Der noch erhaltene Teil des Gutshofes ist ebenfalls schon weitgehend saniert.
(www.gut-breitenfeld.de)

Stavenow

Südseite 2012

Südseite 1870

Im 14. Jahrhundert waren die von Stavenows auf der Burg ansässig. Im 15. Jahrhundert folgten die von Quitzows, danach die von Blumenthals, welche die im Dreißigjährigen Krieg zerstörte Burg um 1700 wieder aufbauen ließen. Nachfolgende Besitzer waren die Familie von Kleist und im 19. Jahrhundert die von Voß. Letztere ließ das Schloss um 1850 von August Stüler (kleine Abb.) umbauen. Die Erben der Familie von Voß, von Bonin, mussten das Gut 1929 verkaufen. Dr. Kees aus der Nähe von Leipzig erwarb es. Dieser veranlasste einen nochmaligen Umbau durch den Architekten Schulze Naumburg 1935. Allerdings konnten die Baumaßnahmen wegen des beginnenden Krieges nicht zu Ende ausgeführt werden (22).

1945 brannte die geplünderte Burg aus. Ihre Ruinen sind bis auf den Südflügel und Reste des Westflügels und des Turmes abgetragen worden. Später war hier bis 1990 ein Kinderferienlager untergebracht.

Das Gebäude ist jetzt in privatem Besitz. Selbst der Restzustand der ehemaligen Burg wirkt noch imposant. Die Veranda steht vor dem Turmstumpf.

Neben der Wohnung der Besitzer beherbergt es Ferienappartements (www.burg-stavenow.de).

Die folgenden Gutsanlagen Neu Premslin, Semlin, Nebelin und Waterloo waren zeitweilig mit der Herrschaft Stavenow wirtschaftlich verbunden.

Neu Premslin

Hofseite 2012

Neu Premslin wurde 1823 als Stavenower Vorwerk gegründet. Letzte Besitzer vor 1945 soll eine Familie Müller gewesen sein.

1948 sollten die Gebäude des Gutes abgerissen werden. Durch das erfreuliche und mutige Engagement der Dorfbewohner konnte das Gutshaus erhalten bleiben. Es wurde von der LPG genutzt und beherbergte einen Kindergarten.

Heute ist das gut erhaltene Gutshaus ein privates Wohnhaus.

Semlin-Karstädt

Vom ehemaligen Gutshof ist noch ein dreigeschossiger Backstein-Speicher aus dem Jahr 1778 erhalten. Das Gutshaus, im Kern aus der ersten Hälfte des 18. Jahrhunderts stammend, wurde 1923 umgebaut und auch danach noch weiter verändert.

Das Gut war ursprünglich ein Vorwerk von Stavenow. Später wurde es verpachtet.

Der letzte Besitzer war Joachim von Bonin, der das Gut 1929 an den Staat verkaufte. Das Land wurde aufgesiedelt.

Ab 1960 waren im ehemaligen Gutshaus ein Säuglingsheim und eine Kinderkrippe unter-gebracht. 1996 erwarb die „Lebenshilfe" das Objekt als Wohnstätte für geistig Behinderte. 2004 bis 2005 wurde das Haus restauriert und zur Hofseite ein moderner Flügel angebaut. Seit 2005 wird es bewohnt.

Semlin, Gartenseite 2012

Nebelin

2012

Im Mittelalter gab es in Nebelin eine Wasserburg. Vom 14. bis zum Anfang des 19. Jahrhunderts gehörte der Ort bis auf kurze Unterbrechungen zum Besitz der Familie von Wartenberg, 1814 wurde Otto von Voß zu Stavenow Eigentümer. Er ließ das Rittergut durch einen Verwalter bewirtschaften.

Das Gutsverwalterhaus ist im Laufe der Jahre mehrmals umgebaut worden. Nach 1945 diente es als Unterkunft für Kriegsflüchtlinge, ab 1968 war es eine Schule. Das jetzt private Gutshaus ist restauriert, aber noch nicht bezogen. Nach Angaben einer Dorfbewohnerin sollen Ärzte mit ihren Praxen Mieter sein.

Waterloo

Eingangsfront 2012

Waterloo wurde 1817 als Vorwerk von Stavenow gegründet. Dessen damaliger Besitzer, Staatsminister Otto Karl Friedrich von Voß, hatte an der Schlacht von Waterloo gegen Napoleon teilgenommen und zum Andenken an den Ort des Sieges sein Vorwerk so benannt. Nach 1900 wurde es eigenständiges Gut. Besitzer von 1922 bis 1945 war Joachim von Bonin. Er zog nach dem Verkauf von Semlin hierher um (21).

Die 2003 denkmalgerecht restaurierten Gutsgebäude nutzt heute eine Agrargenossenschaft.

Ein „altes" Gutswohnhaus entstand schon 1846. Das neue, jetzt noch vorhandene Gutshaus wurde 1934 errichtet, damals mit einem Reetdach gedeckt. Das Dach brannte 1944 ab, es ist durch ein Ziegeldach ersetzt worden. Nach 1945 diente es als Unterkunft für Umsiedler, als Kindergarten und HO-Ferienheim. Jetzt ist es ein privates Wohnhaus. (190)

Wüsten Buchholz

Das Rittergut Wüsten-Buchholz gehörte vom 16. bis 18. Jahrhundert zur Herrschaft der Gans Edlen Herren zu Putlitz. Die letzte Eigentümerin aus dieser Familie verkaufte das Gut 1790 an den Amtmann Georg Livonius.

Das Gutshaus mit klassizistischen Merkmalen stammt aus der ersten Hälfte des 19. Jahrhunderts. Ein eingeschossiger Anbau am südlichen Giebel kam in der Umbauphase 1934 hinzu. Der letzte Besitzer, Familie Bulsch, veranlasste diesen Erweiterungsbau. er wurde 1945 enteignet (282).

Wüsten Buchholz, Hofseite 2012

Das Gutshaus beherbergte danach Flüchtlinge. Bis 1990 befanden sich Wohnungen, ein Kindergarten und ein Kulturraum im Gebäude, die Wirtschaftsbauten des Gutshofes wurden von der LPG genutzt. Danach war in dem Objekt ein Reiterhof eingerichtet.

Wir nähern uns dem Anwesen von Südosten her über den kleinen Park mit einem Weiher und finden einen gut erhaltenen Wirtschaftshof. Dieser wird von Osten durch das langgestreckte Gutshaus begrenzt.

Seit 2007 gehört es dem jetzigen Besitzer. Dieser ist ein Idealist, der das Gutshaus aus eigener Kraft restaurieren und Hof und Garten instand halten will. Allerdings sagt er im Gespräch mit uns, dass er sich mit der Aufgabe inzwischen überfordert fühlt. Wir finden aber Haus und Hof so schön, dass wir ihm Mut machen.

Sein darauf folgendes Verkaufsangebot können wir jedoch nicht annehmen!

Pinnow

Hofseite 2012

Frühere Besitzer des Rittergutes waren die Familien von Pinnow und von Rathenow. 1843 vernichtete ein Großbrand das gesamte Dorf, bis auf die kleine Feldsteinkirche. Das aus dem 18. Jahrhundert stammende Gutshaus brannte dabei ebenfalls bis auf die Kellerräume ab.

Um 1870 wurde es wieder aufgebaut. Bis zum Kriegsende war Gutsbesitzer die Familie Huschke.

Nach dem Zweiten Weltkrieg beherbergte das Haus zunächst Flüchtlingsfamilien. Später war es vermietet und enthielt Räume für die LPG. Nach 1990 verfiel das Gebäude.

Seit 2001 hat es einen neuen Eigentümer. Nach der Restaurierung erstrahlt das Gutshaus nun wieder in alter Schönheit. Die Besitzerfamilie, die in Pinnow Tierzucht betreibt, nutzt es als Wohnhaus.

Zapel

Hofseite 2012

Zapel war ursprünglich ein Vorwerk. Zum Rittergut wurde es im 17. Jahrhundert. Bis zum Ende des Zweiten Weltkrieges gehörte es der Familie Stubbendorf.

Das Gutshaus stammt aus der zweiten Hälfte des 18. Jahrhunderts. Im 19. und 20. Jahrhundert wurde es umgebaut. (190)

Der eingeschossige Putzbau mit einem Mansarddach hat zum Garten hin einen asymmetrisch angesetzten Seitenflügel. Er begrenzt gemeinsam mit dem Hauptflügel eine Terrasse.

Nach 1945 beherbergte das Gebäude einen Kindergarten und eine Schule.

Jetzt, in privater Hand, wird es als Ferien- und Hochzeitsdomizil angeboten (www.gutshaus-zapel.de).

Gadow

Portal 2011

Lithographie: A. Duncker (1857–1883)

Es ist ein „... altes Möllendorffsches Rittergut" lesen wir in Alexander Dunckers Beschreibung (in Möllendorffschem Besitz seit 1542) und seit 1829 im Majoratsbesitz des Königlichen Kammerherrn Hugo Graf von Wilamowitz-Möllendorff. Er war einer der drei Brüder, die der bekannte preußische General Wichard von Möllendorf adoptiert hatte. Unter diesem war Ende des 18. Jahrhunderts ein barockes Herrenhaus „abgesondert von den Wirtschaftsgebäuden mitten im Garten", so Duncker, entstanden. Schon im Jahre 1818 ist das Gebäude umgebaut und als Dreiflügelanlage erweitert worden.

Hugo Graf von Wilamowitz-Möllendorff ließ den umgebenden Garten erweitern und im englischen Stil als Landschaftspark gestalten. Damit wurde er durch spätere Erweiterung und Neuanpflanzungen zu einem der bekanntesten und bedeutendsten Landschaftsparks in Brandenburg.

Die Nachfahren ließen das Herrenhaus im Jahr 1853 in klassizistischem Stil umbauen, verbunden mit einer Erhöhung um ein Mezzaningeschoss.

In dieser Form ist das Gebäude bis heute erhalten. Allerdings ist die Innenausstattung verloren gegangen, bedingt durch Plünderungen im Jahre 1945 und spätere Umbauten, die nötig waren für die Nutzung als Kinderheim, danach als FDGB-Heim. Die dabei durch Anbauten verlängerten Seitenflügel veränderten den „Ehrenhof" in unschöner Weise.

Mit der Sanierung nach der „Wende" konnten die vorher beseitigte klassizistische Putzfassade und die Portalbekrönung wieder hergestellt werden.

Jetzt wird hier in der Trägerschaft einer Gesellschaft bürgerlichen Rechts (GbR) ein Ferienhotel für Kinder („Ferien- und Pony-Schloss") betrieben.

Der ausgedehnte Park ist erhalten und wird gepflegt.

Birkholz

Eingangsseite 2012

Das Rittergut Birkholz, ursprünglich zum Amt Lenzen gehörend, existiert erst seit Ende des 19. Jahrhunderts. 1904 wurde es von Karl Gustav August von Maltzahn erworben. Er ließ das Schloss 1905 in neobarockem Stil erbauen und einen weiten Park anlegen.

Am Ende des Zweiten Weltkrieges wurden hier zunächst Flüchtlinge untergebracht, danach nutzte es die Zivilverteidigung der DDR. Nach der politischen Wende richtete das CJD (Christliches Jugenddorf) eine Wohnstätte im ehemaligen Herrenhaus ein.

Heute gehören Schloss und Park einer Gesellschaft bürgerlichen Rechts. Zwei Herren, darunter ein Urenkel des Staatministers Victor von Podbielski (s. Dallmin), sind daran beteiligt (159). Offensichtlich dient das ansehnliche Gebäude als Landsitz der Eigentümer.

Das Anwesen liegt außerhalb des Dorfes und ist durch Zäune (wohl noch aus der Zivilvertei-digungszeit) umgeben. Das Tor steht weit offen, auf unser Klingeln meldet sich leider kein Bewohner, so dass wir uns mit der Ansicht der Eingangsfront begnügen müssen. Von der Straße nach Lanz ist allerdings auch ein Blick auf die Parkseite zu erhaschen, wenn auch durch Bäume verdeckt. Zwei Ausgänge aus dem herrschaftlichen Haus führen über je eine Terrasse mit Treppe in den Garten.

Das Gebäude ist in gutem Zustand. Originalfußböden aus Eichenholz sowie die Stuckarbei-ten sollen im Inneren noch erhalten sein (159).

Lenzen

Ostseite 2012

Durch einen Torbogen, der mit dem restaurierten ehemaligen Pförtnerhaus verbunden ist, ge-langt der Besucher in den Burghof. Nun hat er den das Ensemble dominierenden gewaltigen Turm vor sich, der links von einem eingeschossigen Fachwerkhaus und rechts von einem baro-cken zweiflügeligen Gebäude eingerahmt wird. Über eine südliche Terrasse erreicht er die öst-liche Burganlage, auf deren abfallendem Gelände der Burggarten angelegt wurde.

Burg Lenzen ist im 13. Jahrhundert auf einer slawischen Burgwallanlage errichtet worden. Der Turm stammt aus jener Zeit und die Burg war seit Anfang des 13. Jahrhunderts im Besitz der brandenburgischen Markgrafen. Sie wurde von Vögten verwaltet, musste aber aufgrund finanzieller Probleme mehrmals verpfändet werden. Verschiedene bekannte Adelsfamilien wa-ren im Laufe der Jahrhunderte pfandweise Eigentümer der Burg: Gans Edle Herren zu Putlitz, von Quitzow, von Alsleben, von Schwerin, Herzöge von Mecklenburg, von Dannenberg, von Bosel, von der Kapellen. Von 1448 bis 1767 war Lenzen brandenburgisch-kurfürstlicher/preu-ßisch-königlicher Amtssitz. Amtsherren waren die Edlen Gans, von Quitzow, von der Schulen-burg, von Platen, von Alvensleben und Tuchscherer.

Friedrich II. gab das Amt auf und verkaufte die Burg. Sie gelangte in Privatbesitz, der vielfach wechselte: C. F. Stange, von Negelin, von Wilamowitz-Möllendorff, Familie Jahn, von Saldern, von Plotho.

Die Burg ist mehrfach, u. a. nach Zerstörungen im Jahre 1399 und Anfang des 17. und 18. Jahrhunderts, wieder auf- oder umgebaut worden. Das Fachwerkgebäude nördlich des Bergfrieds stammt aus dem 16. Jahrhundert. Der im Dreißigjährigen Krieg beschädigte Turm erhielt 1734 die barocke Haube (erneuert 1848 und 1976). Das südlich von Turm gelegene Amtshaus entstand ebenfalls in dieser Zeit.

Von 1922 bis 1931 im Besitz der Familie Isermann, ist die gesamte Anlage restauriert und der Burgpark neu gestaltet worden. Die nächste Eigentümerfamilie Renner wurde nach 1945 enteignet.

Die nun folgende Nutzung wechselte: Entbindungsheim, Krankenhaus, Parteiveteranenheim, Alten- und Pflegeheim bis 1993. Eine Nachfahrin der Familie Renner erhielt das Familieneigentum zurück und schenkte es dem Bund für Umwelt und Naturschutz (BUND). Dieser und der „Trägerverbund Burg Lenzen (Elbe) e.V." veranlasste ab 1996 die Stabilisierung und Sanierung des Burgberges und den Umbau der Burg zu einem „Europäischen Zentrum für Auenökologie, Umweltbildung und Besucherinformation". 2003 konnte das Besucherzentrum Burg Lenzen mit einer Ausstellung vom BUND und dem Museum zur Stadtgeschichte im Fachwerkgebäude eröffnet werden. 2007 folgte die Eröffnung des Tagungshotels mit Restaurant im zweiflügeligen ehemaligen Amtshaus.

Der Burgturm, der seit 1901 für die Öffentlichkeit zugänglich ist (damals den von Saldern gehörend), bietet eine begeisternde Aussicht über die Stadt und die Elbniederung. (163)

Eldenburg

Nordseite des ehemaligen Schlosshofes 2012

Nach mehreren Bränden und Umbauten im Laufe der Jahrhunderte und dem Abriss nach 1945 ist von der ehemaligen Askanierburg aus dem 14. Jahrhundert, dem späteren Quitzowschloss, nur noch die Nordseite übrig geblieben. Der älteste Teil, der quadratische Quitzowturm (Abb. S. 517), diente als Verließ. Er enthält noch den so. gen. Quitzowstuhl, eine Vorrichtung grausamer mittelalterlicher Gerichtsbarkeit. Der Speicher neben dem Turm stammt im Kern aus dem 16. Jahrhundert und wurde mehrfach, zuletzt 1904, umgebaut (21).

Die von Quitzows waren von 1405 bis 1719 mit Eldenburg belehnt. Um 1600 ließ Philipp von Quitzow ein stattliches Renaissanceschloss bauen (histor. Foto).

Nach dem Tod des letzten Quitzow fiel der Besitz 1719 als erledigtes Lehen an den König zurück. Königliche Amtsleute hatten nun bis 1812 hier ihren Sitz. Danach gelangten Schloss und Land an den Freiherrn von Wangenheim aus Waake bei Göttingen.

1881 brannte das Schloss ab. Das ehemals dreigeschossige Gebäude mit Turm wurde nur noch zweigeschossig wieder aufgebaut.

Heute beherbergt der Speicher Büro- und Vereinsräume sowie ein landwirtschaftliches Museum, das auch die anschließenden ehemaligen Stallungen mit einbezogen hat.

Kietz

Am Rande der „Wische", Gemeinde Lenzerwische, direkt hinter den Elbdeichen, liegt der kleine Ort Kietz, der eine lange Geschichte aufzuweisen hat. Der Weg dorthin führt durch Dörfer, deren schöne Bauerngehöfte schon deutlich niedersächsischen Charakter haben. Dieser Landesteil beginnt bereits auf der anderen Seite der Elbe.

In Kietz war auf mehreren Rittersitzen bis zum Ende des 18. Jahrhunderts das Adelsgeschlecht von Wenckstern ansässig. Sie werden erstmals als Erbauer einer Burg in Kietz im 14. Jahrhundert urkundlich erwähnt. Das „Wencksternsche Wasserschloss", ein frühes Festes Haus mit Wassergraben, entstand um 1480. Seine Reste, die später umgebaut wurden (allerdings nicht grundlegend), sind bis heute erhalten (Abb. links). Das ursprüngliche Erdgeschoss ist eingesunken und bildet jetzt

2012

das Kellergeschoss. Der Wassergraben ist verlandet. Für den Denkmalschutz ist das erst kürzlich „wiederentdeckte" Gebäude ein wichtiges Zeugnis zur Baugeschichte mittelalterlicher Adelshäuser in der Prignitz. (63)

Nicht weit vom „Festen Haus" entfernt erhebt sich ein mittelalterlicher Turmhügel. Es ist der Rest einer Burganlage aus dem 12. Jahrhundert, mit noch vorhandenem Wassergraben. Erbaut wurde diese nach 1328 im Wencksternschen Besitz.

Die Burg wurde später aufgegeben und ein Wohnsitz in der Nachbarschaft zur Burganlage gewählt.

um 1920

2012

Hier entstand 1740 ein elfachsiges Gutshaus (linke Abb.), das auf der Südseite den Wirtschaftshof abschloss. Zuletzt war dieses Gut im Besitz der Familie von Königsmarck zu Berlitt, die es verpachtete.

1945 wurden sieben der elf Achsen dieses Hauses abgerissen.

Einem Dorfbewohner gelang es, das Restgebäude zu erwerben. Er baute es zum Wohnhaus um (Abb. rechts). Seine Enkelin und ihre Familie haben es jetzt restauriert und wollen ein Café darin einrichten.

Landkreis Spree-Neiße

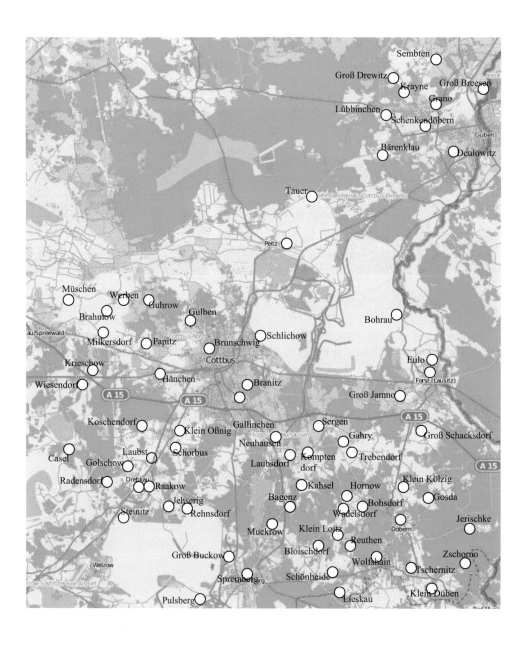

Spremberg

Westseite 2010

Die ursprünglich romanische Wasserburg aus dem 12. Jahrhundert wurde auf einer damals vorhandenen Spreeinsel gegründet. Steinerne Reste dieser Burg finden sich in beiden Türmen und im dazwischen liegenden Westflügel. Ansässig war hier im 13. bis 15. Jahrhundert zunächst das wettinische Adelsgeschlecht von Landsberg, das sich danach von Spremberg nannte, später kamen die Familien von Schwarzenberg und von Kittlitz (35).

Im 16. Jahrhundert wurde die Burg um einen zweigeschossigen Nordflügel erweitert, vermutlich vom damaligen Besitzer Kaspar von Minckwitz.

1680 übernahmen die Herzöge von Sachsen-Merseburg die Herrschaft über Spremberg und ließen im Jahre 1692 das Schloss in frühbarockem Stil zu ihrer Sommerresidenz ausbauen. Der Westflügel wurde aufgestockt, diesem gegenüber entstand neu ein dreigeschossiger Flügel. Damit war die heutige Dreiflügelanlage komplett. Der Hof der Anlage wird auf der Südseite durch eine Mauer abgeschlossen.

1735 gelangte das Schloss in kursächsische Hand und wurde Amtssitz.

Ab 1815 in preußischem Besitz, wurde es seither für militärische und Verwaltungszwecke genutzt. Seit 1928 ist es ein Heimatmuseum. Zu diesem Zwecke wurde es 1991/92 erneut restauriert.

Jehserig

Vorderansicht 2010

Lange Zeit waren die Einwohner des Dorfes überwiegend sorbisch sprechende Bauern. Die Besitzer des Rittergutes waren deutsche adelige Familien, so die von Pannwitz im 16. Jahrhundert, die von Wiedebach im 17. und die von Oertzen im 18. Jahrhundert. Seit Mitte des 19. Jahrhunderts war das Gut in bürgerlicher Hand, zuletzt bis 1945 in der von Martin Demand.

Durch eine Braunkohlengrube und eine Brikettfabrik in Jehserig Anfang des 20. Jahrhunderts wurde der Landbesitz des Gutes erheblich reduziert. (35).

Das renovierte Herrenhaus aus dem 18. Jahrhundert beherbergt heute Wohnungen, ein Gemeindebüro und einen kommunal genutzten Saal. Der Park ist ebenfalls restauriert.

Unweit des Ortes liegt der Aussichtspunkt Welzow Nord, der einen Blick über den gewaltigen Tagebau gestattet und zu dem interessante Erläuterungen auf einer Tafel dokumentiert sind.

In der Lausitz wurden im Laufe der Jahrzehnte durch den Braunkohlebergbau, der rund um Spremberg um 1850 begann, mehrere Orte und mit ihnen deren Gutshäuser abgerissen.

Das Dorf **Groß Buckow** fiel 1985 dem Braunkohleabbau zum Opfer. Das ehemalige Gutshaus im alpenländischen Stil (Abb. links) aus der Zeit um die Wende vom 19. zum 20. Jahrhundert blieb erhalten. Es ist heute ein privates Wohnhaus.

Dagegen ist das Gutshaus in **Pulsberg**, das schon Ende des 19. Jahrhunderts im Tagebau verschwand und an einer anderen Stelle wieder aufgebaut wurde, heute eine Ruine.

Rehnsdorf

2012

Bis Mitte des 18. Jahrhunderts waren die von Zabeltitz und durch Heirat von Minckwitz mit Rehnsdorf belehnt. Danach folgte die Familie von Wiedebach, in deren Hand es hundert Jahre blieb. 1854 erwarb der Kaufmann Emil Stein aus Guben das Rittergut. Er ließ vermutlich das Gutshaus im Schweizer Stil auf L-förmigem Grundriss umbauen (kleine Abb.). In dem Winkel, in dem beide Flügel sich trafen, ist ein Fachwerkturm eingefügt worden. Der Eingang auf der Westseite wurde im Schweizer Stil gestaltet, zum Park auf der östlichen Seite führte eine heute noch vorhandene hohe Freitreppe.

1880

Nach Stein folgten mehrere bürgerliche Besitzer, ab 1921 war es die Familie Kehran. Sie ließ das Gutshaus umbauen. Der Turm wurde beseitigt und der Eingang durch einen massiven Erker ersetzt. Vermutlich entstand damals auch das Mansarddach. Familie Kehran wurde 1945 enteignet. Danach diente das Gutshaus als sowjetisches Lazarett, später waren Wohnungen und kommunale Einrichtungen darin untergebracht.

Seit der Sanierung Anfang der 1990er Jahre versorgt der Verein „Rehnsdorfer Betreutes Wohnen e.V" Suchtkranke in Haus und Park.

Steinitz

Straßenseite 2010

Gegenüber der auf einem Hügel liegenden großen Feldsteinkirche steht das Gutshaus aus dem Jahr 1740, was über dem Portal zu lesen ist. Die Bauweise des Untergeschosses lässt vermuten, dass ein vorher vorhandenes festes Haus später umgebaut wurde.

Auf dem Kirchhof weisen zwei Grabsteine vom Ende des 18. Jahrhunderts auf die Patronatsfamilien hin: Henriette Wilhelmine von Loeben und Alfred Ehrenreich von Muschwitz.

In Götz von Houwalds umfangreicher Dokumentation erscheint diese Familie erstaunlicherweise nicht im Zusammenhang mit dem Rittergut Steinitz. Langjährige Gutsbesitzer waren von 1652 bis 1810 die von Wiedebachs. Sie sind demzufolge als die Bauherren des Gutshauses anzunehmen.

Im 19. Jahrhundert folgten die Herren von Diepow. Noch 1929 wird Fritz von Diepow als Rittergutsbesitzer aufgeführt. (250)

Nach 1945 sind im ehemaligen Gutshaus mehrere Mietwohnungen eingerichtet worden. Jetzt werden einzelne Räume nur noch gelegentlich für profane Zwecke (z. B. Umkleideraum der Feuerwehrleute) durch die Gemeinde genutzt.

Drebkau

Hofseite 2012

Anstelle der im 15. Jahrhundert und wohl auch Anfang des 17. Jahrhunderts durch Feuer zerstörten festen Burg wurde Ende des 17. Jahrhunderts das siebenachsige Gebäude auf hohem Sockel errichtet. Es war der Stammsitz der Familie von Köckritz.

1776 übernahm der kürfürstlich sächsische Minister von Schiebell Schloss und Gut. Seit 1815 preußisch, ließ ein Nachfahre Schiebells, F. von Ahrenstorff, Mitte des 19. Jahrhunderts das alte Schloss modernisieren und einen neogotischen Anbau mit einem hohen

Farblithographie. A. Duncker (1857–1883)

Turm (Abb. Duncker) anfügen. Den Turm gibt es heute nicht mehr.

1928 kam das Anwesen an die „Anhaltinischen Kohlewerke". Das Braunkohlenwerk Greifenhain war Nachfolger nach 1945, 1990 folgte die „Lausitzer Braunkohle AG". Das Schloss beherbergte Mietwohnungen. Jetzt gehört es der Stadt Drebkau.

An der Parkseite wird das Schloss von einer Feldsteinmauer begrenzt, diese ist ein Rest der ehemaligen Burganlage.

Die äußere Restaurierung des Schlosses und eines Wirtschaftsgebäudes aus Feldstein ist im Wesentlichen abgeschlossen. Beide sollen nach ihrer Fertigstellung von der Gemeinde und der Öffentlichkeit genutzt werden.

Der Park ist zwar noch vorhanden, bedarf allerdings in Zukunft einer gestalterischen Hand.

Raakow

2011

Farblithographie. A. Duncker (1857–1883)

Begründet wurde der Rittersitz im 15. Jahrhundert ebenfalls durch die Adelsfamilie von Köckritz (siehe Drebkau), die bis 1700 hier ansässig war. Ab 1711 war die Familie von Löben etwa 100 Jahre lang mit dem Gut in Raakow belehnt. Danach wechselten die Besitzer häufig.

Friedrich Wilhelm von Löben ließ Ende des 18. Jahrhunderts ein spätbarockes Herrenhaus bauen (Abb. Duncker). Dazu gehörte ein schöner Park.

Von 1885 bis 1904 im Besitz von Johann Hermann von Oppeln-Bronikowski, wurde das barocke Gebäude um- und neue Teile angebaut. Es entstand ein zweiflügeliger unregelmäßig gestalteter Bau mit Turm, wie er auf der obigen Abbildung trotz der Brandschäden noch zu erkennen ist.

Auch nach dieser Zeit wechselten die Besitzer häufig. Letzter Eigentümer vor 1945 war Kurt Buder.

In der Zeit danach nutzten zunächst das Deutsche Rote Kreuz, später eine FDJ-Bildungsstätte das ehemalige Herrenhaus. (165)

Nach der politischen Wende zog eine private Bildungseinrichtung ein. Vor einigen Jahren wurde es von einem Drebkauer Ehepaar erworben, das darin altersgerechte Wohnungen einrichten wollte. Im Oktober 2009 brannte das Gebäude aus. Über die Brandursache und die Zukunft des Gebäudes konnten wir leider nichts in Erfahrung bringen. Auch 2012 ist mit der Ruine noch nichts geschehen.

Laubst

Bis zum Ende des 18. Jahrhunderts gehörte das Gut Laubst zum Rittergut Raakow im Besitz derer von Köckritz.

2011

Der Kern des unscheinbaren, stark überformten Gutshauses (so z. B. Änderung der Fensteröffnungen, Anbau am südlichen Giebel) entstand vermutlich im Spätmittelalter. Mehrere Umbauten fanden hauptsächlich in der ersten Hälfte des 18. Jahrhunderts statt. Der langgestreckte zweigeschossige Putzbau auf einem Feldsteinsockel hat ein Walmdach, auf dessen südlichem Walm eine Fledermausgaube erhalten blieb. Das Obergeschoss bestand ursprünglich insgesamt aus Fachwerk, es ist jetzt größtenteils durch Ziegelmauerwerk ersetzt. Das Gutshaus ist nahezu vollständig unterkellert. (223)

Der südliche Gebäudeteil steht leer, der nördliche ist bewohnt und wurde mit modernem Putz versehen.

Klein Oßnig

Seit dem 15. Jahrhundert existiert in Klein Oßnig ein Rittergut. Schon im 16. Jahrhundert gelangte es an die Familie von Pannwitz, in deren Besitz es bis Ende des 18. Jahrhunderts blieb, denn dann heiratete eine Tochter Christian von Gladis(ß). Die von Gladis waren bis 1945 auf dem Gut ansässig.

Hofseite 2013

Der große Gutshof mit einheitlich gestalteten Wirtschaftsgebäuden aus rotem Backstein beeindruckt noch immer. Das zweiflügelige Gutshaus, dessen hofseitiger südliche Flügel in direkter Nachbarschaft zu einem Wirtschaftsgebäude steht, wirkt dagegen bescheiden. Mit dem Nordflügel bildet es einen L-förmigen Grundriss. Der kleine Anbau am Westgiebel soll einmal doppelt so hoch gewesen sein.

Nach 1945 wurde das Gut volkseigen, im Gutshaus waren Wohnungen eingerichtet. Heute ist es ebenso wie der Hof im Privatbesitz und weiterhin Wohnhaus. Der Gutshof dient als Gewerbehof.

Koschendorf

Einfahrt zu Gut und Herrenhaus 2011

Ein Zweig der in Deutschland weit verbreiteten Familie von Wackerbarth, ursprünglich aus dem Herzogtum Lauenburg stammend, besaß seit dem 18. Jahrhundert neben weiteren Gütern in der Niederlausitz auch Koschendorf. Der Hauptsitz des Landrates von Wackerbart war Gut Groß Briesen, das 1945 zerstört wurde.

Das Koschendorfer Herrenhaus mit einem Hauptteil und einem asymmetrisch zum Park hin angefügten Seitenflügel stammt aus dem Jahr 1750. Über der Eingangstür ist ein Wappen derer von Wackerbart eingefügt (kleine Abb.).

An beiden Seiten des Hauses sind nach dem Krieg unpassende Bauten angefügt worden. Der ehemalige Wirtschaftshof, der an einer Seite vom Herrenhaus begrenzt wurde, ist nur noch in Resten vorhanden.

Letzte Besitzerin bis 1945 war Else von Wackerbarth geb. von Köckritz.

Nach der Enteignung 1945 wurde das Gebäude bis zum Jahre 1996 als Mehrfamilienhaus genutzt. Seither steht es leer und wird zusammen mit den Resten des Parks zum Verkauf angeboten.

Auf dem Friedhof existiert noch eine Familiengruft der von Wackerbarth.

Schorbus

Hofseite 2011

Ursprünglich befand sich eine Wasserburg am Standort des späteren Herrenhauses. Seit dem 17. Jahrhundert war Schorbus im Besitz der Familie von Klitzing. Durch Heirat der Tochter des Generalmajors Karl Friedrich von Klitzing mit Christoph Wilhelm von Werdeck kam das Rittergut in von Werdeckschen Besitz und blieb es bis zum Anfang des 20. Jahrhunderts.

Danach erwarb der Oberlandesgerichtspräsident Dr. Erich Schütt das Gut. Er und sein Sohn begründeten eine bedeutende Staudenkultur, die Schorbus über die Landesgrenzen hinaus bekannt machte. In den 1930er Jahren wurde die Schütt'sche Staudenkultur nach Berlin verlegt, Eigentümer des Anwesens wurde bis 1945 Gert von Örtzen (35).

Um 1910 entstand das neobarocke Herrenhaus, Bauherr war vermutlich Erich Schütt. Eine Besonderheit des Gebäudes ist ein in der Mitte gelegener, über mehrere Etagen reichender quadratischer Raum, der durch ein Glasdach Tageslicht erhält.

Bis Mitte der 1990er Jahre war das Haus ein Ambulatorium, zeitweilig sogar mit einer Entbindungsstation. Danach ist das Gebäude als Bordell genutzt worden.

Seit 2005 in privatem Besitz, wird es nach und nach saniert.

Krieschow

Vorderseite 2011

Farblithographie. A. Duncker (1857–1883)

Das Rittergut Krieschow blickt auf wechselnde Herrschaften zurück. Vom 15. bis zum 17. Jahrhundert war die Familie von Seifertitz mit Krieschow belehnt. Damals gab es an der Stelle des heutigen Gutshauses eine kleine Wasserburg. Es folgten die von Rohrs und von Löben. 1733 erwarb Baron von Vernezobre de Laurieux das Anwesen. Sein Sohn Franz Matthäus, Cottbuser Landrat, soll von Friedrich dem Großen aufgefordert worden sein, ein modernes Gut und ein Gutshaus zu bauen (18). Das langgestreckte barocke Herrenhaus wurde um 1750 errichtet. Keuzgratgewölbe im Keller weisen auf den älteren Vorgängerbau hin.

Das Gut blieb nur etwa 50 Jahre im Besitz der Familie. Es musste wegen Konkurses an Herrn von Normann verkauft werden. 1843 bis 1864 war Graf Pourtalès-Gorgier Eigentümer von Krieschow. Von 1868 bis 1945 besaß es die Familie von Winterfeld.

Sein heutiges Erscheinungsbild verdankt das Herrenhaus einer Renovierung und Modernisierung in den Jahren von 1868 bis 1870 durch Hugo Wichard von Winterfeld. Er erweiterte auch den Park und erneuerte die schon vorhandene Orangerie und die Wirtschaftsgebäude. (166) Nach der Enteignung der Winterfelds nach Kriegsende folgte die übliche Nutzung: zu Wohnzwecken, als Kulturhaus und als Jugendclub. Nach 1990 stand es jahrelang leer.

2009 wurde es von einem Berliner ersteigert und zunächst entsprechend den Forderungen des Denkmalschutzes gesichert. Danach seien aber keine weiteren Baumaßnahmen vorgenommen worden, erfahren wir von einem Dorfbewohner. Hinter dem Herrenhaus liegen der verwilderte Park sowie die ehemalige Orangerie aus dem 19. Jahrhundert. Diese wird jetzt privat als Wohnhaus genutzt. Eines der ehemaligen Wirtschaftsgebäude hat die Gemeinde sehr schön restauriert und nutzt es kommunal.

2012 wird das Herrenhaus im Internet erneut zum Verkauf angeboten.

Wiesendorf

Hofseite 2011

Wiesendorf war lange Rittergut im Besitz mehrerer Generationen derer von Loeben und von Zschertwitz.

Ende des 19. Jahrhunderts kam es zum Eigentum der von Winterfelds auf Krieschow, die es verpachteten. Das kleine Gutshaus war Wohnung des Pächters. Zeitweilig muss es auch als Wohnsitz der Gutsherren gedient haben, denn Hans Wichard von Winterfeld, der letzte Besitzer von Krieschow, wurde hier geboren (35).

Ein Dorfbewohner wusste zu berichten, dass das Gut 1935 an die Familie Schaper veräußert werden musste, welche es bis 1945 besaß.

Nach deren Enteignung diente es zunächst als Unterkunft für Vertriebene, später wurde es als Gemeindesitz genutzt.

Jetzt gehört es einer Berlinerin, die sich aber nur selten hier aufhalten soll.

Radensdorf

Eingangsfront 2011

Das ehemalige Herrenhaus liegt gegenüber einer alten, noch intakten Gutsanlage, die jetzt leider leer steht und somit dem Verfall preisgegeben zu sein scheint.

Das Gutshaus entstand um 1900 durch den Umbau eines aus dem Ende des 18. Jahrhunderts stammenden Barockgebäudes. Es war damals im Besitz eines Zweiges der Familie von Rotberg/Pannwitz auf Petershain (OSL).

Vor der politischen Wende waren im Haus Mietwohnungen eingerichtet worden.

Jetzt ist es in privatem Besitz eines Paares aus Holland, ist 2006 saniert worden und wird nun als Ferienunterkunft angeboten.

Branitz

Branitz mit dem Schloss, dem Pergolahof, dem Marstall und dem dem letzteren gegenüber liegenden Kavaliershaus sowie den Wirtschaftsgebäuden ist untrennbar mit dem Park und seinem Gestalter Hermann Fürst von Pückler (1885–1871) aus Muskau verbunden.

Der in seiner Zeit international bekannte Schriftsteller, Reisende, Orientkenner und Gartenkünstler schuf, nachdem er aus finanziellen Gründen sein erstes „Werk" Muskau verkaufen musste, auf dem Pücklerschen Familiensitz Branitz (seit dem 17. Jahrhundert) ein Gesamtkunstwerk.

Das Herrenhaus aus dem Besitz der Vorgängerfamilien wurde im 18. Jahrhundert barock umgebaut. 1846 ließ Fürst Hermann von Pückler es erneut umbauen, wobei das Äußere wenig verändert wurde. Neu gestaltet ist der Mittelrisalit auf der Hofseite. Die um das Gebäude verlaufende Terrasse mit Freitreppen auf beiden Seiten wurde nach Plänen von Semper gestaltet. Auch im Inneren führte er Umbauten durch. Der 1980 restaurierte Musiksaal stammt noch aus dem Bau von 1772.

Parkseite 2011

Die Neugestaltung des Parks im englischen Landschaftsstil wurde durch Hermann von Pückler selbst geplant und begonnen und von seinem Nachfolger, einem Vetter (Pückler selbst blieb kinderlos), fortgesetzt. Eine Besonderheit ist der in einem künstlichen See gelegene und als Pyramide gestaltete Grabhügel. Er enthält die sterblichen Reste des Fürsten und seiner Frau (1776–1854, 1884 hierher umgebettet).

Der Park gilt als Gesamtkunstwerk von hohem Rang. Große Teile des Außenparks, die nach der Zeit des Fürsten und vor allem nach 1945 anders genutzt wurden, sollen in Zukunft nach alten Vorbildern erneuert werden.

Das Anwesen blieb bis 1945 im Besitz der Familie von Pückler. Nach deren Enteignung wurde das Schloss ab 1946 zu einem Museum umgestaltet. Sanierungen erfolgten um 1980 und von 1995 bis 2007.

Im Schloss sind die ehemaligen Wohnräume Pücklers und eine Karl Blechen-Ausstellung sehenswert.

Auch die übrigen Guts- und Parkgebäude sowie der so genannte Innenpark sind nach 1990 rekonstruiert worden.

Brunschwig

2012

Direkt neben Cottbusser Wohn- und Universitätsgebäuden finden wir eine kleine Oase, die Reste der Gutsanlage Brunschwig.

Als „Braunenzweig" wurde das Rittergut 1486 erstmals erwähnt. Nach adligem Besitz derer von Loeben kam dieser im 18. Jahrhundert an den Amtmann Ferrari, danach an den Amtmann Schwarzkopf. Es folgte 1822 der Amtsrichter Christian Gottlieb Hubert, der das Gut bis 1873 bewirtschaftete. Er ließ gegenüber dem alten Gutshaus aus dem 17. Jahrhundert (es wurde 1972 abgerissen) ein neues Wohnhaus errichten. Dieses heute noch genutzte Gebäude wurde Ende des 19. Jahrhunderts modernisiert.

Der Neffe und Adoptivsohn Huberts, der Amtsrichter Leopold Korn, übernahm den Besitz. Er baute eine bedeutende Zucht Englischer Vollblutpferde auf.

Der Landbesitz betrug 1945 nur 24 Hektar, daher wurde die Familie nicht enteignet. Die Kinder Korns führten den Betrieb weiter. Die Pferdezucht wurde jedoch enteignet.

Im verbliebenen Anwesen mit Gutshaus, Nebengebäuden und Garten betrieb Elinor Korn eine Pension, welche deren Sohn mit seiner Frau bis jetzt weiterführen. (164)

Das Haus, das um 1985 saniert wurde, strahlt dennoch den Charme der Gründerzeit aus. Der Hausherr befürchtet, das schöne Anwesen bald nicht mehr finanzieren zu können. Hoffentlich weiß die Stadt Cottbus, welches Kleinod sie beherbergt!

Schlichow

Hofseite 2011

Ein trauriges Beispiel fehlgeleiteter Fördermittel der „Postwendezeit" bietet das ehemalige Herren-haus Schlichow, das nahe der zukünftigen „Cottbuser Ostsee", einem Tagebau, der geflutet werden soll, gelegen ist.

Das Rittergut Schlichow wechselte mehrfach seine Eigentümer. Ende des 18. Jahrhundert hatte es ein Zweig derer von Pannwitz erworben und das Herrenhaus in barocken Proportionen gebaut. Friedrich Wilhelm von Pannwitz, der spätere Schauspieler Friedrich W. Wilhelmi wurde 1788 hier geboren.

Die Familie Trautmann aus Cottbus erwarb das Gut 1921. Es kam 1945 zur „Lausitzer Braun-kohle AG (LAUBAG)", die in der Region Kohletagebaue betrieb. Die damals offenbar vorgesehe-ne Abbaggerung von Gutshof und Herrenhaus fand nicht statt. So diente das Herrenhaus bis 1990 als Mietswohnhaus. Danach wurde es von einem Privatmann erworben, der mit Förder-mitteln einen Teil der Fenster erneuern und das Dach decken ließ. Dann stellte sich heraus, dass die offenbar nicht fachkundigen Handwerker das Dach nicht fertig stellen konnten oder woll-ten, welches deshalb im letzten Drittel nicht geschlossen wurde. Seither ist dieser Teil des Hauses den Witterungsunbilden ausgesetzt, und das Innere des Hauses verfällt. Der Besitzer soll insolvent sein und wurde seit Jahren nicht mehr gesehen.

Wir erfahren das von einem netten jungen Ehepaar, das in dem gut renovierten ehemaligen Kutscherhaus wohnt.

Leider verfallen auch die übrigen noch vorhandenen Wirtschaftsgebäude.

Gallinchen

Eingangsfront 2011

1753 kaufte Heinrich Graf von Pückler das Gut Gallinchen, vor allem wegen der Fischzucht, die hier intensiv betrieben wurde. 1825 verkaufte es der Fürst, der damit seine Englandreise finanzieren wollte, an Georg Graßmann.

Das schlichte Gutshaus mit barockem Kern ist in der ersten Hälfte des 18. Jahrhunderts errichtet und Ende 19. Jahrhunderts umgebaut worden. In dieser Zeit waren v. Winterfeld (ab 1867) und danach Alexander Mücke Eigentümer (35).

Auffällig sind der breite zweigeschossige Mittelrisalit mit Dreiecksgiebel und der mit einem säulengetragenen Altan überdachte Eingang. Zum ehemaligen Hof schließt sich auf der Westseite ein zweigeschossiger stark veränderter Seitenflügel an.

Vor dem Zweiten Weltkrieg gehörte das Haus dem Konditor Freitag, der hier ein Kaffee betrieb.

Die Gemeinde, in deren Besitz sich das Haus heute befindet, plant derzeit eine Innen- und Dachsanierung.

Der Seitenflügel wird von einer Kindertagesstätte genutzt.

Neuhausen

Parkseite 2011

Das Herrenhaus, an einem kleinen Nebenarm der Spree gelegen, stammt im Kern aus dem 16. Jahrhundert. Sein Südflügel ist auf einen kleinen See gerichtet. Anstelle einer Burg wurde das Haus als Dreiflügelanlage errichtet, und später mehrfach umgebaut. Der ehemals nördliche Flügel ist 1948 abgerissen und nicht wieder aufgebaut worden. Das Mansarddach mit Laterne stammt aus dem 18. Jahrhundert. Bei einer Erneuerung im 19.Jahrhundert ist das Treppenhaus auf der Südseite des Südflügels verändert worden. Diese Umbauten gehen auf die Familie von Kottwitz zurück, die das Anwesen fast 300 Jahre (bis auf eine kurze Unterbrechung im 17. Jahrhundert) bis 1880 besaß. Ein auf der Hofseite angebrachtes Allianzwappen von Johann Gottlieb von Kottwitz und seiner Frau geb. von Scheck weist darauf hin.

Durch Heirat kam der Besitz an die Familie von Heynitz. Dr. Aurel von Heynitz verkaufte das Gut 1921 an die Mühlenindustrie, die das Gut parzellierte.

Nach dem Krieg wurde das Herrenhaus als Schule genutzt.

Seit den 1990er Jahren ist es in privatem Besitz, die eingeleitete Restaurierung ist deutlich sichtbar. Bis auf die Südseite des Seitenflügels und die Innenräume stellt es sich jetzt wieder in neuem Glanz dar. Aus finanziellen Gründen erfolgte jüngst jedoch ein Besitzerwechsel. Der neue Besitzer, der aus der Region stammt, will das Haus als Wohn- und Bürogebäude nutzen.

Werben

Eingangsbereich 2012

Farblithographie. A. Duncker (1857–1883)

Werben bestand aus vier Rittergütern mit unterschiedlichen Besitzern. Von den dort herrschenden Lausitzer Adelsfamilien die Rittergüter nach dem Dreißigjährigen Krieg in die Hände der Familie von Schönfeldt, die schon seit dem 15. Jahrhundert mit Land in der Region belehnt war. Die einzelnen Güter wurden von den Schönfeldts zur Unterscheidung u. a. mit den Vornamen der Söhne, die sie bewirtschafteten, benannt. Den baulich eindrucksvollsten Adelssitz in Werben, **Jobstens Hof,** fand auch Alexander Duncker darstellenswert.

Das oben abgebildete Herrenhaus wurde anstelle eines zusammengefallenen Wohnhauses am Anfang des 18. Jahrhunderts 1868 durch den Landrat Ernst von Schönfeldt errichtet. Nach dessen Tod wohnte seine Witwe, eine geb. von Pannwitz, hier. Das Rittergut blieb bis 1946 in Schönfeldtschem Besitz. Eine der Töchter des Hauses, Christiane Charlotte Gottliebe von Schönfeldt (1741–1772), verheiratete von Bismarck, war die Großmutter des Reichskanzlers (147).

Zu DDR-Zeiten wurde das Haus von der benachbarten Schule mitgenutzt. Seit sechs Jahren ist es in privater Hand. Eine junge Familie hat das Wohnhaus nach und nach sehr schön im ursprünglichen Stil restauriert.

2011

Das in der Nachbarschaft liegende ehemalige Herrenhaus „**Weinberg**" war seit dem 18. Jahrhundert der Wohnsitz der Familie von Weißenfels. Albrecht Anton von Weißenfels baute in der Mitte des 18. Jahrhunderts das herrschaftliche Wohnhaus (35). Durch Heirat kam der Besitz an von Bucholtz und von Oettinger. Er wurde schon 1877 parzelliert. Der Resthof und das Gutshaus blieben im Besitz derer von Oettinger. Die letzte Besitzerin war Baronin Martha von Seydlitz geb. von Oettinger. Sie und das Haus haben den Krieg überstanden. Die Baronin wurde zwar enteignet, behielt aber ein Wohnrecht bis 1972 (!).

Bestanden vielleicht familiäre Beziehungen zum General Walther Kurt Freiherr von Seydlitz-Kurzbach, der in Stalingrad in russische Gefangenschaft geriet und dann auf der Sowjetseite Mitbegründer des „Nationalkomitee Freies Deutschland" wurde?

Erst 1972 ist die Baronin auf Grund ihres Alters zu ihrer Familie in die Bundesrepublik gezogen.

Das Herrenhaus besteht aus einem Hauptflügel und einem in der Mitte angesetzten hinteren Flügel. Rekonstruktionen, insbesondere durch die Fenstergestaltung in den Jahren nach 1960, lassen den ursprünglichen Charakter des Hauses nicht mehr erkennen. Das Gebäude wurde um Anbauten erweitert und neben der Wohnnutzung als Hort und Kindergarten geführt.

Im Gedenken an

Martha A. von Seydlitz
und Ludwigsdorf
geb. von Oetinger
1887 – 1975

Sie lebte im Gutshaus ihrer
Familie bis zum Jahre 1972

Jetzt werden in diesem Gebäude neben Wohnungen Räume für verschiedene Zwecke des Gemeindelebens eingerichtet. Die nebenstehende Plakette ist an der Eingangstür des Hauses angebracht.

Das kleinste Gutshaus (Abb. S. 540 oben) auf **Siegismunds Hof** steht in der Nähe der Kirche. Margarete Amalie von Rochow geb. von Schönfeldt ließ Ende des 18. Jahrhunderts das Herrenhaus bauen (35). Vom Ende des 19. Jahrhunderts bis 1929 gehörte es mit dem dazu gehörigen Gut Helene von Bomsdorf. Danach wurde das Gut parzelliert und verpachtet.

2011

Nach Kriegsende war das Gutshaus bis in die 1990er Jahre Gemeindehaus.

Vor wenigen Jahren hat es ein junger Berliner erworben, der es zu Wohnzwecken restauriert. 2012 kündet ein zartgelber Farbanstrich des Hauses vom Fortschritt der Sanierung.

Das vierte und größte bis in die Neuzeit erhaltene Herrenhaus in Werben, nach der Wende in privatem Besitz, brannte 2009 ab. Alle vorhandenen Gutshäuser in Werben stehen überraschenderweise nicht unter Denkmalschutz.

Brahmow

Hofseite 2011

Das Gutshaus Brahmow im Nachbarort von Werben ist denkmalgeschützt. Das Gut, dessen Besitzer häufig wechselten, gehörte Anfang des 19. Jahrhunderts der Familie von Loeben. Ab 1861 kam es in den Besitz der Werbener Familie von Oetinger. Der letzte Besitzer F. von Malachowski gab es 1910 auf.

Das um 1810 erbaute Haus wurde in der Zeit errichtet, als die Familie von Loeben das Rittergut besaß. Es ist ein eingeschossiger Putzbau mit Krüppelwalmdach und einem durch zwei Säulen gesäumten Portal. Das seit langem leer stehende Haus scheint kurz vor dem Verfall. Ein Balkon an der Parkseite ist schon eingestürzt.

Zu DDR-Zeiten wurde es durch Einrichtungen der LPG genutzt.

Das nahe gelegene Dorf **Gulben**, besaß ein Herrenhaus mit bedeutender Geschichte. Besitzer waren die Familien von Pannwitz und danach durch Heirat von Schoenfeldt. In Gulben besuchte Heinrich von Kleist seine Schwester Auguste und seinen Schwager von Pannwitz.

Das lange leer stehende Gebäude (s. Abb. Duncker) wurde trotz bestehenden Denkmalschutzes zum Abriss frei gegeben. Dieser ist erst 2011 erfolgt. Wir fanden nur noch einen großen Steinhaufen vor.

Erhalten ist das Erbbegräbnis der o. gen. Familien. Es ist leider verschlossen.

Farblithographie. A. Duncker (1857 – 1883)

Papitz

Parkseite 2011

Die Entwicklung von Papitz wurde seit dem 15. Jahrhundert von mehreren Adelsfamilien geprägt: so von den von Löben, von Buggenhagen, von Bredow und von Rabenau. 1864 gelangte der Rittersitz an den Industriellen Siegfried Kahle, der ihn bis etwa 1910 besaß. Ihm verdankt das Herrenhaus sein heutiges Erscheinungsbild.

Kahle veräußerte das Gut an die „Cottbuser Hefegenossenschaft", eine Vereinigung von Bäckern. Diese betrieb das herrschaftliche Haus in der Zeit nach dem Ersten Weltkrieg als Ausflugs- und Tanzgaststätte (170).

Nach dem Zweiten Weltkrieg diente es als sowjetisches Lazarett und Unterkunft für Umsiedler. Seit 1949 war es Pflegeheim. Für diese Zweckbestimmung wurden später Erweiterungsbauten zwischen Herrenhaus und Gutshof errichtet. Auch heute dient es als Altenpflegeheim in Trägerschaft des Deutschen Roten Kreuzes.

Auf dem benachbarten Gutshof sind noch zwei sehenswerte Wirtschaftsgebäude aus gelbem Backstein erhalten.

Milkersdorf

2011

Besitzer des Rittergutes Milkersdorf waren ab 1733 die von Venezobre de Laurieuxs (s. Krieschow), später durch Heirat von Normann, und von Köckritz.

Das kleine Herrenhaus stammt aus dem Jahr 1790. Bis auf das Gutshaus wurde 1810 der Gutsbesitz an „bäuerliche Wirte des Dorfes" verkauft (35). Nach den Zweiten Weltkrieg wurde das Gutshaus als Wohnhaus genutzt.

Seit einigen Jahren gehört es einem Unternehmerpaar, das hier einen Swinger-Club betreibt.

Sergen

Das Rittergut Sergen sah verschiedene adlige Herren als Eigner, denen auch Güter in der Umgebung gehörten. Nach einer langen Phase von über 250 Jahren im Besitze derer von Zabeltitz, waren im 16. und 17. Jahrhundert die von Kottwitz, die von Pannwitz und ab 1722 die Familie von Schöning Eigentümer des Gutes. 1807 verstarb Carl August von Schöning ohne Erben. Er hatte eine Stiftung gegründet und seine Rittergüter und Dörfer gingen darin auf. Das Gut wurde Eigentum der Schöningschen Stiftung, ab 1905 eine staatliche Domäne. Es war seither verpachtet, zuletzt 1886 bis 1945 an die Familie Kühne.

Das Gutshaus, ein ursprünglich eingeschossiger Bau, stammt aus dem Übergang vom 16. zum 17. Jahrhundert. Kellerräume zeugen noch heute von dieser Zeit. Dies erfahren wir von der Besitzerin. Die Erweiterung durch den Dachausbau mit vierachsigem Zwerchhaus erfolgte Anfang des 18. Jahrhunderts, so entstand das heutige Erscheinungsbild. Der frühere Park mit Teich gehört jetzt nicht mehr zum Anwesen. Er ist durch Unterholz verwildert.

Nach dem Krieg beherbergte das Gutshaus Umsiedler. 1952 wurde es Forstarbeiter-Lehrlingswohnheim bis 1955, anschließend war es bis 1998 Kinderheim. Danach leer stehend, erfolgten 2004 Umbaumaßnahmen, um sie „Literaturvilla" werden zu lassen.

Sergen, 2011

Jetzt ist das Gebäude Wohnhaus einer jungen Familie. Die Besitzerin überlässt uns die Chronik von Sergen, die aus Anlass der 600-Jahrfeier entstand und die auch die Informationen zum Gut und zum Gutshaus enthält (12).

2012 ist es im Internet wieder zum Verkauf ausgeschrieben.

Laubsdorf

Eingangsseite 2011

Drei Adelsfamilien waren seit dem 15. Jahrhundert wechselnde Besitzer des Rittergutes Laubsdorf: Die von Zabeltitz, viele Jahrhunderte hier ansässig, dann die von Oertzen und von 1885 bis 1931 die von Kottwitz. Als letzter Besitzer wird ein Enkel derer von Kottwitz auf Neuhaus genannt (35). Die nachfolgenden Eigentümer sind nicht bekannt.

Ebenso nicht in Erfahrung zu bringen ist, von wem und wann das ehemalige Gutshaus gebaut wurde. Vermutlich entstand es anstelle eines Vorgängerbaus – dafür spricht der Feldsteinsockel - am Ende des 19. Jahrhunderts.

Das Gutshaus, an der Nordseite des großen Hofes errichtet, enthielt zu DDR-Zeiten Wohnungen, Arzt- und Zahnarztpraxen und einen Gemeindesaal. Seit 2011 wird es mit Geldern des Landes Brandenburg restauriert. Ein schon jetzt hier ansässiges SOS Familienzentrum soll als Begegnungsstätte weiter bestehen. Darüber hinaus sind Dienstleistungseinrichtungen geplant.

Komptendorf

Eingangsseite 2011

Das Herrenhaus grenzt an einen weitläufigen Park mit hohen alten Bäumen. Ein Bach hinter dem Haus verleiht dem Anwesen eine besondere Stimmung. Der Baubeginn des Guthauses ist mit dem Jahre 1783 überliefert (4).

Albertine Marianne Berndt geb. von Seydlitz erwarb das Gut 1774. Ihr Ehemann, Pastor Carl Friedrich Berndt (später geadelt), wurde Landwirt und gab den Bau des Herrenhauses in Auftrag.

Durch Heirat kam das Gut 1909 an die Familie Wedel. Das Haus erhielt in dieser Zeit einen flachen Anbau. Letzter Besitzer vom Jahre 1939 an war Victor von Dewitz, der es noch 1945 verkauft haben soll (35).

Nach 1945 waren Umsiedler im Gutshaus untergebracht, später wurde eine Schule eingerichtet. Jetzt sind ein Hort und ein Kindergarten eingezogen.

Kahsel

2011

Das ältere eingeschossige Herrenhaus mit Mansarddach (kleine Abb.) entstand im 18. Jahrhundert. Das Rittergut war bis auf eine kurze Unterbrechung von 1463 bis 1945 im Besitz der Familie von List. Lediglich am Ende des 18. Jahrhunderts, nämlich von 1769 bis 1810, war die Familie von Muschwitz Eigentümer. Diese veranlasste den Umbau des alten Herrenhauses. Es wurde klassizistisch überformt, erkennbar an der Gestaltung des Zwerchhauses und der Gauben sowie des säulentragenden Altan über dem Eingang. Außerdem wurde der dreigeschossige Anbau

„Altes" Herrenhaus

mit 3-etagiger Galerie angefügt (große Abb.). Von hier aus ist durch die unteren Bögen ein direkter Zugang zum Wasser geschaffen worden. Ein zusätzlicher Erweiterungsbau entstand an der Parkseite in der Mitte des älteren Gebäudeteiles. Im Keller weisen Tonnengewölbe auf einen mittelalterlichen Vorgängerbau hin (16).

Seit vielen Jahren ist in dem Gebäude ein Kindergarten untergebracht.

Den baumreichen Park, in dem der oben abgebildete Teich gelegen ist, gibt es noch, aber weitgehend verwildert.

Bagenz

Parkseite 2011

Das Rittergut Bagenz war ab 1695 Herrschaftssitz mehrere Generationen der Familie von Oert-zen. Ab Mitte des 19. Jahrhunderts wechselten dann die Besitzer mehrfach. Das Herrenhaus jener Zeit war ein eingeschossiges neunachsiges Haus mit hohem Mansarddach.

Zwischen 1911 und 1914 wurde anstelle des alten Hauses das schlossähnliche große Ge-bäude errichtet.

Das zweigeschossige Bauwerk weist an der Hofseite einen eingeschossigen östlichen Flügel auf, der wie der Hauptflügel von zwei kleineren Rundtürmen zum Hof hin abgeschlossen wird. Der Eingang des Hauptflügels auf der Hofseite wird von einem Altan überdeckt, von der Breite eines fünfachsigen Mittelrisalits.

Ein weiter Landschaftspark umgibt das Schloss. Im Park steht ein kleines eingeschossiges würfelförmiges Kavaliershaus, das unsaniert ist.

Der Wirtschaftshof ist nördlich der Schlossanlage gelegen.

Ab 1911 gehörte Bagenz Baron Dr. Otto von Rhein und seiner Frau Ruth Helene geb. von Kunheim. Letztere besaß die Majorität der „Ilse-Bergbau-Aktien", weshalb das „Schloss" ge-baut und der Landwohnsitz in dieser Region genommen wurde. Der Sohn des Hauses, Gerhard Otto Baron von Rhein, übernahm das Anwesen 1930. Nach einer Denunzierung in den Jahren 1933/1934 wurde er in ein KZ eingewiesen, 1936 enteignet und wanderte danach nach Brasi-lien aus (139). Das Gut gelangte an einen Cottbuser Tuchfabrikanten.

Bei Kriegsende 1945 war der Befehlsstand des Oberkommandos der 1. Ukrainischen Front unter Marschall Konjew im Schloss Bagenz untergebracht. Seine Armeeeinheiten nahmen von Süden her an der Eroberung Berlins durch die Rote Armee teil.

Zu DDR-Zeiten wurde das Schloss als Müttergenesungsheim und von der Akademie für Gesundheitswesen genutzt. Nach der politischen Wende ist im Herrenhaus ein Hotel und ein Restaurant eröffnet worden. Im Kavaliershaus und in den Wirtschaftsgebäuden fanden Behinderte ein Quartier, die die Gebäude auch bewirtschafteten. Gleichzeitig stellten die Erben der Familie von Rhein den Antrag auf Restitution des früheren Besitzes.

Da die Eigentumsverhältnisse noch immer nicht endgültig geklärt sind, stehen seit mehr als zehn Jahren alle Gebäude bis auf ein ehemaliges Gesindehaus, das Wohnungen enthält, leer.

Auch Park und Gutshof sind ungenutzt und ungepflegt.

Eine baldige Entscheidung im Sinne der Erhaltung des schönen Anwesens wäre zu wünschen!

Trebendorf

Hofseite 2011

Das Herrenhaus wurde im 18. Jahrhundert als eingeschossiger Putzbau mit Feldsteinsockel und Mittelrisalit an der Hofseite errichtet. Ein Wohnturm ist im 19. Jahrhundert angefügt worden. Ursprünglich war das ganze Ensemble von einem Wassergraben umgeben. Nördlich des Hauses ist noch der Park mit dem Mühlteich zu finden. Auch die Mühle und einzelne Wirtschaftsgebäude sind noch vorhanden.

Vom Park aus führt ein Weg zum benachbarten Ort und Herrenhaus Gahry.

Besitzer des Rittergutes Trebendorf waren über viele Generationen bis 1809 die Mitglieder der Familie von Kottwitz. Nach einem Zwischenbesitz kam das Gut 1873 an Gneomar von Natzmer, dessen Sohn es bis 1945 besaß.

Heute gehört das Haus der Gemeinde und beherbergt ein Heimatmuseum und einige von der Gemeinde genutzte Veranstaltungsräume.

Ein großer Teil der Räumlichkeiten ist aber erkennbar ohne Verwendungszweck und steht leer.

Gahry

2011

Das Herrenhaus ließ Ende des 18. Jahrhunderts vermutlich Gottlob von Kracht errichten (35). Im Dorf wird erzählt, dass es der Rittergutsbesitzer aus dem benachbarten Trebendorf für seine Geliebte hat bauen lassen. Der heute noch begehbare Weg zwischen Gahry und Trebendorf, am Parktor beginnend, sollte eine schnelle Verbindung zwischen beiden Häusern ermöglichen. Wahrscheinlich aber gehört diese Geschichte in den Bereich der Sage.

Ende des 19. Jahrhunderts veräußerten die Herrschaften von Gahry, die Familie von Dorendorf, ihr Herrenhaus und das Gut an den Besitzer des Trebendorfer Gutes, von Natzmer.

Der Bau in historisierendem Stil stammt vermutlich aus der ersten Hälfte des 19. Jahrhunderts. Nach dem Besitzerwechsel an Gneomar von Natzmer wurde ein hinterer Flügel mit hohen Sprossenfenstern mit spitzbogigem Abschluss angefügt, so dass ein T-förmiger Grundriss entstand (kleine Abb.). Auch die Parkgestaltung mit einem Wasserbecken erfolgte zu dieser Zeit.

Nach 1945 diente das Gebäude als Schule.

2004 wurde das unter Denkmalschutz stehende Haus restauriert. Es enthält jetzt Wohnungen sowie Fest- und Versammlungsräume für die Gemeinde. Eine Bewohnerin, die uns freundlich Auskunft gab, ließ uns diese Räumlichkeiten anschauen. Von der ursprünglichen Innengestaltung ist bis auf einen Raum nichts mehr erhalten.

Groß Schacksdorf

2001

Das Herrenhaus von Groß Schacksdorf aus der ersten Hälfte des 18. Jahrhunderts beschreibt Dehio noch als in einem desolatem Zustand befindlich. Es liegt gegenüber einem Tor zum früheren Gutshof, dieser ist jetzt allerdings nicht mehr vorhanden. Auf dem Torbogen stehen Kopien von Rittertrophäen aus dem Torbogen zum Gutshof von Klinge, der 1980 dem Tagebau zum Opfer fiel.

Das ursprünglich aus drei Anteilen bestehende Rittergut Groß Schacksdorf wurde 1735 durch Frau von Jasmund, später durch Heirat von Thielau, vereinigt. In dieser Phase entstand das zweistöckige Herrenhaus mit Walmdach und vorspringendem Mittelrisalit. Seit Anfang des 19. Jahrhunderts war das Gut in bürgerlichem Besitz (1800–1900 Karstedt, danach jeweils nur kurze Zeit Trierenberg, Gast, Paul Krüger). Zuletzt gehörte es ab 1929 Henriette von Blumenthal (35).

Nach 1945 wurde das Haus für Arztpraxen, die Kindertagesstätte und den Dorfkonsum genutzt.

Nachdem es nach 1990 leer stand, drohte es zu verfallen. Eine Architektin aus Berlin hat es erworben. Sie hält sich nach Berichten der Dorfbewohner selten hier auf, hat aber wesentliche Sicherungsmaßnahmen durchgeführt.

An der Mauer der hübschen barocken Kirche des Ortes aus dem 18. Jahrhundert sind Grabplatten vom Anfang des 18. Jahrhunderts für Frau und Herrn von Mühlen angebracht. Diese waren Herrschaften im benachbarten **Simmersdorf**, dessen Gutshaus 2001 abgerissen wurde.

Muckrow

Südseite 2011

Der dreiflügelige schlossähnliche große Bau liegt bis auf die Südseite hinter dichten Hecken verborgen (kleine Abb.).

Bei unserem Besuch im Dorf hören wir, dass der Hausherr gerade weggefahren ist. Auf eine schriftliche Anfrage, das Anwesen besichtigen zu dürfen, erhalten wir leider keine Antwort. Daher erfahren wir auch nichts zur Baugeschichte des prächtigen Hauses. Dorfbewohner weisen uns einen Weg, von dem aus auf legale Art eine gewisse Einsicht auf das Anwesen gelingt (große Abb.).

Besitzer des Rittergutes waren bis Mitte des 18. Jahrhunderts die Familien von Waltersdorf, danach bis 1862 von Wiedebach, durch Heirat von Oertzen. Ab 1863 gab es mehrere bürgerliche Besitzer.

1921 ging es über in den Besitz der „Anhaltinischen Kohlenwerke Halle", nach 1938 in den des Salzdetfurth Konzerns. (35)

Zu DDR-Zeiten wurde das Herrenhaus als Kindergarten genutzt.

Jetzt ist es Wohnsitz der Familie eines Spremberger Unternehmers.

Müschen

Hofseite 2011

1707 ließ Otto Heinrich von Stutterheim auf dem seit Anfang des 17. Jahrhunderts im Familienbesitz befindlichen Rittergut ein neues Gutshaus errichten. Schon 1714 musste er das Anwesen an den preußischen Landrat Wilhelm Heinrich von Pannwitz auf Gulben verkaufen. Dessen Sohn Otto Heinrich von Pannwitz und seine Frau Juliane geb. von Schönfeldt aus Werben bekamen in Müschen 1746 eine Tochter, Juliane Ulrike, die spätere Mutter Heinrich von Kleists (s. a. Guhrow).

Das Gut blieb bis auf eine kurze Phase zwischen 1844 und 1864 im Besitz der Familie von Pannwitz.

Das Gutshaus wurde um 1850 umgebaut, als der Kaufmann Müller und nach ihm der Leutnant Johann Friedrich Hellwig das Gut bewirtschafteten und die inzwischen in Verfall geratenen Gutsgebäude restaurierten. (35) Die letzten Besitzer ab 1885, die Familie von Wurmb, wurde 1945 enteignet.

Nach 1945 wurde das große Gut LPG, deren Verwaltung zog in das Gutshaus. Der Platz vor dem Haus wurde Sportplatz und ist es bis heute.

Derzeit gehören die Gutsgebäude nach Auskunft einer Dorfbewohnerin dem Besitzer einer bekannten Hotelanlage in Burg. Genutzt werden diese, auch das Herrenhaus, als Lager.

Guhrow

2011

Das eingeschossige siebenachsige Gutshaus mit Mansardwalmdach vom Ende des 18./ Anfang des 19. Jahrhunderts steht unter Denkmalschutz. Es ist ein privates Wohnhaus und nicht zugänglich. Auch über den Bauherren ist nichts in Erfahrung zu bringen. Da das Rittergut in der Bauzeit des Gutshauses im Besitz der Familie von Wackerbarth war, kann diese als Bauherr angenommen werden. Die Familie erwarb das Gut 1797 von den Kindern des preußischen Majors Joachim Friedrich von Kleist und seiner zweiten Ehefrau Juliane Ulrike geb. von Pannwitz. Eines der sieben Kinder des Paares (davon zwei Töchter aus erster Ehe) war der Dichter Heinrich von Kleist.

Von Wackerbarth vergab das Gut später an Bauern des Dorfes in Erbpacht.

Der Wirtschaftshof existiert nicht mehr, er wurde parzelliert und mit Einfamilienhäusern bebaut.

Bärenklau

Im Dorf Bärenklau fahren wir an einer auffallend langen Mauer vorbei, die vereinzelte Durchbrüche aufweist. Diese Durchbrüche geben den Blick frei in einen Park mit weiten Rasenflächen. Zum Herrenhaus, das weit vom Dorf entfernt liegt, gelangt der Besucher nur auf einem von Eichen gesäumten Nebenweg.

Parkseite 2011

Bärenklau war seit dem 16. Jahrhundert Rittergut, zunächst im Besitz derer von Bomsdorf. Es wechselte seine Besitzer, unter ihnen bekannte Namen wie von Ribbeck, Maltitz, Kracht oder Zabeltitz, und auch seine Pächter sehr oft. Allein von 1840 bis 1926 wurden 20 Eigentümer registriert. Das Land diente überwiegend als Spekulationsobjekt (35).

Ehrenhof mit Portal

1926 erwarb der Gubener Tuchfabrikant, Rittmeister a. D. Ernst Carl Lehmann das Gut vom Geheimen Regierungsrat Dr. Hugo Hardy. Dieser hatte es 1917 gekauft und besaß seit 1922 auch das benachbarte Gut Lübbinchen.

Lehmann ließ 1927/28 in Bärenklau den letzten, aber auch wohl einen der größten Schlossneubauten der Lausitz errichten. Seine ebenfalls wohlhabende Ehefrau geb. von Keudell war seit der Geburt ihres Sohnes 1921 gelähmt. Daher wurde der Bau nach Vorstellungen der Hausherrin rollstuhlgerecht in neobarockem Stil durch das Architekturbüro Breslauer und Salinger errichtet. Die Innenausstattung war ebenso luxuriös wie das äußere Erscheinungsbild.

Nach der Enteignung 1946 diente das Gebäude bis 1950 es als Arbeitererholungsheim. Danach wurde es Gewerkschaftsschule des FDGB-Bundesvorstandes, Schulungsheim der IG Post- und Fernmeldewesen und schließlich von 1956–1990 ein Genesungsheim für Geschwulstkranke.

Jetzt erstrahlt das Gebäude in neuem Glanz. Es ist das Wohnhaus eines Unternehmers, dessen Schaumstofffabrik nach 1990 in Guben angesiedelt wurde.

Deulowitz

Hofseite 2011

Ursprünglich im Besitz des Benedikterinnenklosters zu Guben wurde Deulowitz um 1700 herrschaftliches Gut, dessen adlige und auch bald bürgerliche Eigentümer häufig wechselten. 1776 erwarb es der kursächsische Leutnant Johann August von Eterlein, der 1788 das neue Herrenhaus errichten ließ. Das Allianzwappen von Eterleins und seiner Ehefrau geb. von Klitzing über dem Eingang kündet noch heute davon (kleine Abb.). Die Familie veräußerte den Besitz schon 10 Jahre später, die Gutsherrschaft wechselte mehrfach. Als Pächter trat die Familie Helmigk (s. a. Eulo) in Erscheinung. Der letzte Besitzer vor dem Ende des Zweiten Weltkrieges war Dr. Heinrich Vorsteher (s. a. Schenkendöbern).

Nach dem Krieg diente das Haus Flüchtlingen und Vertriebenen als Unterkunft und wurde später Altenpflegeheim.

Mitte 2000 hat man das Haus restauriert und Wohnungen für betreutes Wohnen eingerichtet. Die älteren Bewohner empfangen uns freundlich und gestatten uns einen Einblick. Im Inneren des Hauses sind noch eine Kreuzgratdecke und eine Treppe aus der früheren Gestaltung erhalten. Von der ehemaligen Aufteilung ist durch die Einrichtung der altersgerechten Wohnungen einschließlich eines Fahrstuhls allerdings nicht mehr zu erkennen. Auch auf dem ehemaligen Wirtschaftshof sind inzwischen neue Häuser gebaut worden, im Park entstanden weitere Wohnanlagen.

Wir erfuhren etwas zur Geschichte des Ortes und des Gutes aus einer Chronik über Deulowitz von einer Bewohnerin, die sich sehr um uns bemüht und uns Einsicht in die entsprechenden Schriften gibt.

Forst

An der Stelle des früheren Amtshauses stand ein Schloss, das Melchior von Biberstein 1521 errichten ließ. Die Familie, ein Zweig eines bedeutenden Adelsgeschlechts in Böhmen, bewohnte es bis zum Erlöschen des Mannesstamms Mitte des 17. Jahrhunderts. Danach im Besitz der Herzöge von Sachsen-Merseburg, stand es leer und stürzte teilweise ein. Nach seiner Instandsetzung diente es ab 1716 als Amtshaus der Herzöge von Sachsen-Merseburg. Kreuzgewölbe im Keller aus der ersten Bauzeit blieben (bis heute) erhalten. Seit 1746 gehörte Forst zum Besitztum der sächsischen Grafen von Brühl, das Schloss war deren herrschaftliches Amtshaus.

1906 erwarb die Stadt Forst das Grundstück und vermietete das Gebäude zunächst. Während des Ersten Weltkrieges richtete die Stadt darin ein Lazarett und nach Kriegsende Notstandswohnungen für Flüchtlingsfamilien ein. Danach wurde das Amtshaus saniert und die Gartenanlage neu gestaltet. Eine Vertiefung erinnert an den Wassergraben um die frühere Schlossanlage.

1932 bis 1945 war das Haus Sitz des Forster Heimatmuseums. Es erlitt 1945 erhebliche Kriegsschäden. Danach erfolgte eine vereinfachte Wiederherstellung insbesondere der Innenstruktur. 1962 bis 1998 diente es als städtisches Pflegeheim. Nach erneuter Sanierung ist es seit 2003 Wohnstätte für Kinder und Jugendliche mit mehrfacher Behinderung.

Forst, Parkseite 2013

Bohrau

Hauptflügel 2001

Bohrau war im 14. Jahrhundert ein Vasallendorf der Herrschaft Forst. Im 18. Jahrhundert ge-
hörte das Rittergut den Familien von Kracht und von Rabenau. 1805 erwarb Ludwig Reinhard
Würk das Gut von Henriette Caroline von Rabenau. Das Herrenhaus ließ er 1840 erbauen. Die
Familie ist auf dem Bohrauer Friedhof in einer eignen Gruft bestattet.

Nach dem Tod des Sohnes Louis von Würk im Jahre 1881 kaufte Premierleutnant Arthur Emil Trierenberg das Gut. Zuletzt gehörte es bis 1945 einem Besitzer aus Buenos Aires, dessen Bevollmächtigter war ein Major a. D. Henrici (35).

Nach der Bodenreform wurde das Herrenhaus Ferienheim der Konsumgenossenschaft, später Altenpflegeheim und nach 1990 bis 2001 psychiatrisches Pflegeheim. Seither ist es ungenutzt. Ein Dorfbewohner erzählt uns, dass es ein Holländer erworben habe, der aber bisher keine Baumaßnahmen veranlasste.

Das leer stehende Haus weist einen Hauptflügel mit orientalisch anmutendem Mittelteil mit Balkon auf. Dieser Teil lässt erneuerte Fenster und die erneuerte Tür erkennen. Auf der Rückseite des Hauses ist an einer Seite ein langer Flügel angefügt, woraus sich ein L-förmiger Grundriss ergibt.

Lübbinchen

Parkseite 2011

Ende des 16. Jahrhunderts gehörte Lübbinchen zum umfangreichen Besitz derer von Bomsdorf.

Im 18. Jahrhundert war es, zusammen mit Krayne, wo sich der Herrschaftssitz befand, Eigentum derer von Oppen und von Pflugk, danach durch Heirat von Winterfeld (zu Neuhausen, Mecklenburg, s. a. Krayne). Letzterer verkaufte 1886 das Gut Lübbinchen an Christian Erdmann von Eccardt (54).

Ab 1907 in bürgerlichem Besitz erwarb um 1920 der Mitarbeiter im preußischen Kolonialministerium, der Geheime Regierungsrat Dr. Hugo Hardy, Lübbinchen etwa zeitgleich mit Bärenklau (s. da). Er erweiterte das Herrenhaus und empfing hier hochgestellte Gäste (123).

Nach 1945 wurde der Besitz aufgeteilt, das Herrenhaus und der Wirtschaftshof von der LPG und der Gemeinde genutzt.

1994 kaufte ein bayerisches Unternehmerpaar die denkmalgeschützte Gutsanlage und das ehemals dazu gehörige Land. Erst kürzlich wurde die Fassade des Gebäudes restauriert. Die Sanierung der Innenräume soll nach und nach erfolgen.

Der älteste Teil des Herrenhauses stammt aus dem späten 17. Jahrhundert. Es ist der östliche würfelfömige Bau mit Mansarddach und Laterne. Mitte des 19. Jahrhunderts ist es umgebaut und um den jetzigen Mittelteil mit Turm erweitert worden. Ende des 19. Jahrhunderts folgte eine erneute Erweiterung nach Westen im Stil der Gründerzeit.

Das Herrenhaus steht in einer Achse zu einem imposanten Torhaus, das auf den großen gut erhaltenen und inzwischen instand gesetzten Wirtschaftshof in Feldstein-Backstein-Bauweise führt.

Schenkendöbern

Parkseite 2011

An der Nordseite eines baulich veränderten Wirtschaftshofes liegt das restaurierte ehemalige Gutshaus. Hervorstechender Bauteil ist der Mittelrisalit mit vorgelagertem Altan unter einem Zwerchhaus auf der Parkseite. Das Pendant auf der Hofseite ist bescheidener gestaltet.

Es wird vermutet, dass der Name des Ortes auf den in Brandenburg reich begüterten Schenken von Landsberg (s. Teupitz, LDS) zurückgeht.

Als adlige Herrschaften werden vom 15. bis 16. Jahrhundert die Familien von Wesenburg und von Köckritz genannt. Letztere veräußerten einen Teil des Gutes 1511 an den Johanniterorden, der restliche Teil ging als Vasallengut an die Familie von Kohlo.

1718 erwarb J. F. Peckoldt beide Güter und vereinte diese wieder zu einem Rittergut (35).

Nach einem Großbrand, der die meisten Gebäude des Gutes zerstörte, kaufte 1871 Paul von Roeder das Anwesen. Das Herrenhaus wurde vermutlich durch ihn errichtet. Nachdem er das Gut 1882 verkauft hatte, wechselten bürgerliche Besitzer. Ab 1917 war es Dr. Heinrich Vorsteher, der auch Deulowitz erwarb (s. dort).

Nach dessen Enteignung wurde das Gutshaus Wohnstätte für Umsiedler, später zogen das Büro der LPG und die Bürgermeisterei ein. (248)

Jetzt ist es der Sitz des Amtes der Großgemeinde Schenkendöbern.

Groß Jamno

Hofseite 2011

Das Rittergut Groß Jamno wird etwa ab Mitte des 16. Jahrhunderts unter der Familie von Kottwitz erwähnt (35). Am „Schlossteich" liegt das frühere Herrenhaus in einem kleinen Park. Das Haus wurde vermutlich Anfang des 19. Jahrhunderts als zweigeschossiges Gebäude mit Krüppelwalmdach errichtet (kleine Abb.). Wäh-

Hofseite um 1900

rend dieser Zeit waren die von Polenz Gutsherren. Ob sie die Erbauer des Hauses sind, ist nicht dokumentiert.

Danach fand sehr oft ein Eigentümerwechsel statt, bis das Land Anfang des 20. Jahrhunderts an bäuerliche Landwirte aufgeteilt wurde. Letzter Eigentümer des Restgutes mit dem Herrenhaus war seit 1927 bis 1945 Georg Hiltmann.

Durch Kriegshandlungen wurde das obere Geschoss zerstört. Beim Umbau zur Schule um 1960 entstand das noch heute vorhandene Gebäude, das auf der Teichseite durch Anbauten zusätzlich verändert wurde. Später war hier ein Kindergarten einquartiert. Jetzt wird es privat als Wohnhaus genutzt (14).

Tauer

Straßenseite 2011

Das Gutshaus des Lehnschulzengutes wurde 1910 im Heimatstil gebaut und war mit den dazu gehörigen Ländereien von 1903 bis zum Ende des Zweiten Weltkrieges im Besitz der Familie Buder. Heute dient es als Gemeindezentrum.

Groß Breesen

Hofseite 2011

Gut und Dorf bestanden früher aus mehreren separierten Ansiedlungen, wobei nur ein Teil der Bauten als Rittergut bezeichnet wurde. Die anderen Wirtschaftsgebäude waren Vasallengüter mit vielfach wechselnden Besitzern. Johann Gottlieb Herrmann vereinigte im Jahre 1804 durch Kauf alle Anteile zum Rittergut Groß Breesen (35).

Das frühere Herrenhaus begrenzt auf einer Seite den noch in Teilen erhaltenen Wirtschaftshof, der vom Kreisbetrieb für Landtechnik (KfL) genutzt wurde. Das Haus selbst stammt aus dem 19. Jahrhundert, es wurde in der 1960er Jahren durch Umbauten entstellt. Jetzt steht es seit Jahren leer, „wächst zu" und verfällt.

Krayne

Hofseite 2011

Krayne (früher Crayne) befand sich seit seiner Gründung als Rittergut im Besitz der Familie von Bomsdorf (s. a. Bomsdorf, LOS). Zu den später oft wechselnden adligen Herrschaften gehörten die von Kalckreuths im 17. Jahrhundert, dann von Carpenter, von Oppen und von Pflugk. Eine

Erbin der von Pflug heiratete im 18. Jahrhundert den aus Mecklenburg stammenden Heinrich Ludwig von Winterfeld. Dieser verkaufte Krayne 1788 an Heinrich August Gottlob von Rex, der 1780 Karoline von Kracht geheiratet hatte. Das Allianzwappen Rex/Kracht im Dreiecksgiebel über dem Eingang erinnert heute noch an diese Verbindung. Das Herrenhaus entstand aber erst um 1788, nach dem Kauf des Gutes. Im Besitz dieser Familie blieb es bis 1817, danach folgte Familie Seipke.

Das Land des Gutes wurde um 1900 aufgesiedelt. Das größte Stück Land erwarb der Gubener Kaufmann Schroether, der um 1905 eine Villa als neues Herrenhaus (kleine Abb.) errichten ließ. Bis jetzt wird das Gebäude – nach häufigem Besitzerwechsel – als privates Wohnhaus genutzt.

Das alte Herrenhaus mit Hof und Park ging im Jahre 1932 an Annelotte Gehrkens, später verheiratet mit dem Fabrikanten Wolf. Ab 1935 richtete die letzte Besitzerin ein Kinderheim im Herrenhaus ein. Familie Wolf betrieb bis zu beider Tod 1971 und 1978 im eigenen Hause zunächst das Kinderheim weiter, später ein Altenheim. Dazu wurden bauliche Veränderungen durchgeführt. Ab 1984 ging das Anwesen an den Staat, wurde offiziell Volkseigentum. Seniorenheim blieb es bis 2004. (54)

Jetzt ist das „alte" Herrenhaus Privatbesitz einer Familie, die es als Wochenend- und Ferienhaus nutzt. Das Gebäude, der begrünte Hof und der kleine Park mit altem Baumbestand hinter dem Haus sind gepflegt.

Gosda
Neiße-Malxetal

2011

Im 18. und 19. Jahrhundert waren die von Greiffenbergs und Familie Warmbrunn Gutsbesitzer. Das denkmalgeschützte Herrenhaus steht heute leer und ist in einem desolaten Zustand. Es soll sich in privatem Besitz befinden und versteigert werden.

Nach 1945 wurden hier Flüchtlinge untergebracht, später beherbergte es den Dorfkonsum und Kindereinrichtungen.

Bloischdorf

Parkseite 2011

Als erster Besitzer wird Erhard von Skoppe Anfang des 16. Jahrhunderts genannt. Es folgten viele Eigentümerfamilien, z. B. von Kottwitz, von Seydlitz, von Rheinsperg und Ende des 19. Jahrhunderts Auguste von Vilieneuv. Um 1900 wurde Hugo Julius Böhm Gutsherr auf Bloischdorf (35). Sein Sohn war Eigentümer bis 1945.

Das Gutshaus war ursprünglich ein einstöckiges elfachsiges Gebäude mit beidseitigen, leicht vorspringenden Giebeln sowohl an der Hof- als auch an der Parkseite. Die Bauzeit ist nicht in Erfahrung zu bringen. Nach einem Brand 1903 wurde beim Wiederaufbau ein zweites Geschoss darüber gesetzt, die ehemalige Renaissanceform der damals zwei Giebelpaare in glatt begrenzte Dreiecksgiebel verändert (kleine Abb.).

Nach 1945 sind auf einer Seite zwei Achsen und damit ein Giebelpaar verloren gegangen. Im Haus gab es Mietwohnungen, jetzt steht es leer und wird zum Verkauf angeboten.

Von den Ende des 19. Jahrhunderts errichteten Wirtschaftsgebäuden sind noch einige erhalten. In einer restaurierten Scheune (Abb. rechts) stellt ein sehr schönes Museum Exponate zum bäuerlichen Leben aus.

Interessant ist auch die Geschichte der kleinen turmlosen Feldsteinkirche: Sie stammt aus dem 14. Jahrhundert und wurde im Zuge der Reformation evangelisch. Nach dem Augsburger Religionsfrieden wechselte sie 1555 erneut zum Katholizismus und blieb es bis jetzt. Die Dorfbewohner dagegen blieben evangelisch. Der zuständige katholische Pfarrer zelebriert einmal im Jahr eine katholische Messe. Das geschah und geschieht noch immer am Himmelfahrtstag. An diesem Tag findet um 10:00 Uhr der Gottesdienst im Freien vor der Kirche statt, denn diese könnte die vielen Besucher, die zu diesem Ereignis kommen, nicht fassen.

Hornow

Hofseite 2011

Die erste Verkaufsurkunde des Gutes Hornow an Nickel von Gersdorf ist mit dem Jahre 1436 datiert. Das Gut gehörte – wohl als Vorwerk – zum Besitz bekannter Adelsfamilien wie der von Zabeltitz, von Loeben im 16. Jahrhundert, von Pannwitz im 17., von Oertzen im 17. bis 19. Jahrhundert und von Pückler, der es nur wenige Jahre besaß. Von ihm erwarb es 1862 der Spandauer Hauptmann Robert Wilkins. Im Besitz dieser Familie blieb es bis 1945. Das Herrenhaus im Tudorstil mit Turm (Abb.

Farblithographie. A. Duncker (1857–1883)

571

Duncker) ist 1864 durch Umbauten und Erweiterungen von Vorgängerbauten entstanden. Landrat Dr. Erwin Wilkins hat es 1903 modernisiert (210).

Während des Krieges, ab 1944, war die Schwedische Botschaft im Herrenhaus einquartiert. Am Ende des Krieges wurde der Belvedere des Herrenhauses zerstört, ein Wiederaufbau erfolgte nicht. Danach fanden hier Flüchtlinge Quartier, später wurden Wohnungen, eine Arztpraxis und ein Konsum eingerichtet.

Heute ist das Haus Besitz der Gemeinde. Diese ließ es zwischen 1998 und 2007 restaurieren und Wohnungen, eine Bibliothek und einen Festsaal einrichten. Der Festsaal mit Deckengemälde und Kamin sowie der Gartensaal und das Entree sind noch in der Gestaltungsform vom Ende des 19. / Anfang des 20. Jahrhunderts erhalten. Der Festsaal wird für private und öffentliche Festlichkeiten genutzt. Vom benachbarten Gartensaal gelangt der Gast über eine Terrasse und zwei geschwungene Treppen in den Park mit schönen alten Bäumen und einem Teich.

Auf der linken Seite der Zufahrt zum Schloss sind auch noch Wirtschaftsgebäude erhalten.

Bohsdorf

2012

Anfang des 20. Jahrhunderts erwarb Dr. Wilkins zu Hornow das benachbarte Gut in Bohsdorf und verpachtete es an Hermann von Wedelstedt.

Das Bohsdorfer Gutshaus aus dem 18. Jahrhundert besteht aus einem zweigeschossigen Mittelteil mit hohem Walmdach, beidseitigen eingeschossigen Seitenflügeln und einem eingeschossigen hinteren Flügel. Es beherbergt seit Jahrzehnten einen Kindergarten.

Bekannt geworden ist der Ort durch den Laden in Erwin Strittmatters (1912–1994) gleichnamigen Roman.

Wadelsdorf

Hofseite 2011

Das Gutshaus Wadelsdorf, eine gut proportionierte Dreiflügelanlage, wurde 1630 gebaut. Das Gut gehörte damals der Familie von Zabeltitz.

Der letzte Gutsbesitzer und Inhaber des Herrenhauses bis 1926 war Otto Wilhelm Nitsch. Ab 1927 wurde das Haus Erholungsheim für Angestellte der umliegenden Kohlenwerke. 1940 bis 1945 war das Gut Lager für weibliche Arbeitsbedienstete. (210)

Danach kamen zunächst Umsiedler im Gutshaus unter; in den 1950er Jahren zog ein Kindergarten, später eine Schule ein. Auch jetzt beherbergt das 1992 renovierte Haus einen Kindergarten und eine Grundschule. Das Inspektoren- und das Kavaliershaus (heute Gemeindebüro) sowie der Park sind ebenfalls noch erhalten und in gutem Zustand.

Klein Loitz

Im 17. Jahrhundert wurde das Rittergut erstmals erwähnt, zunächst im Besitz von Hans und Joachim von Waltersdorf, anschließend in dem der Familie von Kracht. Danach gelangte das Gut an die Familie von Berge, 1828 an die Familie Paschke/Kemnitz und 1873 an Killisch von Horn aus Reuthen (s. dort).

Ende des 19. Jahrhunderts erwarb Hans Georg von Chamier-Glisczinski Klein Loitz (12). Im Besitz dieser Familie blieb das Gut bis 1945. Ilse von Chamier-Glisczinski lebte sogar noch nach 1945 hier, zuletzt bis zu ihrem Tod 1957 in Cottbus (35).

Das heutige Erscheinungsbild des Herrenhauses ist beim Umbau um 1900, wahrscheinlich unter Einbeziehung eines Vorgängerbaus aus dem 17. Jahrhundert, entstanden.

Nach dem Zweiten Weltkrieg wurde im „Schloss" eine Landwirtschaftsschule eingerichtet. Später kamen ein Kinoraum, der Konsum, Wohnungen und eine Gaststätte hinzu.

Klein Loitz, Portal 2011

Das inzwischen teilsanierte Gebäude steht leer und wird zum Verkauf angeboten. Es ist in einem weitläufigen Park mit alten Bäumen gelegen, dessen Anblick durch zwei Teiche aufgelockert wird.

Reuthen

Kavaliershaus 2011

Das Rittergut Reuthen sah seit seinem Beginn im 16. Jahrhundert viele Eigentümer. Im Jahre 1873 erwarb der Begründer der Berliner Börsenzeitung, Hermann Killisch von Horn (1821–1886) das Anwesen. Er ließ einen ausgedehnten Landschaftspark anlegen. Schon 15 Jahre vorher hatte er einen Park in seinem Pankower Familiensitz gestalten lassen, es ist der heutige Pankower Bürgerpark. Beide Parks wurden von Wilhelm Perring (1838–1907), Universitätsgärtner und Technischer Leiter des Botanischen Gartens in Berlin, gestaltet.

Das Rittergut ging an seinen Sohn Günther und von diesem an seine Schwiegermutter Ilse von Chamier-Glisczinski zu Klein Loitz.

Die Gutsanlage mit Herrenhaus wurde im Krieg zerstört. Erhalten geblieben ist nur das ehemalige Kavaliershaus, das 1910 errichtet wurde. Dieses früher zum Herrenhaus gehörige Gästehaus wurde von dem heutigen Besitzer nach 2001 restauriert und damit vor dem Verfall gerettet.

Der herrliche Landschaftspark im Besitz der Gemeinde ist restauriert und gepflegt. Es lohnt sich, ihn zu durchstreifen.

Lieskau

Parkseite 2011

In Lieskau gibt es seit dem 16. Jahrhundert ein Rittergut. Erste Besitzer waren die Brüder von Dieskau zu Finsterwalde (OSL, s. dort). Spätere Eigentümer waren u. a. die Familien von Kracht, von Briesen, von Witzleben. Ab 1903 bis zur Enteignung 1945 gehörte das Gut der auch in Berlin begüterten Familie von Wühlisch (35). Der dem Haus gegenüberliegende, jetzt denkmalgeschützte Wirtschaftshof wurde von dieser Familie ebenso wie der gesamte Landwirtschaftsbetrieb modernisiert.

Das ursprünglich barocke Herrenhaus entstand im 18. Jahrhundert. Paul von Wühlisch ließ ihm um 1900 einen Fachwerkbau mit Turm im Stil der Burgenromantik anfügen. Zu DDR-Zeiten kam auf der Parkseite ein eingeschossiger Anbau mit zwei Terrassen hinzu.

Im erweiterten Haus gab es Wohnungen, einen Kindergarten, die Post und einen Fest- und Gemeindesaal.

Nach 1990 hat ein Nachfahre der Familie von Wühlisch das Gebäude erworben und moderne Miet-Wohnungen eingebaut.

Das Gut im Nachbarort **Schönheide** gehörte bis 1945 der Familie von Hagen. Das Gutshaus wurde 2008 teilweise „saniert" und damit völlig verändert. Im erneuerten Teil ist die Feuerwehr stationiert! Ein unsanierter eingeschossiger Seitenflügel mit Mansarddach lässt die frühere Gestaltung noch erahnen. Er beherbergt Wohnungen.

Sembtem

Hofseite 2001

Parkseite

Der ausgedehnte Gutshof aus dem 19. Jahrhundert wird zur Straße hin durch eine Mauer begrenzt, die nur einen Teil des Gutshauses erkennen lässt. Das schöne ehemalige Torhaus aus dem 18. Jahrhundert bildet nach einem Brand 2007 nur noch einen Berg von Feldsteinen. Die Wirtschaftsgebäude sind leer und vom Verfall bedroht. Das von Hof- und Parkseite auf den ersten Blick beeindruckende Gutshaus zeigt aus der Nähe Spuren der Verwahrlosung. Errichtet wurde es 1757, als die Familie von Haugwitz Besitzerin des Rittergutes war. In der Folgezeit wurde es verändert, auch um 1900, nachdem es Max Schulz aus Groß Drewitz (später Schulz-Sembten aus der in Brandenburg begüterten Familie Schulz) 1886 erworben hatte. Die Familie blieb bis 1945 Eigentümerin des Gutes.

Im Gutshaus wurden danach zunächst für Flüchtlinge und Vertriebene Wohnungen eingerichtet. Als das Gut VEG wurde, zog die Betriebsleitung hier ein, später auch eine Kindertagesstätte.

Nach der politischen Wende ist der Hof geschlossen worden, und seit 1993 stehen alle Gebäude leer.

Der Verkauf 2001 an ein Ehepaar aus der Region war vermutlich eine Fehlentscheidung, denn diese waren nicht in der Lage, das beeindruckende Anwesen zu erhalten (117). 2008 trat eine Entwicklungsgesellschaft mit Sitz in Dresden in Erscheinung, die bis 2009 entscheidende Sanierungsmaßnahmen ankündigte (119). Geschehen ist bisher nichts!

Döbern

2011

Döbern wurde im 14. Jahrhundert als Vasallendorf der Herrschaft Biberstein zu Forst gegründet. Die Besitzer des Rittergutes wechselten oft: u. a. von Briesen im 17. Jahrhundert, von Berge, von Stutterheim im 17. und 18. Jahrhundert. 1749 erwarb Heinrich von Roth das Gut. 1750 entstand das Gutshaus, ein neunachsiges Gebäude mit Walmdach. Später wurde ein hinterer Flügel angefügt, so dass ein T-förmiger Grundriss gebildet wurde (kleine Abb. S. 569). So präsentiert sich das Haus noch heute.

Im 19. Jahrhundert begann der Braunkohlenabbau um Döbern. Der Gutsbesitzer August von Friedrich nutzte seine Ländereien, um 1850 eine Kohlengrube zu eröffnen. Auch die Nachfolger von Doberschütz betrieben eine solche Grube namens „Provencia", in deren Besitz das Gut schließlich 1929 aufging.

Döbern entwickelte sich dadurch und durch die aufblühende Glasindustrie zu einem Industriestandort.

1945 sind im Gutshaus Wohnungen eingerichtet worden, von denen einzelne noch heute bewohnt sind. Es besteht allerdings dringender Sanierungsbedarf.

Grano

Portalseite 2011

Der Herrschaften von Grano gab es viele: im 17. Jahrhundert von Bomsdorf, von Cronegk, im

18. Jahrhundert von Roebel, von Kracht, von Rex (an der Kirche stehen Grabsteine für von Rex, gest. 1804 und H. M. von Kracht, gest. 1808), danach folgten noch 20 weitere Eigentümer (35).

1908 erwarb Erich Schulz aus Groß Drewitz das Gut. Nach 1930 ging es über einen Zwischenbesitzer an den Geheimen Finanzrat

Dr. Kessler, dessen Familie es bis 1945 besaß.

Das Herrenhaus ist ursprünglich zu Beginn des 18. Jahrhunderts entstanden, wohl durch die Familie von Roebel. Später wurde es modernisiert.

Nach dem Krieg diente es Flüchtlingen als Unterkunft, später der Schule, dem Arzt und dem Gemeindebüro.

Jetzt wird es restauriert als Mehrgenerationenhaus. Leider ist die ansehnliche Freitreppe (kleine Abb. S. 570) entfernt worden Sie soll auch nicht mehr wieder entstehen.

Die hintere Seite des Hauses ist durch einen Anbau entstellt, so dass der geschweifte Giebel des Zwerchhauses (kleine Abb.) kaum zur Wirkung kommt.

Groß Drewitz

Hofseite 2011

Nach vorhergehendem häufigen Besitzerwechsel kaufte 1857 Ferdinand Schulz zu Heinersdorf (LOS, s. dort) das Rittergut Groß Drewitz für seinen Sohn Rudolph von den Vorbesitzern von Klitzing. Das Gut prosperierte unter dem Sohn Schulz.

Für dessen Sohn Erich, der das Gut von seinem Vater übernahm (dieser war in das neu erworbene Booßen/Frankfurt/O. umgesiedelt), wurde 1890 das neue Gutshaus in Drewitz in neobarockem Stil errichtet. Es ist direkt an das bescheiden gestaltete alte Gutshaus angebaut worden (s. Abb.). 1908 musste das Gut aus wirtschaftlichen Gründen an Wilhelm Knape verkauft werden. (53) Heute wird das ehemalige Herrenhaus wieder als privates Wohnhaus genutzt.

Hänchen

2011

In Lehnsurkunden aus dem Jahre 1448 wird Hänchen erstmals erwähnt. 1460 war das Rittergut im Besitz derer von Zabeltitz. 1625 brannte das gesamte Dorf nieder. Danach wechselten die Eigentümer mehrfach, zuletzt besaß im 19. Jahrhundert der königlichen Major a. D. Molle das Gutshaus. Er verkaufte das Land bis auf das Herrenhaus. Gräfin von der Schulenburg weilte als Besucherin auf dem Gut und fertigte eine Zeichnung des Wohnhauses an (kleine Abb.).

1903 erwarb der Berliner Kaufmann Fritz von Dahlen das Gutshaus, das er vor allem als Ferienobjekt für seine 8 Kinder vorsah. Seine Witwe veräußerte es 1941 an die Gemeinde (35, 161).

Nach 1945 wurden im Herrenhaus eine Kindertagesstätte und das Gemeindebüro eingerichtet. 1995 ist es restauriert und zu einem Seniorenheim umgebaut worden.

Das Haus liegt mitten im Dorf. Eine Gutsanlage ist nicht mehr vorhanden.

Zschorno

Rittergutsbesitzer im 17. Jahrhundert war die Familie von Heyde. Im 19. Jahrhundert wechselten die Eigentümer sehr häufig u. a. von Erdmann, von Brunn oder Rötschke. Anfang des 20. Jahrhunderts erwarb der Cottbuser Baumeister Mittag das Rittergut. Unter seiner Leitung ist es zu einem Forstgut umgestaltet worden.

Die Bauzeit des ehemaligen Gutshauses ist nicht in Erfahrung zu bringen, vermutlich erfolgte die Errichtung im 18. Jahrhundert.

Nach 1945 wurden im Gutshaus Wohnungen eingerichtet. Seit einigen Jahren steht es leer. Jetzt gehört es einem Unternehmer aus dem Ort, der es sanieren will.

Hofseite 2011

Klein Düben

Seit dem 15. Jahrhundert wird Klein Düben erwähnt, zunächst unter aus Schlesien stammenden Besitzern. Nach dem Dreißigjährigen Krieg tauchten auch Adlige aus der Niederlausitz und Brandenburg als Eigentümer auf: von Stutterhein, von Oertzen aus Bagenz (18./19. Jahrhundert), von Leupold. Danach gab es – immer nur für wenige Jahre – bürgerliche Besitzer. 1885 erwarb Melitta von Dönhoff den Landsitz. Sie ließ ihn verwalten. Ihre Nachfolger waren Fritz Wecker und Walter Rogge.

Hofseite 2011

An der Stelle des Gutshauses stand ursprünglich eine Raubritterburg. Ein Herrenhaus wurde schon im 17. Jahrhundert errichtet. von Baumaßnahmen ist erst wieder im Jahr 1903 die Rede, als Fritz Wecker das Haus vollständig umbauen und modernisieren ließ.

Der verputzte Backsteinbau wurde 1989 von der Gemeinde restauriert. Er beherbergt ein Gemeindebüro und einen Versammlungsraum, die Einrichtung von Wohnungen ist geplant.

Klein Kölzig

Hofseite 2011

Im 15. Jahrhundert war Klein Kölzig Vasallengut der Herrschaft Forst. Im 17. und 18. Jahrhundert war es Rittergut adliger Herrschaften, denen im 19. Jahrhundert viele bürgerliche Besitzer folgten.

Das Gutshaus wurde durch einen Brand 1812 zerstört und 1814 wieder neu aufgebaut. 1907 fällt ein Teil des Gutsbesitzes dem Braunkohlentagebau zum Opfer. Das Restgut gehörte zuletzt Johanna Manger.

Nach 1945 nutzte die Gemeinde das ehemalige Gutshaus für kommunale Zwecke.

1998 ließ sie es sanieren und Wohnungen sowie eine Heimatstube einrichten.

Jerischke

Das Gutshaus wurde 1818 als achtachsiger zweigeschossiger Putzbau errichtet. Die Hofseite zierte ein flacher zweiachsiger Mittelrisalit.

Nach mehreren bürgerlichen Besitzern erwarben die Essener Stahlwerke 1930 das Gebäude vom letzten Gutsherren Krabs und richteten ein Ferienheim für die Mitarbeiter ein.

Hofseite 2012

Zu dieser Zeit sollen drei Achsen auf der Parkseite entfernt worden sein. Der jetzt seitlich angeordnete nur leicht prominente Risalit markierte früher die Mitte dieser Fassadenseite. (s. Abb.).

Das Gebäude, das der Gemeinde gehört, war bis 1998 Mietswohnhaus, danach wurde es restauriert und wieder Wohnungen installiert. Im Erdgeschoss sind kommunale Einrichtungen vorgesehen.

Peitz

Hofseite 2011

Für den Amtmann Elias Balthasar Giesel ist in den Jahren 1776 / 1777 das Herrenhaus **Luisenruh** im Barockstil „Potsdamer Prägung" erbaut worden (16). 1926 war Friede Gutsbesitzer (227).

Nach 1945 nutzte die LPG das Haus; Wohnungen und später eine Gaststätte entstanden. Danach leergezogen, verfiel es schnell (Abb. unten). Umso bemerkenswerter und erfreulicher ist der heutige Zustand, dem man diese Vergangenheit nicht mehr ansieht!

Das Herrenhaus begrenzte auf der Südseite einen Gutshof. Dieser ist nicht mehr vorhanden. An seiner Stelle ist auf dem ehemaligen Hofgrundriss eine anspruchsvolle Wohnanlage errichtet worden, deren Abschluss nun das großartig restaurierte barocke Wohnhaus bildet. Es befindet sich heute im Besitz eines Unternehmers aus Guben, dessen Familie es auch bewohnt.

Das eigentliche Wahrzeichen von Peitz ist

um 1990

583

der **Festungsturm**. Im Mittelalter stand an der Stelle der Festung eine Ritterburg. Der Burgfried ging später im Festungsturm auf. Die Herrschaft übten die Schenken von Landsberg, zeitweilig auch der Landvogt von Polenz zu Senftenberg aus.

Veranlasst durch den Markgrafen von Küstrin wurde das Bauwerk in der zweiten Hälfte des 16. Jahrhundert zur Festung unter Einbeziehung der Stadt Peitz erweitert und umgebaut. Die Baumeister kamen aus Italien, u. a. Rochus Guerrini Graf zu Lynar (s. a. Senftenberg, Lübbenau)

Im Jahre 1767 wurde die Festung aufgegeben und anschließend zum großen Teil abgetragen. Erhalten blieb der Festungsturm mit einem bis zu vier Meter dicken Mauerwerk. Der Turm ist jetzt Museum und wird kommunal genutzt.

Tschernitz-Wolfshain

2011

Als Bauzeit des ursprünglichen Herrenhauses **Wolfshain** ist das 17. Jahrhundert angegeben. Damals waren die Familien von Waltersdorf und von Zabeltitz Rittergutsbesitzer. Nach zwei weiteren Eigentümern erwarb 1767 Friedrich (von) Helbig (später nobiliert) das Gut und betrieb neben der Landwirtschaft eine Glashütte „Friedrichshain", die erste in dieser Region. 1823 wurden Gut und Glashütte an Dr. Grävell, 1837 an die Brüder von Poncet veräußert. Die von Poncets betrieben außerdem vom Ende des 19. Jahrhunderts an Braunkohleabbau. Ab 1929 waren Rittergut und Industriezweige in gemeinsamer Hand derer von Poncet und der „Glashüttenwerk AG" (35). Während Kohle- und Glasindustrie prosperierten, spielte die Landwirtschaft kaum noch eine Rolle.

Seit Jahren befinden sich im ehemaligen Gutshaus Wohnungen, auch noch heute.

Wie im benachbarten Wolfshain entwickelte sich auch in **Tschernitz** die Glasindustrie anstelle der bisherigen Landwirtschaft.

Das Rittergut **Tschernitz** (Schernitz) hatte wie die benachbarten Güter ebenfalls viele Eigentümer. Von 1792 bis 1816 gehörte es dem später in Sachsen geadelten Friedrich (von) Goldammer. Er ließ ein Herrenhaus errichten (148).

1872 gehörte das Gut zum Besitz von Killisch von Horn. Danach wechselte wiederum oft der Besitzer. 1923 erwarb es Konrad Fleischer aus Berlin, nach seinem Tod wurde es in drei Erbhöfe aufgeteilt (35).

2011

Das jetzt vorhandene Haus ähnelt einer Villa. Wann und durch wen sie errichtet wurde ist nicht zu eruieren. Das Haus steht leer und verfällt, der umliegende Park ist verwildert.

Casel

Portal 2013

Das frühere Rittergut Casel, früher Kasel, gehörte im 18. Jahrhundert mit einigen Dörfern in der Umgebung den von Droste, durch Heirat von Klitzing, auf Reddern (das Herrenhaus wurde um 1950 abgerissen). 1801 erwarb der Kaufmann Keyling aus Cottbus, der damals Altdöbern besaß, die Güter. Casel wurde verpachtet. Über einen Zwischenbesitzer gelangte es 1897 an Heinrich von Witzleben auf Altdöbern. Er gliederte das Gut in seinen Fideikomiss ein. 1921 kam es als Domäne an den Preußischen Staat. Der im benachbarten Reddern ansässige Pächter Spitzner pachtete auch Kasel. (35)

Das Gutshaus soll 1922 gebaut worden sein, wahrscheinlich aber wurde es damals als Verwalterhaus modernisiert. Zu DDR-Zeiten ist es der Nutzung entsprechend verändert worden. Im Erdgeschoss waren ein Konsum, eine Arztpraxis und die Gemeindeschwester untergebracht. Die Nutzer haben ihre Räume verlassen. In den oberen Etagen wurden Wohnungen eingerichtet, dazu dienen sie noch heute. Vom ehemals weiten Wirtschaftshof sind nur zwei Gebäude erhalten und zu Wohnhäusern umgebaut.

Das zur Stadt Drebkau gehörende frühere Gutshaus wird gegenwärtig zum Verkauf angeboten.

Landkreis Teltow-Fläming

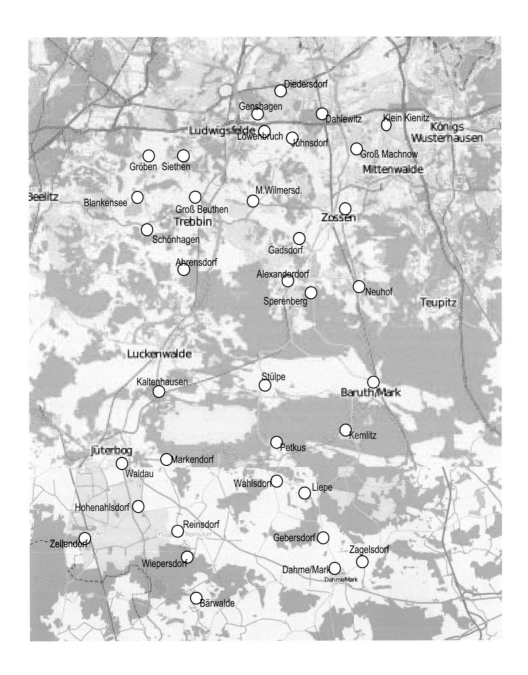

Dahlewitz

Hofseite 2010

Der Rittersitz Dahlewitz war schon im 15. Jahrhundert gegründet. Vom 16. bis zum 18. Jahrhundert im Besitz der Familie von Otterstedt, fand danach ein häufiger Besitzerwechsel statt. Seit 1830 nutzten wohlhabende Berliner Bürger das Anwesen als Landsitz, so u. a. der Spirituosenfabrikant Carl Gilka und der Bankier Eduard Friedländer. 1896 erwarb es der Berliner Architekt Wilhelm Böckmann.

Das um 1800 erbaute Gutshaus liegt im Eingangsbereich eines rechteckigen Wirtschaftshofes. Eine ehemalige Schmiede steht in dessen Mitte, sie wird als Veranstaltungsraum genutzt. Das Gutshaus besteht aus einem zweigeschossigen Hauptbau und eingeschossigen Seitenflügeln. Ende des 19., Anfang des 20. Jahrhunderts wurde das Gut durch Böckmann modernisiert,

das Gutshaus dabei umgestaltet und der oktogonale Anbau zur Hofseite hin angefügt. In dieser Zeit entstand auch der auffällige Wasserturm (Abb. links) an der Südseite der Gutsanlage. Der ehemals zum Gut gehörige Park ist mehrfach verändert worden. Jetzt gehört er der Gemeinde und wird wieder gepflegt.

Nach 1945 erfolgten Umbauten am Haus und am Gutshof im Rahmen der Umgestaltung zum Volkseigenen Gut für Tier- und Pflanzenproduktion. 1996 kamen Gut und Haus über die Treuhand in Privatbesitz. Der neue Besitzer wohnt in einem der Wirtschaftsgebäude. 2001 ist der mittlere Teil des Gutshauses abgebrannt. Eine Restaurierung findet offenbar derzeit nicht statt.

Im Ort Dahlewitz steht auch das denkmalgeschützte ehemalige Wohnhaus von Bruno Taut, der hier bis 1933 lebte.

Genshagen

Parkseite 2008

Seit Mitte des 17. Jahrhunderts war die Familie von Hake in Genshagen ansässig. 1780 vereinigte Wilhelm von Hake sein Genshagener Anwesen mit dem zweiten Rittergut derer von Otterstedt. Famile von Hake zu Kleinmachnow ließ Anfang des 18. Jahrhunderts ein barockes Gutshaus bauen, das als Inspektorenhaus und zeitweilig als Landratsamt genutzt wurde.

Der nächste Besitzer, General Max von Eberstein, an den das Anwesen 1854 dank der Mitgift seiner Ehefrau geb. Schulz (s. a. Schulz von Heinersdorf, LOS) gelangte. 1879 beauftragte er den Bau eines zunächst eingeschossigen Herrenhauses im spätklassizistischen Stil auf den Fundamenten des Vorgängerbaus. Den umgebenden Park gestaltete er als Landschaftspark. Der Sohn der Familie erweiterte das Haus 1910 bis 1914 um ein Ober- und ein Mansardgeschoss und ließ es neobarock umbauen.

Die Besitzer mussten Genshagen 1945 verlassen, als Waffen-SS-Einheiten das Herrenhaus besetzten. Nach 1945 nutzte die sowjetische Militäradministration Herrenhaus und Gut. Danach war das Herrenhaus Verwaltungsschule und Institut für Agrochemie. Ab 1955 etablierte sich hier die Fachhochschule für Land- und Forstwirtschaft der DDR, ab 1973 war es Wissenschaftlich-Technisches Zentrum für Landwirtschaft des Bezirkes Potsdam. (86)

Seit 1993 ist das Haus Sitz des Berlin-Brandenburgischen Instituts für Deutsch-Französische Zusammenarbeit, seit 2005 als eine Stiftung (Stiftung Genshagen). Sie veranlasste die denkmalgerechte Sanierung des ehemaligen Herrenhauses (2000 bis 2004), dessen Innenräume ihre herrschaftliche Ausstattung bewahrt haben. Danach erfolgte die Restaurierung der Parkanlage, sie ist für die Öffentlichkeit zugängig.

Diedersdorf

Gartenseite 2008

Das bis 2001 denkmalgerecht restaurierte Gutshaus steht in Längsrichtung neben dem Gutshof, dessen Wirtschaftsgebäude einschließlich Taubenhaus nach 1990 saniert worden sind. Das Anwesen ist seit 1990 in Privathand.

Der Besitz am Rittergut Diedersdorf wechselte seit dem 15. Jahrhundert zwischen bekannten Adelsfamilien: so den von Thümen, von der Golz, von der Marwitz, ab 1774 von Bandemer. Das Herrenhaus ist von 1798 bis 1800, vermutlich auf einem Vorgängerbau, für den Hauptmann Ernst Friedrich Wilhelm von Bandemer errichtet worden. In dessen Besitz blieb es bis 1893, danach war es eine „von Bandemersche Stiftung"; diese verpachtete das Gut. 1901 erwarb Berlin das Anwesen als Stadtgut. Im Herrenhaus nahmen der Pächter bzw. der Stadtgüterdirektor ihren Wohnsitz.

Nach 1945 war das Anwesen Volkseigenes Gut, zu Großbeeren gehörend. Im Gutshaus waren Büros, Wohnungen und ein Restaurant eingerichtet.

Jetzt ist das ehemalige Herrenhaus ein Hotel mit Restaurant, in Verbindung mit dem Gutshof wird es für gastronomische und Unterhaltungszwecke genutzt.

Im Nachbarort **Großbeeren** erstrahlt das frisch sanierte Gutshaus als Rathaus in neuem Glanz. Der Bülowturm aus dem Jahre 1913 (100 Jahre siegreiche Schlacht gegen Napoleons Truppen bei Großbeeren unter General von Bülow), die Bülow-Pyramide und die neogotische Kirche nach Plänen von Schinkel aus dem Jahre 1818 sind ebenfalls sehenswert.

Das Gutshaus von **Kleinbeeren** ist dagegen nur noch eine Ruine.

Gröben und Siethen

Diese Orte sind durch ihre Geschichte, Lage, ihre Besitzer und durch die Beschreibungen in Fontanes „Spreeland" eng miteinander verbunden und werden daher gemeinsam beschrieben. „... (wir) *erreichen ... eine mäßige Hügelhöhe, von der aus wir zwei Seeflächen und zwei Dörfer überblicken: Gröben und Siethen.*"

Den Reiz beider Dörfer macht ihre idyllische Lage an den Seen aus, aber auch die Geschichte ihrer Herrschaft, derer von Schlabrendorf. Diese übernahmen beide Güter 1416 von der Familie von Gröben, die den Ort gegründet hatte. Fontane schildert die Familienmitglieder ausführlich. Besonders einfühlsam stellt er das Leben und Wirken der Johanna von Scharnhorst (1803–1867) dar, eine geborene Gräfin von Schlabrendorf sowie von ihrer Tochter Johanna. Beide kümmerten sich um die Kinder und Waisen der Gegend und richteten für deren Betreuung über eine Stiftung das Tabea-Haus in Siethen ein.

1859 verkaufte Johanna von Scharnhorst Siethen und Gröben an die Familie von Jagow, behielt aber bis an ihr Lebensende ein Wohnrecht in Gröben. 1879 bis 1936 war die Berliner Kaufmannsfamilie Badewitz Eigentümer beider Güter.

Gröben

2008

Das ehemalige Gutshaus Gröben ist ein schlichter zweigeschossiger, neunachsiger Putzbau mit Walmdach. Es wurde 1720 für Johann Christian von Schlabrendorf errichtet.

Felix Mendelssohn-Bartholdy und Fanny Hensel waren hier mehrfach zu Gast.

Nach 1945 nutzte die Gemeinde das Gutshaus als Verwaltungsgebäude, später zog ein Kindergarten ein.

Nach der Restaurierung in den Jahren 1994 bis 1998 dient das Haus jetzt als privates Wohnhaus. Zu diesem Zweck ist ein moderner Anbau an der östlichen Giebelseite angefügt worden. Über dem Eingang ist ein Allianzwappen derer von Schlabrendorf/von Pfuhl von 1720 erhalten.

Fontane fand an Gröben nur die Kirche „*bemerkenswert hübsch*" (27).

Siethen

Hofseite 2008

Parkseite (östlicher Teil)

Die von Schlabrendorfs teilten im 16. Jahrhundert ihre Ländereien in der Region auf die einzelnen Familien-Linien auf, so dass in Siethen, Gröben und Beuthen eigene Rittersitze entstanden. Diese Familienherrschaft endete, als Johanna von Scharnhorst geb. von Schlabrendorf, (Schwiegertochter des berühmten Generals Gerhard von Scharnhorst), den letzten Besitz (von Beuthen (heute Großbeuthen) hatte man sich schon früher getrennt) in Siethen und Gröben 1859 an Carl von Jagow verkauft hatte.

Von Jagow veräußerte beide Orte bald an den Großkaufmann Hermann Badewitz. Dieser ließ das neunachsige alte Herrenhaus 1880 im neoklassizistischen und neobarocken Stil umbauen. Dieses Gebäude besaß ein ausgebautes Mansarddach. Sein Sohn Gottfried, der 1914 geadelt wurde, ließ das Haus auf 17 Achsen erweitern. Architekt war Franz Schwechten (1841–1924), der Erbauer der Gedächtniskirche in Berlin. Die Familie Badewitz verkaufte den Siethener Besitz 1941 an die Stadt Berlin, die es ihren Stadtgütern zuordnete.

Nach 1945 diente das Haus als Lazarett und Flüchtlingsunterkunft, danach war es und ist es bis heute ein Heim für schwer erziehbare Jugendliche. Anfang 1950 wurde das ehemals hohe Mansarddach beseitigt und an dessen Stelle ein einfaches oberes Geschoss aufgesetzt. Die Repräsentationsräume blieben erhalten. Im Jahre 2012 ist das Erscheinungsbild unverändert. Das im einführenden Abschnitt über Ziethen-Gröben erwähnte Tabea-Haus, welches im Unterschied zum Schloss als Baudenkmal in der Denkmalsliste des Ortes aufgeführt ist, existiert noch heute und dient als Kindertagesstätte. – Sehenswert sind der Innenraum der Kirche und der Kirchhof mit den Grabmalen der beiden Johanna von Scharnhorst, Mutter und Tochter. (Abb. links)

Großbeuthen

Hofseite 2008

1367 findet in Beuthen erstmals eine Burg Erwähnung, auf der um 1400 die Ritter von Quitzow saßen. Diese Burg eroberten um 1414 die Hohenzollern und vertrieben die von Quitzows.

Herrschaften der Rittergüter waren im 15. und 16. Jahrhundert die von Schlabrendorf. Danach besaßen zwei Anteile der Ländereien die von Schlabrendorf zu Gröben und die zu Siethen, einen dritten Anteil die Familie von Goertztke. Letztere übernahm am Ende des 18. Jahrhunderts alle drei Rittergüter. Damit besaß diese Familie Groß Beuthen über dreihundert Jahre bis 1945.

Die Burg war bis zum Ende des 17. Jahrhunderts von denen von Goertzke bewohnt. Sie verfiel danach, ein Herrenhaus entstand an anderer Stelle. (262) Auf den Fundamenten dieses Gebäudes errichteten die Goertzkes 1819 das heutige Gebäude. 1905 erfolgte ein Umbau, dabei entstand das jetzige äußere Erscheinungsbild.

Fontane: *„An der Nuthe, die die Grenze zieht zwischen dem Teltow und der Zauche, stand in alten Zeiten Schloß Beuthen. ... Ja, Schloß Beuthen war trotzig. Die Quitzows hielten es."* Und: *„Schloß Beuthen ist längst keine Feste mehr, die Goswin von Brederlow gegen die Hohenzollern hält. Tür und Tor stehen ihnen* (den Hohenzollern) *weit offen und die Herzen der Görtzkes dazu. ..."* (27) .

Er schilderte das *„... an sich einfache Herrenhaus"*, in dem der König und die Königin an einem Augusttage 1855 zu Gast waren, ihnen Tee auf der Gartentreppe serviert wurde, und dabei auch *„... zwei das Haus schützende hohe Platanen..., die ,...ihr Gezweig über die Gruppe hin(breiten)'..."*

Ja, sie sind noch da, die Platanen, sie überragen das Haus weit. Das aber ist leider leer. An seinem hofseitigen Mittelrisalit oberhalb der Tür steht: „Rathaus Kudrow" (Abb. rechts). Wir erfahren, dass hier vor einiger Zeit ein

Sat 1-Film „Allein unter Bauern" gedreht wurde. Der zu diesem Zweck angebrachte Schriftzug blieb erhalten!

Nach 1945 wurde das Gut VEG, dessen Verwaltung im Herrenhaus saß. Ein im Park errichtetes Lehrlingswohnheim steht heute ebenfalls leer. Der Gutshof ist partiell saniert.

Die denkmalgeschützte privatisierte Brennerei wird noch immer zur Herstellung von Alkohol genutzt.

Löwenbruch

Straßenseite 2008

Nach mehrfachem Besitzerwechsel erwarb die Familie von der Gröben das Gut Löwenbruch. Von Fontane erfahren wir es so: „*Von den Alvenslebens, die ihren Gutsanteil im Jahre 1749 an die Gröbens verkauften, findet sich noch dies und das. Es existiert unter anderem das jetzt wirtschaftlichen Zwecken dienende Haus, das sie bewohnten, ein schlichter Fachwerkbau, der am besten zeigt, wie gering, ... , die Ansprüche waren, die der märkische Adel noch vor hundert Jahren noch erhob.*" (27) Erasmus Friedrich von der Gröben hatte den Bau des neuen Herrenhauses zwischen 1796 und 1800 veranlasst und das vorherige als Wirtschaftsgebäude genutzt. Das neue Haus ist ein neunachsiger zweigeschossiger Kernbau mit erhöhter Mittelpartie auf der Eingangsseite. Ein zweistöckiger Anbau im Norden entstand 1890. Damals erhielt der Eingang einen Vorbau mit Balkon, der heute nicht mehr existiert. Vorhanden sind noch zwei kleine Allianzwappenfelder beiderseits des oberen Fensters über dem Eingang – mit den Wappen der Nachfolger von dem Knesebeck.

„*Von den Gröbens kam das Gut an die Knesebcks.*" schrieb Fontane. Denn nach 1805 gab es keine männlichen Nachfahren der von der Gröben. Durch Heirat mit Elisabeth von der Gröben gelangte das Gut an die Familie von dem Knesebeck aus Karwe am Ruppiner See.

Von Fontane erfahren wir auch über Friedrich Wilhelm Ludwig von dem Knesebeck, der während der Befreiungskriege nach Paris ging. „ ...Weihnachten 1815 kehrte er heim, erbte bald danach Löwenbruch und zog sich 1829 nach dem benachbarten Jühnsdorf zurück." (27). Das Gut in Löwenbruch wurde verpachtet.

Bis 1945 blieb die Familie von dem Knesebeck Besitzer. Nach 1945 war das Gemeindeamt im Haus untergebracht. Danach war es Eigentum der Stadt Ludwigsfelde, wozu der Ort gehört. Etliche Jahre stand es leer und sah verwahrlost aus.

2011 hat es ein Nachfahre derer von dem Knesebeck erworben. Im Internet ist zu erfahren, dass es renoviert und vermietet werden soll. (www.gutshaus-loewenbruch.de)

Jühnsdorf

Gartenseite 2008

1798 erwarb die Familie von der Gröben das Rittergut. Schon 1823 veräußerte sie es an Friedrich Wilhelm Ludwig von dem Knesebeck (s. Löwenbruch). Dieser ließ 1824 das Herrenhaus erbauen. Es ist ein eingeschossiger, elfachsiger Putzbau mit einem gartenseitigen Mittelrisalit, angefügt beim Um- und Erweiterungsbau 1862. Erneute Veränderungen erfolgten 1907, die das heutige Erscheinungsbild prägen.

Das im Jahre 1920 verkaufte Anwesen kam über einen Zwischenbesitzer an den Kreis Teltow und wurde Sitz des Landrates.

Im Zweiten Weltkrieg fand die rumänische Botschaft im Gutshaus ein Domozil. (205)

Zu DDR-Zeiten diente es als Lehrlingswohnheim und als Landwirtschaftsschule.

Seit 1997 Privatbesitz, ist das Gebäude jetzt in gutem Zustand. Wir treffen einen älteren Herrn, der im Vorgarten arbeitet. Er stammt aus Westfalen und hat mit anderen Familien (u. a. der seines Sohnes) als Mietergemeinschaft das Gutshaus mit Park gekauft. Es wird nach und nach restauriert. An der nahe gelegenen Kirche befindet sich eine Begräbnisstätte der Familie von dem Knesebeck, auch die des Erbauers des Jühnsdorfer Herrenhauses.

Klein Kienitz

Hofseite 2012

Klein Kienitz, erstmals im Landbuch Karl IV. erwähnt, sah im Laufe der Jahrhunderte viele adlige und bürgerliche Besitzer aus der Region: u. a. von Liepe, von Schlabrendorf, von Thümen, von Milow, zuletzt von Köppen. Durch Heirat gelangte der Besitz danach an die Familie von dem Knesebeck, anschließend an von Tauentzien. Das Gutshaus in seiner heutigen Form stammt aus dem Jahre 1756, errichtet von Friedrich Bogislav von Tauentzien und seiner Frau Charlotte geb. von dem Knesebeck. 1821 wurde das Gut an den Amtmann Johann Friedrich Julius Dierecke verkauft. Danach wechselten bürgerliche Besitzer mehrfach, bis es Ende des 19. Jahrhunderts an die Familie Wrede aus Kletzke/Prignitz (s. dort) kam. In deren Besitz blieb es bis 1945. (95)

Das Gutshaus, dessen Kellerräume auf einen älteren Vorgängerbau hinweisen, ist mehrfach

umgebaut worden. Ein um 1880 angefügter Turm am Nordgiebel (Abb. links) ist nach 1945 der Spitzhacke zum Opfer gefallen.

Nach dem Ende des Zweiten Weltkrieges waren im Haus zunächst die sowjetische Kommandantur, später Flüchtlinge untergebracht und Wohnungen eingerichtet worden.

Bis 1991 waren hier mehrere Wohnungen vermietet. Nach der politischen Wende, im Jahre 1990, erwarben ein Nachfahre der letzten Gutsbesitzerfamilie Wrede und seine

Frau das Gutshaus und Teile der ehemals zugehörigen Ländereien. Sie restaurierten das heruntergekommene Gebäude und erweiterten das Dachgeschoss. Sie nutzen es zu eigenen Wohnzwecken und zur Vermietung von Wohnraum.

Wir werden bei unserem Besuch sehr herzlich von Frau Wrede aufgenommen und bewirtet. Dabei erhalten wir auch Informationen zum Haus und das historische Foto des Hauses mit Turm.

Märkisch Wilmersdorf

2012

Seit Ende des 17. Jahrhunderts gehörte das Gut Wendisch-Wilmersdorf, wie es damals hieß, der Familie von Schwerin.

Das erste Herrenhaus war ein eingeschossiger Putzbau mit neun Achsen, errichtet 1801 durch Friedrich August Leopold Carl von Schwerin. Auch einen Barockgarten ließ Schwerin anlegen, der 1873 als Landschaftsgarten umgestaltet wurde. Nachfolgend mehrere Jahrzehnte verpachtet, bewirtschaftete Graf Friedrich Kurt Alexander von Schwerin (1856–1934) das Gut wieder selbst. Er ließ 1901 bis 1903 das alte Gutshaus um ein Stockwerk erhöhen und im Tudorstil umbauen. Von Schwerin betrieb intensiv Dendrologie und Botanik und gestaltete den Park entsprechend. „Baumgraf" wurde er daher genannt. 1933 musste er aus finanziellen Gründen das gesamte Anwesen an den Industriellen Arnold Kunheim verkaufen. Der Park verwilderte danach, auch beschleunigt durch Grundwasserabsenkungen.

1945 kam es zur Aufteilung des Gutes, später übernahm es die LPG.

Im ehemaligen Herrenhaus fanden zuerst Umsiedler neuen Wohnraum. Von 1957 bis 1974 waren ein Kinderheim und eine Schule hier eingerichtet, nach 1974 bis 1986 blieb nur das

Kinderheim. Nach 1986 ist eine Renovierung des Hauses begonnen, wegen der Wende aber nicht beendet worden. Es stand lange leer.

Seit 1999 gehört das beeindruckende Anwesen einem Kölner Galeristen, der auch Galerien in Berlin und New York besitzt.

Das Herrenhaus, der Park mit Nebengebäuden und modernen Skulpturen sowie große Teile des Gutshofes sind in einem ausgezeichneten Zustand. In einem der früheren Wirtschaftsgebäude ist ein Atelier eingerichtet, die ehemalige Mühle mit „bewohntem" Storchennest (kleine Abb.) beherbergt eine Galerie. Während Park und Herrenhaus in der Regel für die Öffentlichkeit nicht zugänglich sind, wird die Galerie zur Besichtigung von Ausstellungen nach Absprache geöffnet. Dank der Vermittlung des Freundeskreises der Schlösser und Gärten der Mark in der Deutschen Gesellschaft e.V. bekommen wir mit dem Alumni-Club der Charité die Gelegenheit, Galerie und Park zu besichtigen.

Groß Machnow

Gartenseite 2008

Die Gutsherrschaften von Groß Machnow wechselten häufig, dazu gehörten u. a. die von Arnims und die von Schlabrendorffs. Auch König Friedrich Wilhelm I. war zeitweilig Besitzer, von Wusterhausen aus ritt er hier zur Jagd. Anfang des 19. Jahrhunderts erhielt der preußische Heereslieferant Jean Simeon Coste das Rittergut vom preußischen Staat zur Tilgung der Schulden, die das Heer

bei Coste hatte (5). Dieser veranlasste 1815 den Bau einer großen klassizistischen Guts-anlage, an deren nördlicher Seite das einge-schossige Gutshaus steht. Die Räume im Haus gruppieren sich um einen ovalen Gartensaal, der sich zum Park hin mit einem mit großen Fenstern versehenen Mittelrisalit öffnet. Über dem Eingang auf der Hofseite steht in golde-nen Lettern die Begrüßung „Salve". Dem Haus-eingang gegenüber steht ein mehrgeschos-siger Uhrenturm aus dem Jahr 1885, er gibt dem dreiflügeligen Gutshof ein besonderes Gepräge (Abb. rechts).

Auch nach Coste wechselten die Besitzer des öfteren. Zuletzt, bis 1945, gehörte es der Familie von Schierstedt-Dahlen. Von 1945 bis 1951 diente das Gut der Versorgung sowjetischer Truppen, danach war es Volkseigenes Gut, später LPG für Pflanzenproduktion.

Anfang der 1990er Jahre betrieb eine neu gegründete Agrargenossenschaft im Herrenhaus ein Restaurant, auch Fremdenzimmer waren vorhanden (6). Das Gut kaufte im Jahre 1996 die „Prinz zu Hohenlohe und Banghard GmbH & Co Vermittlungs-KG" von der Treuhand. Im Jahre 2006 wird dann die „Ciema Bau- und Handelsgesellschaft" Besitzer des gesamten Gutes. (195)

Gut und Gutshaus wurden vom nunmehr letzten Eigentümer ab 2006 restauriert. Die west-lichen und südlichen Gutsgebäude einschließlich des Uhrenturmes sind zur Grundschule um-gebaut. Aus dem ehemaligen Gutshof ist jetzt der Schulhof geworden.

Das ehemals dazugehörige Land (ohne Gutshof und Gutshaus) konnten Nachkommen der letzten Besitzer, die Familie von Schierstedt, von der Treuhand zurück erwerben.

Im Jahre 2011 erfahren wir aus einer Pressemitteilung der Gemeinde Rangsdorf, zu der Groß Machnow gehört, dass die Schule das Gutshaus zur Schulspeisung nutzt, der Gartensaal als Aula dient und eine Bibliothek eingerichtet ist. An einem Herbstabend 2012 ist das Haus bei einer Vorbeifahrt hell erleuchtet. Es wird also genutzt!

Zossen

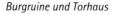

Burgruine und Torhaus

„Haus Zossen", Hofseite 2008

Das ehemalige Schloss wurde im 13. Jahrhundert als Wasserburg angelegt, im 16./17. Jahrhun-dert ausgebaut und im Dreißigjährigen Krieg zerstört. Es ist nur die Ruine einer Bastion erhal-ten und ein durch modernen Putz entstelltes rechteckiges Torhaus (Abb. links oben).

Noch vorhanden ist im Bereich der einstigen Vorburg das ehemalige Amtshaus „Haus Zossen" mit Seitenflügeln über einem H-förmigen Grundriss. Im 17./18.Jahrhundert erbaut und so im Kern noch erhalten, kam es im 19. und 20. Jahrhundert zu baulichen Veränderungen.

Das Amtshaus gehörte zur preußischen Domäne Zossen. 1811 ging diese durch Verkauf an die Gräfin von Mellin, die den Besitz schon nach drei Jahren wieder veräußerte. Danach wechselten bürgerliche Besitzer häufig, zuletzt war es Familie Beußel, die 1945 enteignet wurde. Diese Familie veranlasste den letzten Umbau. Dabei entstanden ein zentraler Eingang sowie der Standerker und der Schweifgiebel eines Seitenflügels auf der Hofseite (Abb. S. 599) (51).

Nach 1950 beherbergte das Gebäude eine Berufsschule. Später, bis nach 1990, war hier der Sitz der Kreisverwaltung Zossen. Während dieses Zeitraums ist an einem Seitenflügel ein Erweiterungsbau Richtung Norden angefügt worden.

Seit einigen Jahren steht es leer, es ist gesichert und das Dach gedeckt. 2012 ist der Beginn von Baumaßnahmen (Ableitungen aus den Dachrinnen) zu registrieren.

Neuhof

Hofseite 2010

Im Wolziger Luch, oberhalb des gleichnamigen Sees, liegt das ehemalige Herrenhaus. 1747 hatte Friedrich II. den Oberamtmann Bethke aus Bötzow bei Oranienburg mit dem Bau eines „Neuen Hofes" im Wolziger Luch beauftragt. Das Gutshaus entstand 1757, in dem Bethke bis zu seinem Tode wohnte (77).

Zu den Eigentümern von Neuhof gehörte zeitweilig (Ende des 19. Jahrhunderts) der Gutsherr von Zossen, Beußel. Ob er vielleicht den Umbau des Gutshauses veranlasst hat? Denn das Gebäude wurde um 1890 im französischen Stil verändert (51).

Den Gutshof nutzte seit 1930 eine Konservenfabrik, die bis 1990 in Betrieb war.

Seit Ende der 1990er Jahre waren Gut und Gutshaus Eigentum einer Handelsgesellschaft aus Hessen, die die Renovierung des zwischenzeitlich herunter gekommenen Hauses veranlasste. Dabei sind einzelne Veränderungen an der Fassaden- und Turmgestaltung (z. B. Erhöhung dessen Daches) vorgenommen und ein Restaurant für eine Ferienanlage im Umfeld eingerichtet worden.

2011 ist in einer Anzeige die Versteigerung der Anlage angekündigt.

Sperenberg

Das Gut in Sperenberg gibt es erst seit 1914 nach dem Kauf des Landes durch den Königlichen Kommissionrat Carl Richter. Er ließ um 1920 den Wirtschaftshof und die Villa als Gutshaus errichten. „Richters Villa" ist an einer Ecke des großen Gutshofes gelegen.

Das Areal erwarb im Jahre 1929 die „Konsumgenossenschaft Berlin" (158), im Gutshaus entstand ein Erholungsheim für die Kinder der Genossenschaftler.

Nach 1950 wurde hier ein Volks-eigenes Gut und eine LPG einge-

2011

richtet, das Gutshaus als Küche und Speisesaal der LPG, Wohnhaus und Kinderhort genutzt (261). Heute steht das schöne Gebäude leer und ist dem Verfall überlassen. Es soll sich wieder im Besitz der Konsumgenossenschaft (51) oder in privater Hand (Angabe eines Ortsansässigen) befinden.

Gadsdorf

Gadsdorf ist im 16. Jahrhundert als Rundlingsdorf entstanden. Es gehörte zum Amt Zossen, ein Lehnschulze war für die Erfüllung der Lehnspflichten verantwortlich.

Das Gut wurde erst um 1800 vom dessen Besitzer Schulze begründet. Zu dessen Familie soll es bis 1945 gehört haben. Das Gutshaus vom Anfang des 20. Jahrhundert gleicht einer Villa. Sie war nach 1945 Mietswohnhaus. Kürzlich haben es mehrere junge Leute aus

2012

Berlin gekauft, die es schrittweise als Wohnhaus restaurieren wollen.

Stülpe

Hofseite 2012

Farblithographie: A. Duncker (1857–1883)

In Stülpe gab es schon 1342 ein festes Haus. Die Besitzer des Rittergutes wechselten häufig, unter anderem befand es sich unter bischöflicher und ab 1550 unter von Hakescher Herrschaft (18).

Von 1648 bis 1945 waren Gut und Herrenhaus im Besitz der Familie von Rochow. Adam Ernst II. von Rochow ließ den zweigeschossigen barocken Putzbau nach Abriss des baufälligen Vorgängerbaus im Jahr 1754 errichten. Auch die beiderseits der Einfahrt zum Schloss stehenden Wirtschaftsgebäude entstanden in dieser Zeit.

Um 1900 wurde das herrschaftliche Wohnhaus erneuert und 1936 eine Freitreppe zum Park angefügt. Der im 19. Jahrhundert angelegte Landschaftspark weist auch heute einen guten Zustand auf.

Zu DDR-Zeiten beherbergte das ehemalige Herrenhaus bis Anfang der 1990er Jahre ein Feierabendheim. Danach stand es leer. Nach einem Brand musste es 1999/2000 vom Landkreis restauriert werden.

Seit 2006 sind Schloss, Nebengebäude und Park im Besitz eines engagierten Ehepaares, das lange in den USA lebte. Sie betreiben u. a. Fahrrad- und Pferdetouristik.

Die Zufahrt zum Herrenhaus wird auch noch heute auf einer Seite vom Pferdestall, auf der anderen vom Gesindehaus eingerahmt. Beide Gebäude sind inzwischen renoviert. In den ehemaligen Gesindewohnungen sind Ferienwohnungen eingerichtet – es sind sehr hübsch gestaltete Räume, teilweise mit Antiquitäten ausgestattet.

Das Schloss selbst wurde unter Berücksichtigung der barocken Raumaufteilung renoviert und modernisiert. Im Obergeschoss gibt es historisch gestaltete Ferienzimmer, der Saal kann als Standesamt genutzt werden. Die parkseitigen Räume im Untergeschoss können für Festlichkeiten, z. B. Hochzeiten, gemietet werden.

Bekannt wurde Stülpe über Brandenburgs Grenzen hinaus durch den 2009 hier gedrehten Film „Ein russischer Sommer", in dem das Anwesen als Wohnsitz Tolstois, Jasnaja Poljana, diente.

Baruth

Kopfbau von West mit Neuem Schloss im Hintergrund 2010

Reichsgraf Otto zu Solms-Sonnewalde erwarb Gut Baruth im Jahre 1596. Fast dreihundertfünfzig Jahre blieb es im Besitz des Familienzweiges Solms-Baruth. Das heute alte Schloss ist 1671 als südlicher Abschluss einer damals vierseitigen Schlossanlage auf den Mauern eines Vorgän-

Frauenhaus 2012

Farblithographie. A. Duncker (1857–1883)
Neues Schloss von Ost noch ohne Kopfbau

gerbaus errichtet worden. Ende des 19. Jahrhunderts mussten drei Flügel wegen Baufälligkeit abgerissen werden. Ab 1883 wurde der noch erhaltene südliche Flügel zum „Frauenhaus" umgestaltet, in dem die verwitweten und unverheirateten Damen der Familie wohnten. Aus dieser Zeit stammt das noch heute vorhandene Haus mit neogotischem Giebel (kleine Abb. oben). An seiner Nordseite gibt es seit 1920, zusammen mit einem neuen Putz, sechs Wappen herrschaftlicher Damen. Sie sind noch heute erhalten und restauriert.

In der zweiten Hälfte des 18. Jahrhunderts entstand nordöstlich des alten Schlosskarrees ein barockes eingeschossiges „Gartenhaus" mit Mansarddach. Es bildet heute den mittleren Teil der neuen Schlossanlage. Im 19. Jahrhundert wurde dieses Gartenhaus in östlicher Richtung um ein klassizistisches zweigeschossiges Gebäude mit Walmdach erweitert. Das nunmehr zweiteilige Ensemble erhielt die Bezeichnung „Neues Schloss" (Abb. Duncker).

Im Jahr 1912 wurde auf der Westseite des „Gartenhauses" des damals zweiteiligen Schlosses noch ein Gebäudeteil, ein Kopfbau, im Stil der Neorenaissance errichtet. Damit war das dreiteilige „Neue Schloss" in seiner heutigen Form vervollständigt (große Abb.).

Zwischen Kopfbau und Frauenhaus errichteten die Besitzer 1920 einen Verbindungsgang aus Fachwerk, er ist nach 1960 teilweise abgebrochen worden. Der an das „Frauenhaus" anschließende Teil konnte bis 2012 restauriert werden.

Nach Plänen von P. L. Lenné ist der Park im Jahre 1838 angelegt worden. Er ist heute weitgehend wieder hergestellt.

Der letzte Besitzer aus der Familie, Graf Friedrich zu Solms, schloss sich während des Zweiten Weltkrieges dem Widerstand gegen Hitler an und war Mitglied des Kreisauer Kreises. Im Zusammenhang mit dem missglückten Attentat auf Hitler 1944 verhaftet und nach Potsdam ins Gefängnis gebracht, überlebte er glücklicherweise. Nach der Freilassung ging zu Solms nach Namibia, wo er bis zu seinem Lebensende Weinbau betrieb (84).

Nach 1945 waren im „Neuen Schloss" Flüchtlingswohnungen, eine Berufsschule und ein Kindergarten einquartiert. Das „Frauenhaus" beherbergte Wohnungen und einen Kinosaal. Letzteres stand seit 1987 leer. 2009 hat die Stadt Baruth mit seiner Restaurierung begonnen. 2012 ist die Fassade fertiggestellt.

Das „Neue Schloss" ist jetzt ebenfalls leer. Allerdings ist der hintere klassizistische Gebäudeteil von der Familie zu Solms 1993 erworben und restauriert worden. Zeitweilig wohnte dort ein Mitglied der Familie, soll aber 2002 angeblich wegen Erbstreitigkeiten wieder ausgezogen sein (141). Im Januar 2012 brach in diesem Teil des neuen Schlosses ein Brand aus. Dach, Obergeschoss und partiell das Erdgeschoss sind zerstört worden. Noch ist unklar, ob ein Wiederaufbau möglich ist. Auch die Finanzierung sei wegen der unsicheren Eigentumsverhältnisse problematisch.

2003 sind dem Fürstenhaus zu Solms-Baruth wegen der Beteiligung am Widerstand gegen den Nationalsozialismus Land und Waldflächen in Brandenburg und Sachsen-Anhalt rückübertragen worden. Um einen Teil der Flächen wird jedoch noch vor Gericht verhandelt (140).

Blankensee

Parkseite 2009

Fontane erzählte, dass Blankensee, *„... die Residenz dieses Fleckchens Erde ...",* womit der Thümensche Winkel in der Nuthe-Nieplitz-Niederung gemeint ist, *... sächsisches Land* (ist), *das sich weit ins Brandenburgische hineinschob, so weit, daß die Entfernung bis Potsdam nicht voll zwei Meilen betrug ...". „Jeder Deserteur wußte davon, und so unbequem der Thümensche Winkel für den König lag, so bequem lag er für den Flüchtling."...* und weiter: *„Am schönsten gelegen ist das Herrenhaus. ... an den Flügeln zwei breite Seenspiegel, und zwischen Schloss und Park ein Wasserlauf, der diese beiden Seenflächen verbindet ... ."* (27)

Der Park entstand um 1830 nach Entwürfen von Lenné. Ein sich nach Süden erweiternder Wasserlauf auf der Westseite bietet durch Brücken, deren Form sich im Wasser spiegelt, einen besonders reizvollen Anblick.

Anfang des 20. Jahrhunderts ist der Park durch Architekturstaffagen und barocke Plastiken aus Italien und Deutschland ergänzt und bereichert worden. Der Schriftsteller Hermann Suder-

Portal 2012

Italienischer Garten

mann hatte hier von 1902 bis 1928 seinen Landsitz und ließ sie aufstellen. Er ließ auch an den barocken Kern des Herrenhauses, das Anfang des 18. Jahrhunderts anstelle eines Vorgängerbaus für die Familie von Thümen errichtet worden war, beiderseits flachere Seitenflügel anfügen. Die Familie von Thümen war seit dem 15. Jahrhundert in der damals (bis 1815) sächsischen Region ansässig. 1902 musste Hans von Thümen aus finanziellen Gründen seinen Besitz an Hermann Sudermann veräußern.

Nach dem Tod des seinerzeit viel gelesenen Schriftstellers ging er in das Eigentum einer nach ihm benannten Stiftung für Not leidende Schriftsteller über. Daher fiel das Anwesen 1945 nicht unter die Bodenreform, wurde aber dennoch geplündert.

Der Stiefsohn Sudermanns wohnte hier bis 1954. Danach befanden sich Gemeinderäume, eine Schule, und ein Kindergarten im Haus. 1994 übergab die Sudermann-Stiftung den Besitz an die Brandenburgische Schlösser GmbH, die 1994 Haus und Park restaurierte. Anstelle des nördlichen Flügels, der schon in den 1970er Jahren wegen Mängeln in der Baugründung abgerissen werden musste, ist ein, wie wir finden, unpassender moderner Neubau entstanden. Begründet damit, dass das Haus für die Akademie der Wissenschaften Berlin-Brandenburg als modernes Tagungszentrum genutzt werden sollte. Diese zog aber schon 2004 aus.

Im Haupthaus werden Gäste in einem Café bewirtet. Die Sudermann-Gesellschaft pflegt ein Zimmer im Obergeschoss mit Möbeln aus des Dichters früherer Wohnung in Berlin. Die übrigen Räume werden von der GmbH zeitweilig zu Tagungen vermietet.

Sehenswert ist auch das Innere der Dorfkirche mit dem Patronatsgestühl aus der Renaissance und einem Taufstein aus der Sammlung Sudermanns. Epitaphe verweisen auf die ehemaligen Herrschaften.

Schönhagen

2008

Seit 1388 war die kursächsische Familie von Thümen im Besitz von mehreren Gütern im „Thümen-
schen Winkel", so von Blankensee, Stangenhagen und Schönhagen.

Die Region kam wie auch andere ehemals sächsische Gebiete 1815 zu Preußen. 1902 endete
die Thümensche Herrschaft im „Winkel", die Güter wurden veräußert (s. a. Blankensee).

Das um 1740 erbaute barocke Schloss und die Gutsanlage sind bei einem Brand vermutlich
im Jahr 1864 zerstört worden, 1895 soll auf dem Ritterberg Schönhagen ein neues Herrenhaus
errichtet worden sein (262). An dieser Stelle wurde um 1910 das neobarocke Landhaus nach
Plänen von Ernst Lessing für Emil Mosse (1854–1911) gebaut. Der Verleger, Bruder und Ge-
schäftspartner des „Pressezaren" Rudolf Mosse, erwarb 1909 das Rittergut Schönhagen, zu
dem das benachbarte Gut Stangenhagen gehörte. Er verlegte seinen Landsitz in das Schönha-
gener Herrenhaus, das in einem waldähnlichen Park mit schönem Baumbestand gelegen ist.
Nach dem Tod ihres Mannes lebte seine Witwe mit ihren drei Kindern bis 1933 weiter in Schönhagen. Ihr Sohn Rudolf, der 1933 starb, betrieb hier und im benachbarten Gut Stangenhagen
Landwirtschaft (42). 1934 musste die Familie ihren Besitz verkaufen.

Während der DDR-Zeit nutzte eine Weiterbildungsstätte für Pädagogen das Herrenhaus.

1994 ist das Haus von der Brandenburger Landesregierung restauriert und noch bis 1997
als Schulungsstätte des Sozialpädagogischen Fortbildungswerkes genutzt worden.

1995 erhielten die Erben der Familie Mosse Gut und Herrenhaus mit Park zurück und veräußerten es an die „Schönhagen Grundbesitz AG & CO. KG". Im Internet bietet diese es 2012
zum Zwecke von Filmaufnahmen und zum Verkauf an.

Bei unserem Besuch war das Haupttor geschlossen. Vom Dorf führt ein Waldweg zu dem
auf einem Hügel liegenden Anwesen. Es erscheint ungenutzt, aber gepflegt.

Im Ort liegt der Flugplatz Schönhagen. 1920 fanden hier erste Segelflugversuche statt.
Später sind sowohl zivile Segelflieger als auch Nachwuchsflieger für das NS-Fliegerkorps aus-
gebildet worden. Nach 1945 übernahm eine Fliegerschule der DDR-Gesellschaft für Sport- und
Technik (GST) das Gelände. Jetzt ist es ein Luftfahrt-Technologie-Park.

Ahrensdorf

Eingangsfront 2010

Das als Jagdschloss „Berdotaris" (nach den Töchtern Berta und Doris) von einem wohlhabenden Trebbiner Bürger gebaute Haus liegt malerisch an einem Teich am Fuße des kleinen Kallenberges.

Von 1936 bis 1941 diente das Anwesen als Hachschara-Stätte namens „Landwerk Ahrensdorf". Hier sind jüdische Jugendliche aus ganz Deutschland auf ihre Ausreise nach Palästina vorbereitet worden. Da sie als Kibbuzim leben und arbeiten wollten, war die Kenntnis landwirtschaftlich-gärtnerischer Methoden unabdingbar.

Nach 1945 entstanden aus den ehemaligen Gewächshäusern am Berg feste Häuser, die zunächst als Kinderheim, später als Altenheim genutzt worden sind.

Jetzt ist die gesamte Anlage von einem Berliner gepachtet, der es als Begegnungsstätte des „Retriever – Vereins" (Hunderasse „Golden Retriever") nutzen will. Die bisher verwahrloste Anlage lässt schon die ordnende Hand des anwesenden Verwalters erkennen, der uns auch über die Geschichte informiert. Das Dach des Hauses ist bereits neu eingedeckt.

Alexanderdorf

Hofseite 2010

Seit 1490 war Cummersdorf Kurfürstliches Domänenvorwerk der Stadt Zossen. Vom Domänenamt kaufte es Anfang des 19. Jahrhunderts Alexander de Rouville, der vor der Französischen Revolution geflohen und preußischer Offizier geworden war. Seit 1814 hieß das Rittergut nach seinem Vornamen Alexanderdorf. Rouville starb hier 1841. Nach einem Zwischenbesitzer gelangte das Gut an den Grafen von Schwerin auf Märkisch Wilmersdorf. Dieser veranlasste 1907 einen Um- und Erweiterungsbau des Gutshauses. Damals entstand der zentrale Turm.

1933 erwarben katholische Schwestern aus Berlin das Gut und richteten ab 1934 im Gutshaus und in den Gebäuden des Gutshofes ein Benediktinerinnenkloster ein, dem sie den Namen St. Gertrud gaben. Die Fassadenelemente des Gutshauses sind bei dessen Restaurierung zur Klausur leider entfernt worden. Nach und nach entstanden in den ehemaligen Wirtschaftsgebäuden Wohn- und Arbeitsräume sowie ein Gästehaus. Eine ehemaligen Scheune ist jetzt eine sehenswerte kleine Kirche, die dem architektonischen Charakter des ursprünglichen Gebäudes entsprechend gestaltet ist. Mit der Einweihung der Kirche im Jahre 1984 erfolgte im gleichen Jahr mit der Weihe einer Äbtissin die Erhebung des Klosters St. Gertrud zur Abtei.

Gutshof und Herrenhaus 1934   *Scheune, zur Kirche umgebaut*

Petkus

Mehr als 160 Jahre war die Familie von Hake Besitzer des Rittergutes Petkus, ehe es über einen Zwischenbesitzer (von Thümen) 1816 an die Familie von Lochow gelangte. Die Lochows waren bis 1945 in Petkus ansässig. Die männlichen Erben des Gutes führten und führen bis heute den Vornamen Ferdinand.

Ferdinand (III) von Lochow begann 1881 mit der Züchtung von Getreide und entwickelte eine widerstandsfähigere Roggensorte als die bis dahin verwendete. Dieser Petkuser Saatroggen erlangte danach europaweite Bedeutung. Das Saatgutgeschäft wurde unabhängig vom Gutsbetrieb als GmbH betrieben und dafür 1936 ein Verwaltungsgebäude errichtet (55).

Auch nach der Enteignung und zu DDR-Zeiten sind die Saatgut-Züchtungen vom „VEB Saatzucht Petkus" weitergeführt worden; auch heute existiert der Betrieb als kleinere GmbH weiter. Die Familie von Lochow baute in Niedersachsen einen neuen Saatzuchtbetrieb auf.

Nach der politischen Wende konnten Vater und Sohn Ferdinand (VI und VII) von Lochow Land und Gutsgebäude pachten, später käuflich erwerben, um wieder einen landwirtschaftlichen Betrieb aufzubauen.

Das frisch renovierte Herrenhaus liegt an der Nordseite eines großen Gutshofes, dessen Gebäude im Wesentlichen saniert sind und auf dem reger landwirtschaftlicher Betrieb herrscht. Lediglich das schöne ehemalige Saatzucht-Haus mit Fachwerkgiebeln steht noch leer, der Zustand ist aber ausreichend gut.

Hofseite 2012

Das Herrenhaus entstand 1858 mit einer Fassadengestaltung durch Gesimse, die heute allerdings nicht mehr vorhanden sind. 1946 musste es wegen eines Brandschadens teilweise neu aufgebaut werden. Dabei erhielt das Gebäude ein Flachdach (51). Danach zog eine Berufsschule ein, die das Haus nach 1990 aber wieder verließ.

Die Familie von Lochow (jun.) erwarb 2007 das Herrenhaus, ließ es nach und nach sanieren und dabei das Dach nach altem Muster gestalten. Sie nutzt es als Wohnhaus und Betriebsverwaltung. Das mit einer Loggia überdachte Portal ist der Betriebseingang!

Im ehemaligen Verwaltungsgebäude der Saatgut GmbH hat die Familie ein Skater-Hotel (kleine Abb.) eingerichtet, das von Frau von Lochow jun. geführt wird.

Ein weiteres Wohngebäude der Familie von Lochow, das „Landhaus", eine als Witwensitz um 1920 errichtete ansehnliche Villa im Ort, wird heute als Wohnhaus vom Ehepaar von Lochow (sen.) genutzt.

Wahlsdorf

Seit 1450 befand sich das Rittergut in adligem Besitz, unter anderem dem der Familien von Schlieben und von Hake. Von der Familie Bohnstedt (s.a. Kaltenhausen) erwarb Anfang des 19. Jahrhunderts die Familie Schwiertzke das Rittergut, sie besaß es bis 1945.

Das Herrenhaus entstand 1914 in neobarockem Stil an der Nordseite des Wirtschaftshofes angrenzend an das alte Gutshaus, das durch einen Brand beschädigt war. Es blieb dennoch, baulich angepasst, als Anbau am Westgiebel erhalten (51).

1945 diente das Gebäude als russisches Lazarett.

Der Anbau (das frühere alte Gutshaus) wurde 1948 abgerissen. An seiner Stelle entstand 1970 eine Turnhalle, denn seit 1949 diente das Haus als Zentralschule. Auch an der Parkseite gibt es einen Erweiterungsbau.

Hofseite 2010

Restaurierungsmaßnahmen für den gesamten Komplex erfolgten im Jahr 2000. Derzeit dient es als Übernachtungsstützpunkt für Jugendliche und Familien.

Auf dem Gutshof fällt ein sehr schönes konkav gestaltetes Wirtschaftsgebäude auf, das die Ostseite des ehemaligen Vierseitenhofes begrenzt.

Liepe

2010

Das Gut Liepe sah im 17. und 18. Jahrhundert wechselnde adlige Herrschaften, u. a. von Hake, von Thümen, von Lochow oder von Freyberg. Ende des 19. Jahrhundert tauchen Besitzernamen auf, die auch auf Nachbargütern Eigentum besaßen, so Pittelko auf Zagelsdorf oder Schwiertzke auf Wahlsdorf.

Das Gutshaus mit flachem Dach und kleiner Loggia im Mittelrisalit stammt wahrscheinlich aus der Wende vom 19. zum 20. Jahrhundert, als eine Familie Tegethof das Gut besaß. Es erinnert an eine italienische Villa. Fassadenschmuck und gegliederte Fenster wurden bei der Renovierung um 1970 entfernt. Es war nach dem Zweiten Weltkrieg zunächst Heimstätte für Umsiedler, später Büro des Volkseigenen Gutes.

Seit 2004 ist es Privateigentum, steht aber bei unserem Besuch noch immer leer.

Markendorf

Hofseite 2010

Vom 16. bis zum 18 Jahrhundert wechselten mehrere bekannte adlige Familien im Besitz des Rittergutes, u.a. von Klitzing und von Stutterheim. Danach kamen bürgerliche Eigentümer.

Die Gutsanlage, ein Vierseitenhof aus dem 19. Jahrhundert, stammt aus der Zeit, als es im Eigentum der Familie Hofmann war. Das zweigeschossige Gutshaus aus dem 18. Jahrhundert wurde um 1900 beidseits erweitert. Familie Hofmann verkaufte das Gut an den Militärfiskus. Nach dem Ersten Weltkrieg wohnten Umsiedler aus dem Elsass im Gutshaus.

1926 wurde der Komplex Eigentum des gebürtigen Bulgaren Haitan. Weil er Ausländer war, ist der Besitz 1945 nicht enteignet worden, eine von der Familie beauftragte Person verwaltete ihn (51). Im Gutshaus residierte ein Kindergarten, der 1989 auszog. 1993 verkauften die Haitan-Erben das Gut. Der neue Besitzer hat offenbar keine Pläne zum Erhalt der Anlage.

Alle Gebäude stehen leer und sind dem Verfall preisgegeben. Der wohlproportionierte Gutshof präsentiert sich dem Besucher in einem beklagenswerten Zustand.

Kaltenhausen

Eingangsfront 2010

Gut Kaltenhausen entstand im 15. Jahrhundert als Vorwerk des Klosters Zinna. Nach der Auflösung des Klosters kam es zum Amt Zinna, das ab 1764 zu den Hohenzollern gehörte. Das landesherrliche Vorwerk bewirtschafteten zunächst Pächter.

Der letzte Pächter, Amtmann Bohnstedt, erwarb 1832 das Gut, von nun an Rittergut. Sein Sohn ließ das neue Herrenhaus 1904 anstelle eines Vorgängerhauses im Jugendstil/Neobarock errichten. Das stattliche Haus liegt gegenüber einem dreiseitigen Wirtschaftshof. Es ist auf Park- und Hofseite ähnlich gestaltet, früher gab es auf der Parkseite noch einen Altan, der nicht mehr existiert.

Ab 1945 betrieb die sowjetische Militäradministration ein Versorgungsamt im Gutshaus. Später wurde das Gut VEG. Das Gutshaus diente als Lehrlingswohnheim und als Schule, die sich bis 2003 hier befand.

Jetzt gehören Haus und Garten einem Ehepaar aus Berlin, welches das beeindruckende Anwesen sukzessive restauriert. Der Hausmeister lässt uns in den Garten ein, der schon die pflegende Hand erkennen lässt. Im Park steht noch die zur ehemaligen Schule gehörende und zu DDR-Zeiten gebaute Turnhalle.

Nicht weit vom Gut Kaltenhausen entfernt laden die Kirche und Abtkapelle des ehemaligen Zisterzienserklosters Zinna zu einem Besuch ein. Auch die auf Veranlassung Friedrich II. angelegte quadratische Stadt Kloster Zinna, damals eine moderne Weberkolonie, ist einen Besuch wert.

Waldau (Jüterbog)

2012

Ursprünglich wurde das Gut Waldau als Vorwerk des Gutes Kappan, dessen Gutshaus nicht mehr existiert, gegründet.

Mit Kappan gelangte Waldau 1727 als Domäne an das Amt Jüterbog, später an das Amt Zinna (51). Die Pächterfamilie beider Güter, Hauffe, erwarb diese 1829 und blieb Eigentümer bis nach 1929 (250).

Nach 1945 war Waldau Teil des Volkseigenen Gutes Kaltenhausen. Im Gutshaus wurden Wohnungen eingerichtet. Jetzt ist es leer.

Das baulich veränderte Gutshaus begrenzte den ehemaligen Vierseitenhof auf der Westseite. Sein Haupteingang befindet sich auf der Hofseite. Ein würfelförmiger eingeschossiger Anbau am Südgiebel kam wahrscheinlich später dazu.

Hohenahlsdorf

Das Rittergut Hohenahlsdorf war seit 1571 über mehrere Generationen im Besitz derer von Schönermark bis es an den Amtmann (von) Wollkopf gelangte. Er ließ das Gutshaus um 1790 als Fachwerkbau mit Mansarddach errichten. Nachfolgender Besitzer wurde durch Heirat von Erdmannsdorf, anschließend erwarb es die Familie Becker, nach 1929 Herr Baath (250).

Das Herrenhaus steht an der Stirnseite eines Wirtschaftshofes, der allerdings kaum noch erkennbar ist. Auf der dem vormaligen Gutshof gegenüberliegenden Seite des Hauses kommen wir zu einen kleinen Park mit altem Baumbestand und einem kleinen Teich.

Gartenseite 2010

Bis etwa 1995 wurde das Gutshaus als Schule genutzt. Seither versuchen Gemeinde und ein Förderverein das denkmalgeschützte Gebäude zu erhalten.

Die südöstliche Ecke des Hauses musste nach einem Brand in den 1970er Jahren erneuert werden und weist daher kein Fachwerk auf.

Zellendorf

2012

Das aus gelben Backsteinen gebaute Haus von 1908 erinnert an eine Stadtvilla. Es wurde anstelle eines Vorgängerbaus durch den Gutsbesitzer Paul Günter errichtet. Das Erscheinungsbild des Gutshauses ist – bis auf das Fehlen des früher vorhandenen Zeltdaches auf dem Turm – unverändert geblieben.

Rückwärtig lag der Gutshof, von dem jedoch nur noch ein Speicher und die Reste eines Taubenhauses erhalten sind.

1945 nahm sich die Gutsbesitzerfamilie beim Einmarsch der Roten Armee das Leben (51).

Im Gutshaus kamen später eine Schule, danach die Gemeindeverwaltung und eine Bibliothek unter. Nach längerem Leerstand ist es jetzt wieder als Wohnhaus in privater Hand.

Dahme

1920   *2010*

Kavaliershaus

Obwohl das ehemals prachtvolle Schloss nur noch als Ruine vorhanden ist, lohnt sich eine Betrachtung des imposanten Bauwerks, ebenso wie ein Besuch des Städtchens Dahme.

Die Herrschaftszugehörigkeit von Dahme wechselte häufig. Bedeutung erlangte das Städtchen durch den Handel, da es an der Lüneburger Salzstraße liegt. Vor allem aber durch die zeitweilige Ansiedlung der Herzöge von Sachsen-Weißenfels wuchs der Bekanntheitsgrad. Die Herzöge ließen hier anstelle von Vorgängerbauten von 1712 bis 1713 durch den Hofbaumeister Johann Christoph Schütze (1687–1765) ein Barockschloss als eine repräsentative Nebenresidenz errichten. Nach 1815, als die Region zu Preußen kam, ist das Schloss als Adelssitz nicht mehr genutzt worden. Der neue Besitzer, die Stadt Dahme, baute es nach 1880 zur Schule um. 1940 ging es an den Staat, der eine Polizeischule einrichten wollte und mit der Restaurierung begann. Zur Vorbereitung der Baumaßnahmen wurde das Dach entfernt und dafür ein Notdach errichtet, das bis nach Beendigung des Krieges erhalten blieb. 1956 sollte die Sanierung fortgesetzt werden, erste Maßnahmen sind jedoch schon zwei Jahre später wieder eingestellt worden. Danach verfiel das Gebäude zur Ruine. In den Jahren 2002 bis 2005 erfolgte eine bauliche Sicherung der Ruine, sie ist jetzt teilweise begehbar. Eine Rekonstruktion des Schlosses wurde wohl aus finanziellen Gründen ausgeschlossen. (80)

Das hinter dem ehemaligen Schloss zur Parkseite hin gelegene Kavaliershaus, ebenfalls vom Schlossbaumeister Schütze 1721 errichtet, ist restauriert und dient heute als Sitz verschiedener Firmen. Es ist für die Öffentlichkeit nicht zugänglich.

Sehenswert ist auch das herzogliche Kornhaus, ein mächtiger Fachwerkbau von 1724, einstmals an einer Seite des Schlosshofes gelegen (kleine Abb.).

Kemlitz

Gartenfront 2010 (2012

Ein Rittergut existierte in Kemlitz seit dem 16. Jahrhundert. Seine Herrschaften, u. a. von Weltewitz, von Falcke und von Pflugk, verpachteten es zumeist. 1866 bis 1945 war die Familie von Schlieben im Besitz des Gutes.

An dem aus der ersten Hälfte des 18. Jahrhunderts stammenden Herrenhaus mit älterem Kern sind unter den von Schliebens im 19. Jahrhundert Veränderungen vorgenommen worden.

So sind der Treppenturm und die italienisch anmutende Loggia auf der Gartenseite in dieser Zeit entstanden. Die Hofseite ist schlichter gestaltet.

Das Gutshaus grenzt an einen großen Wirtschaftshof mit einzelnen erhaltenen historischen Stallgebäuden. Nach dem Zweiten Weltkrieg diente das Gutshaus zu Wohnzwecken und als Verwaltungsbüro des nunmehr Volkseigenen Gutes.

Der Gutshof mit einem Gästehaus gehört jetzt der AWO als Ferieneinrichtung.

Das Gutshaus selbst steht leer. 2012 ist es immer noch unbenutzt und auf der Hofseite fast zugewachsen.

Gebersdorf

Parkseite 2012

Erste Herrschaft auf dem Rittergut Gebersdorf war im 17. Jahrhundert die Familie von Schlomach. Durch Heirat kam es in den Besitz derer von Kleist, die das Gut von Verwaltern bewirtschaften ließen.

1931 musste es aus finanziellen Gründen verkauft werden. Nach einem Zwischenbesitzer wurde der Verleger Ackermann aus Leipzig Eigentümer. Sein Sohn führte das Gut bis 1945.

um 1930

Das neunachsige Gutshaus mit Mansarddach, das gestaffelte Gauben auf beiden Seiten aufweist, ist nur noch der Rest des ehemaligen Herrenhauses. Vielleicht ist es auch der älteste

Teil. Die wahrscheinlich später angefügte Verlängerung mit beidseitigen Risaliten und einem quer dazu stehenden Anbau wurde nach 1945 abgerissen. Anstelle dessen entstand später ein eingeschossiger Flachbau, als Konsumverkaufsstelle genutzt. Im Resthaus waren bis 1990 Lehrlinge und eine Betriebsküche untergebracht.

Nach langem Leerstand hat es eine junge Familie aus Berlin mit einem bekannten Namen erworben. Sie ist, wie wir uns überzeugen konnten, mit der Restaurierung der Innenräume schon ein ganzes Stück vorangekommen. Die eingebauten Fenster entsprechen zwar nicht ganz den Vorstellungen des Denkmalschutzes, sie sind dennoch ganz ansehnlich. Das Haus soll ein ländliches Feriendomizil werden. Überrascht sind wir, als wir das historische Foto gezeigt bekommen (und ablichten), wie groß das Herrenhaus einmal war.

Zagelsdorf

Hofseite 2010

Gut Zagelsdorf galt im 18. Jahrhundert als „Küchengut" des Schlosses Dahme, da hier neben der Gutshofwirtschaft auch eine Gärtnerei betrieben wurde.

Die (Erb-)Pächter wechselten mehrmals, seit 1832 war es die Familie Pittelko, später durch Heirat Braumüller. Der Gutsbesitzer Pittelko erweiterte das vorhandene Gutshaus um ein Stockwerk. Zuletzt gehörte das Gut der Familie Werner, die es 1935 an eine Siedlungsgemeinschaft verkaufen musste.

Im Gutshaus etablierte sich danach eine Bildungseinrichtung. Nach 1945 entstanden Umsiedler-Wohnungen, das Gut diente als Gärtnerei.

Jetzt ist das Gutshaus Begegnungsstätte des Christlichen Missionswerkes „Josua". Das sieben-achsige dreigeschossige Herrenhaus mit Flachdach ist in seiner Struktur erhalten, die Fassaden-gliederung allerdings beseitigt, ebenso die frühere Fensterstruktur.

Reinsdorf

Gartenseite 2010

Anfangs ein eigenständiges Gut, kam Reinsdorf 1791 als Vorwerk zum Amt Jüterbog. 1872 erwarb es Johann Georg Siemens, der seit 1858 in Ahlsdorf (EE) ansässig war. Im Besitz der Familie Siemens (später durch Heirat Schrader) blieb es bis 1945. Georg Siemens ließ das 1848 erbaute Herrenhaus 1900 um ein Stockwerk erweitern und modernisieren.

Daran schließt sich ein großer Wirtschaftshof an, von dem mehrere Gebäude recht gut er-halten sind. Er wird teilweise genutzt.

Nach dem Zweiten Weltkrieg zog in das Gutshaus eine Schule ein, die ihren Betrieb in den 1970er Jahren einstellte. Danach ist an der westlichen Seite ein Bettenhaus angebaut und der Komplex bis 2004 als Feierabendheim betrieben worden.

Vor kurzem hat ein Münchener das Haus gekauft, erfahren wir von einer Dorfbewohnerin.

Wiepersdorf

Das barocke Herrenhaus, wie es im mittleren Teil noch heute zu erkennen ist, entstand anstelle eines festen Hauses im Jahre 1734 unter Baron von Einsiedel. 1784 verbanden die Arnims ein-geschossige Flügelbauten mit dem barocken Mittelteil, nachdem Joachim Erdmann von Arnim auf Friedenfelde (UM) das Ländchen Bärwalde mit Wiepersdorf 1780 gekauft hatte.

Ab 1814 war das Haus Wohnsitz von Erdmanns Sohn, Ludwig Achim von Arnim (1781–1831) und seiner Frau Bettina, geb. Brentano (1785–1859). Während Bettina bald mit ihren Kindern

Schloss und Orangerie   2010

nach Berlin zurückkehrte, blieb Achim bis zu seinem Tode als Landwirt und Dichter in Wiepersdorf. Er veranlasste die Verlegung des Gutshofes von der Fläche vor dem Herrenhauseingang auf ein Areal südöstlich des Ensembles.

Ein erneuter Umbau in neobarockem Stil erfolgte um 1885 durch den Historienmaler und Enkel des Paares, Achim von Arnim (1848–1891). Dabei hat dieser den Nordflügel zu einem Atelier mit eigener Deckenmalerei umgestaltet (heute zusammen mit zwei Nachbarräumen als Museum eingerichtet). Der Südflügel erhielt einen weiteren schräg ansetzenden Flügel. An der Parkseite wurde der leicht asymmetrische Mittelrisalit mit Terrasse und Balkon angefügt. Auch der Park wurde von Achim von Arnim neu gestaltet. So schuf er ein Blumenparterre, zu dem eine Treppe von der Terrasse des Hauses führt, mit Skulpturen, die der Künstler aus Italien mitgebracht hatte. Auf der einen Seite des Parterre liegt der Schlossteich und auf der anderen Seite steht die 1888 errichtete Orangerie.

Die im Park gelegene 1885 neoromanisch umgebaute Kirche war ursprünglich eine Feldsteinkirche ohne Turm. An der Südwand des hohen Saalbaus schließt sich das Erbbegräbnis derer von Arnim an – mit den Gräbern u. a. von Bettina, Ludwig Achim und Achim (Abb. rechts).

Die Arnims blieben bis 1945 Besitzer. Nach deren Enteignung übernahm, unterstützt durch Bemühungen einer Urenkelin des Dichterpaares, Frau Bettina (!) von Arnim, zunächst die „Dichterstiftung e.V." – später der Schriftstellerverband der DDR – als Rechtsträger das Haus und den Park. Für Schriftsteller aus der DDR und dem Ausland sollte damit ein Refugium für die künstlerische Arbeit und zur Erholung geschaffen und der Bestand des Anwesens gesichert werden.

Restaurierungen erfolgten von 1974 bis 1980 und nach 1990. Das „Künstlerhaus Schloss Wiepersdorf", wie es heute heißt, befindet sich in Trägerschaft der Deutschen Stiftung Denkmalschutz.

Bei unserem Besuch im Frühling präsentiert sich das Anwesen im Sonnenschein von seiner schönsten Seite. In der Orangerie stehen noch die Kübelpflanzen, die im Sommer im Park verteilt werden. Hier können wir auch Kaffee, Kuchen und Wein erwerben und uns danach im sonnigen Park ergehen. Leider sind im Schloss nur die zwei kleinen Museumszimmer und das ehemalige Atelier Achims v. A. zu besichtigen.

Die übrigen Räume im Gästehaus, die zusätzlich zu den Unterkünften für die geförderten Poeten im langen Seitenflügel eingerichtet sind, kann nur der Hausgast betreten, der die angebotenen Übernachtungsmöglichkeiten nutzt..

Bärwalde

2010

Von der einstigen Burganlage, 1294 erstmals als Mittelpunkt der Herren von Bärwalde im Gefolge der Askanier erwähnt, ist als letzter Rest der gotischen Burgruine der 1998 restaurierte Turm aus Raseneisenstein erhalten geblieben. Die Herrschaft im Bärwalder Ländchen wechselte mehrfach.

Im 17. Jahrhundert sind die Burggebäude durch die Familie von Leipzigk zu einem Schloss umgebaut und erweitert worden. Vom nachfolgenden Besitzer, Baron von Einsiedel, erwarben 1780 die von Arnims aus Zernikow (Ruppiner Land, jetzt OHV) das „Ländchen".

Die Freiherren von Arnim zu Wiepersdorf und Bärwalde nutzten beide Güter während ihrer Herrschaft. Schon zu Bettinas und Achims Zeiten war das Schloss zur Hälfte abgebrannt. Der übrig gebliebene Teil wurde von einem Inspektor bewohnt und diente als Kornspeicher (3).

Vom ehemaligen Schloss, 1945 gesprengt und anschließend abgetragen, sind nur noch Mauerreste vorhanden.

Der noch Wasser führende Burggraben und der Burgwall sind in der Nähe der Anlage gut zu erkennen.

Landkreis Uckermark

Schenkenberg

Parkseite 2008

Der Gutshof, dessen Backstein-Wirtschaftsgebäude noch teilweise erhalten sind, wird an der Stirnseite durch das ehemalige Gutshaus begrenzt. Bedeckt von einem Krüppelwalmdach ist es in relativ gutem Zustand, allerdings sind die Fenster in der unteren Etage verändert. Es wird als Gaststätte und Minimarkt sowie zu Wohnzwecken benutzt.

Schenkenberg, im 13. Jahrhundert erstmals erwähnt, hatte viele Besitzer. So unter anderem Prinz von Braunschweig, dessen Wappen (kleine Abb. rechts) sich über dem Eingang an der Parkseite befindet. Letzter Gutsbesitzer war die aus Norwegen stammende Familie Nordahl.

Das Gutshaus wurde 1915 durch einen Brand zerstört und bis 1917 wieder aufgebaut (4).

Vor dem Brand hatte das Gebäude einen zweigeschossigen siebenachsigen Mittelteil und zwei einstöckige elfachsige Flügelanbauten, von denen jetzt nur noch der offenbar leer stehende östliche Flügel (kleine Abb. links) erhalten blieb. Im westlichen Flügel war der Brand ausgebrochen (4).

Auf dem benachbarten Kirchhof steht ein Gedenkstein mit folgender Inschrift: „Rittergutsbesitzerfamilie Karl Johann und Else Nordahl und Wolfgang und Annelore Nordahl - 1901 bis 1945".

Zu Schenkenberg gehört dessen ehemaliges Vorwerk **Dauerthal.** Das Gutshaus (Abb. rechts) wurde um 1900 gebaut. Es ist heute Sitz einer Firma, die Strom aus erneuerbarer Energie erzeugt.

Die modernen eigentlichen Firmengebäude in der Nachbarschaft sind deutlich größer!

2011

Klockow

Hofseite 2008

Das idyllisch an zwei Seen gelegene Herrenhaus, eine Dreiflügelanlage, ist vom Verfall gezeichnet. An den südlichen Flügel des Gutshauses grenzen zwei L-förmig angeordnete Wirtschaftsgebäude, die ebenfalls dem Verfall preisgegeben sind. Dieser Gebäudekomplex – Gutshaus mit Wirtschaftsflügel – bildet die Stirnseite eines langgestreckten Gutshofes, dessen Bauten vom Ende des 19. Jahrhunderts teilweise noch recht gut erhaltenen sind. Der an das Haus anschließende verwilderte Park liegt zwischen einem kleineren Haus-See im Norden und dem südlichen Klockower See.

Erste Besitzer des Rittergutes Klockow waren die Familien von der Schulenburg und von Hase. Nachfolger waren die Herrschaften von Aschersleben. Diese ließen das zunächst einflügelige Herrenhaus, einen verputzten Fachwerkbau, in der zweiten Hälfte des 18. Jahrhunderts errichten. Unter den folgenden Besitzern, den von Arnims, erfolgte um 1820 der Anbau der parkseitigen eingeschossigen Flügel an das Gutshaus. Der Dachausbau mit zweigeschossiger Portalachse, bekrönendem Dreieckgiebel und seitlichen Dachgauben mit Zinkgussakroterien erfolgte 1865 (16). Das Haus war zu dieser Zeit im Besitz von Hermann von Boddien, dem Ehemann der ältesten Tochter derer von Arnim. (92)

Zuletzt befand sich das Gut im Besitz der Familie Stege, die das Gutshaus und den Gutsbetrieb modernisierten (4). Deren Ländereien und der Gutshof wurden 1949 enteignet und das Gut volkseigen.

Jetzt in privater Hand, verfällt das seit 1990 leere und unter Denkmalschutz stehende Gutshaus weiter.

Tornow

Hofseite 2008

Das Herrenhaus bildet die Stirnseite eines vierseitigen Gutshofes. Es steht unter Denkmalschutz und ist anscheinend nicht bewohnt. Seit 1997 ist es Privatbesitz, nach Auskunft eines Dorfbewohners ist der Eigentümer Berliner. Am Eingang ist ein Schild angebracht „Umbaukunst".

Der ehemalige Rittersitz gehörte lange der Familie von Holtzendorff, die das Gutshaus 1772 erbauen ließ. Es wurde als zweigeschossiger durch Lisenen gegliederter Putzbau mit Mansarddach errichtet. 1842 erwarb die Familie Lindenberg, später durch Heirat mit dem Namen Schulz, das Gut. In deren Besitz blieb es bis 1945. Sie ließ um 1860 einen eingeschossigen Südanbau anfügen. 1865 wurde das barocke Gutshaus nach Plänen von Friedrich Hitzig um zwei Achsen und ein oktogonales Treppenhaus mit Zinnenkranz erweitert.

Das schöne in sich geschlossene Gut mit um 1900 erbauten Wirtschaftsgebäuden aus Backsteine weist einen besonders beeindruckenden Speicher auf (Abb. links).

Tornow war durch seine Pferdezucht seit dem 19. Jahrhundert weit bekannt. Nach 1945 beherbergte das Herrenhaus Flüchtlinge, später diente es weiterhin Wohnzwecken und kommunalen Einrichtungen.

Werbelow

Parkseite 2008

Das Gutshaus aus dem Jahr 1755 ist ein Putzbau mit hohem Mansarddach. Es bildet die „Breitseite" des denkmalgeschützten Vierseiten-Gutshofes.

Werbelow war ursprünglich ein von Arnimsches Rittergut. Der preußische Staatsmann Heinrich Friedrich Graf von Arnim-Heinrichsdorff-Werbelow (1791–1859) wurde hier geboren. 1882 erwarb die Pächterfamilie Flügge das Gut von den Arnims. Ab 1901 war Amtsrat Hans Karbe der Besitzer, er war auch Pächter von Potzlow und Blankenburg (215). Danach gehörte das Anwesen der Familie Rose.

Zu DDR-Zeiten war der Gutshof Teil der LPG. Das Herrenhaus diente als Lehrlingswohnheim und beherbergte Wohnungen bis 1993. Im Jahre 2008 ist es noch immer leer. Die Gutsgebäude aus Backstein vom Anfang des 20. Jahrhundert werden landwirtschaftlich genutzt.

Auf dem Friedhof erinnert ein Erbbegräbnis aus dem Jahre 1875 an die Gutsbesitzerfamilie Flügge.

Bei einem Abstecher 2011 erfreuen uns ein frisch gedecktes Dach und fortgeschrittene Restaurierungsarbeiten an der Fassade des Herrenhauses. Ein Jahr später erfahren wir, dass das Haus von einem jungen Paar, welches das Gut seit einigen Jahren in einer GbR bewirtschaftet, mit Hilfe von Fördermitteln saniert werden konnte. Es erhielt dafür den Brandenburgischen Denkmalpreis 2012.

Lübbenow

Seeseite 2008

Farblithographie. A. Duncker (1857–1883)

Das sehr gut erhaltene Herrenhaus ist Bestandteil eines Gutshofes aus Feld-/Backsteinbauten, unweit des Lübbenower Sees. Auf einer kleinen Anhöhe errichtet, bietet sich von der Terrasse des Hauses auf der Parkseite ein lieblicher Blick auf eine große Wiese mit Pferdekoppel und den See.

Heinrich Gottfried von Dargitz kaufte 1763 das Rittergut. Sein Enkel, Heinrich Carl August von Stülpnagel-Dargitz, ließ anstelle eines 1738 errichteten Herrenhauses von 1824 bis 1826 das jetzige Gebäude errichten (18). Es ist ein zweigeschossiger Putzbau mit Sockelgeschoss. Lisenen an den Hausecken wiederholen sich beidseits des Mittelteiles an der Hof- und an der Seeseite. Das Portal auf der Hofseite ist über eine Freitreppe zu erreichen, die von einem Balkon überfangen ist (16).

Das Gut blieb bis 1945 im Besitz derer von Stülpnagel-Dargitz. Bis 2004 wurde das Herrenhaus dann als Schule genutzt. In den Jahren 2005/06 saniert, wird es als „Ferien-Schloss" angeboten.

Bei unserem Besuch treffen wir Gäste des Hauses an, es sind mehrere Familien mit ihren Kindern. Sie erzählen uns, dass sie das Haus für ihren Urlaub gemietet haben und gestatten uns auch einen Blick in die Innenräume. Der frühere Saal ist jetzt ein großer, elegant wirkender Gemeinschafts- und Speiseraum, ein Ausgang führt auf die Terrasse. Die Küche ist groß und modern ausgestattet. 16 Schlafzimmer, überwiegend mit Bädern verbunden, geben bis zu 34 Personen Unterkunft. Wir sind sehr angetan von Haus und Umgebung.

Der anschließende Gutshof bedarf allerdings noch einiger Investitionen. Ein hübscher Fachwerkturm auf einem der Wirtschaftsgebäude bietet Störchen ein Nist-Quartier.

Wolfshagen

Blick von der Burgruine zum Denkmal der Befreiungskriege und zur Kirche

Von der ehemals stark befestigten Burg, die am südlichen Ufer des Haussees errichtet und im 30jährigen Krieg zerstört worden ist, sind nur der Bergfried und Umfassungsmauern vorhanden. Die Burg war bis zum Ende des 17. Jahrhunderts im Besitz der Familie von Blankenburg, dann übernahmen sie die Grafen von Schwerin. Der königlich preußische Kammerherr Otto von Schwerin, Comthur von Lietzen, ließ im 18. Jahrhundert an der Südspitze des Sees, gegenüber der Burg, ein prächtiges Herrenhaus errichten (Abb. Duncker). Leider ist es ist 1945 ausgebrannt und anschließend abgetragen worden.

Farblithographie. A. Duncker (1857–1883)

Der Ort, das ehemalige Gutsdorf Wolfshagen, weist aber noch andere bemerkenswerte Bauzeugnisse aus dem 19. Jahrhundert auf. Im Stil von Gillys Landbauschule sind vom Gutshof der Speicher aus rotem Backstein und das eingeschossige Verwalterhaus aus dem 18. Jahrhundert noch erhalten. Das Verwalterhaus ist allerdings in einem bedauerns-

werten Zustand. Dagegen sind Gasthaus, Schmiede und Waage, alles einheitlich gestaltete rote Ziegelbauten, in guter Verfassung. Fischerhaus, Gärtnerhaus (kleine Abb. S. 629) und das ehemalige Preußische Zollhaus sind Bauten aus Spaltstein mit neugotischer Ziegelgliederung.

Ein Backstein-Obelisk, die Königssäule, und das etwas entfernt auf einem Hügel am Ostufer des Sees gelegene Backsteindenkmal für die Befreiungskriege von 1813 sind ebenfalls beeindruckende Baudenkmale des 19. Jahrhunderts.

Die neogotische Kirche aus dem Jahr 1858 (Abb. links) mit dem seitlich davon errichteten Erbbegräbnis der Familie von Schwerin ist am östlichen Dorfausgang gelegen.

Die ursprünglich barocke Parkanlage gestaltete Lenné im 19. Jahrhundert unter Einbeziehung der Burgruine in einen Landschaftspark um. Reste davon sind noch zu erkennen.

Amalienhof

Hofseite und Südanbau 2012

Wenige Kilometer nordöstlich von Wolfshagen liegt dessen ehemaliges Vorwerk Amalienhof, das später als Rittergut geführt wurde.

Das ursprünglich siebenachsige Verwalterhaus des Vorwerks aus dem 18. Jahrhundert erhielt im 19. Jahrhundert am südlichen Giebel einen Anbau. Dessen Giebel ist wiederum zur Hofseite hin ausgerichtet, somit ergibt sich ein T-förmiger Grundriss. Von 1840 an wurde das nun selbständige Gut verpachtet. Letzte Pächterin war die Familie von Marschall.

Nach 1945 zogen Flüchtlinge in das Gutshaus ein, der Besitz wurde aufgeteilt. Das Haus ist bis heute Wohnhaus und wird seit einigen Jahren von zwei Familien privat genutzt. Im südlichen Anbau des Gutshauses wohnt eine Malerin. Sie empfängt uns herzlich und lässt uns das Haus und ihre Bilder betrachten. Obwohl uns einige ihrer künstlerischen Arbeiten gut gefallen, können wir uns zu einem Kauf noch nicht entschließen

Der kleine Wohnplatz Amalienhof besteht aus nur wenigen Häusern, die sehr schön restauriert sind. Am auffälligsten ist ein ehemaliges Wirtschaftsgebäude direkt neben dem Gutshaus, dessen Giebel ein Turm ziert. Früher war es ein Wasserturm, heute ist er zu Wohnzwecken ausgebaut (Abb. rechts).

Bülowssiege

Hofseite 2011

Das zum Besitz derer von Schwerin zu Wolfshagen gehörende Vorwerk Bülowssiege ist nach dem siegreichen General der Befreiungskriege (1813–1815) benannt.

An der Stirnseite des hufeisenförmigen Gutshofes steht das frühere Verwalterhaus, am Anfang des 19. Jahrhunderts (wie einige Gebäude in Wolfshagen) mit Spaltstein-Ziegel-Material in neugotischer Ziegelgliederung erbaut. Es ist heute – ebenso wie die noch vorhandenen Feldstein-Wirtschaftsgebäude – wieder in Besitz von Detlef Graf von Schwerin und seiner Frau Kerrin und beeindruckend restauriert.

Eine ehemalige Scheune dient als Veranstaltungsraum u. a. für ländliche Sommerkonzerte.

Schlepkow

2012

Das Rittergut Schlepkow gehörte ebenfalls zum Besitz der Grafen von Schwerin zu Wolfshagen.

Das ursprüngliche Gutshaus wurde um 1900 umgebaut und erweitert. Die Rückseite ist wie der östliche Giebel in Fachwerk-Backstenbauweise gestaltet. Nach 1945 waren Wohnungen darin untergebracht. Heute gehört es Privatleuten aus dem Rheinland, wie wir von einer Dorfbewohnerin erfahren. Sie seien selten im Ort. Nur ein kleiner Teil des Hauses wird genutzt, der Rest ist leer und zeigt Verfallserscheinungen.

Groß Sperrenwalde

Gartenseite 2012

Von der ehemaligen Gutsanlage Groß Sperrenwalde, bis 1945 in von Arnimschen Besitz, existieren nur noch der Speicher und das ehemalige Verwalterhaus. Beide stehen unter Denkmalschutz. Das ehemalige Herrenhaus gibt es nicht mehr, an dessen Stelle wurde um 1970 ein Mietswohnhaus errichtet

Das Gutsverwalterhaus ist nach 1945, wie so oft, zur Unterkunft für Vertriebene und Flüchtlinge, später dann als LPG-Küche und -Büro und als Wohnraum genutzt worden.

Nach längerem Leerstand ist es jetzt wieder in privater Hand und wird nach und nach restauriert.

Gollmitz

Straßenseite 2008

Prägender Teil des großen Wirtschaftshofes ist das Gutshaus, um 1900 im Heimatstil errichtet. Sein Zustand ist äußerlich als eher mäßig zu beschreiben. Zur Hälfte steht es leer, zur anderen Hälfte wird es als Kindergarten genutzt.

Im 15. und 16. Jahrhundert war das Rittergut Gollmitz Wohnsitz der Familien von Kerkow und von Arnim. Im Dreißigjährigen Krieg wurde der Ort „wüst": Später war die Familie von Oertzen auf Gollmitz ansässig. Die verwitwete Reichsgräfin von Callenberg, geb. von Oertzen, leitete das Gut von 1772 bis zu ihrem Tode 1815 sehr erfolgreich. Mit ihrem Tod endete die Zeit der Familie von Oertzen in Gollmitz. Es folgten die von Arnims, in deren Besitz es bis 1945 blieb. Das Gut wurde durch einen Verwalter geführt.

In der Kirche entstand im 18. Jahrhundert die Gruft der Familien von Oertzen und von Callenberg. Familienangehörige sollen darin als Mumien erhalten sein (236).

Nicht weit vom Gutshof entfernt, an einem Fließ gelegen, das Verbindung zum Mühlenteich hat, steht eine ebenfalls denkmalgeschützte Mühle mit Mühlrad, sehr schön restauriert.

Jagow

Ruine des Gutshauses 2008 (2012)   *Farblithographie. A. Duncker (1857–1883)*

Jagow hatte im 13. und 14. Jahrhundert als Standort einer Vogtei und Probstei überregionale Bedeutung Ein altes märkisches Adelsgeschlecht erhielt hier an seinem ursprünglichen Hauptsitz den Namen Jagow. Arnoldus de Jagow, mit dem die Stammreihe beginnt, wird 1268 erstmals urkundlich erwähnt.

Seit dem 14. Jahrhundert war Jagow dann im Besitz der Familie von Holtzendorff. Diese war bis 1945 hier ansässig. Ihr Herrschaftssitz wurde durch Krieg und Brand mehrfach zerstört. Carl von Holtzendorff ließ von 1837 bis 1839 das letzte Herrenhaus schlossähnlich errichten (Abb. Duncker). Sein Sohn erweiterte um 1850 die Parkanlage.

Im Jahre 1991 brannte das Herrenhaus nochmals und vermutlich endgültig aus. Die Ruine lässt die frühere Pracht noch heute erahnen. Der Park existiert nicht mehr. Nur das Holtzendorffsche Erbbegräbnis ist noch vorhanden (61).

Nach 1945 nutzten das Herrenhaus die Verwaltungen der staatlichen landwirtschaftlichen Betriebe und der LPG. Der Saal diente für Dorffeste.

Sehenswert ist der Speicher des ehemaligen Gutshofes (Abb. links) aus der Mitte des 19. Jahr-

hunderts. Errichtet aus Spaltstein weist er regelmäßig angeordnete Rundbogenfenster auf. Ähnlich ist der Speicher im benachbarten Taschenberg gestaltet. Diese Feldstein-Wirtschaftsgebäude stehen leer, sind aber teilweise gesichert.

Bei einem späteren Besuch im Jahre 2012 steht das Ensemble einschließlich der Herrenhausruine noch.

Taschenberg

Hofseite 2011

Seit 1375 hatte die Familie von Stülpnagel ihren Wohnsitz in Taschenberg, das als Stammgut der Familie gilt.

Das Gutshaus wurde 1781 eingeschossig errichtet und 1866 um ein Stockwerk erhöht. Bis 1891 waren die von Stülpnagels, ab 1886 durch Heirat von Kalitsch, hier ansässig. Danach war das Gut bis 1945 in Verwaltung, zuletzt durch von Cossel. Diese wohnten in der kleinen in der Nachbarschaft liegenden Gutsvilla. Das eigentliche Gutshaus war Verwaltungs- und Wohngebäude für Angestellte (48).

Nach dem Krieg diente das Gutshaus zunächst als Flüchtlingsunterkunft. Später war im Erdgeschoss die Schule einquartiert. In den Schulbetrieb war auch die Gutsvilla auf der anderen Straßenseite einbezogen (Letztere ist jetzt ein privates Wohnhaus). In der ersten Etage des Gutshauses sind Wohnungen eingebaut worden. Im Rahmen dieser Veränderungen (Schule, Wohnungen) erfolgte auch ein vollständiger Umbau der Raumaufteilung. Die Schule ist 2007 ausgezogen, die Wohnungen existieren noch.

Im Mitteltrakt der früheren Backstein-Stallanlage fällt der ehemalige Wasserturm besonders auf. Er hat einen quadratischen Grundriss und vier mit Zinnen bekrönte oktogonale Eckpfeiler (Abb. rechts). Heute ist er wie die übrigen Gutsgebäude leider vom Verfall gezeichnet.

Zwischen unseren Besuchen im Jahre 2008 und nochmals im Jahre 2011 sind am Gutshaus und an den Wirtschaftsgebäuden keine wesentlichen Veränderungen zu erkennen. Nur die Gutsvilla auf der gegenüber liegenden Straßenseite wird gerade restauriert.

Kutzerow

Hofseite 2008 (2011)

Farblithographie. A. Duncker (1857–1883)

Parkseite 2011

Das Rittergut Kutzerow gehörte ursprünglich der Familie von Holtzendorff auf Jagow. Nach dem Dreißigjährigen Krieg wurde es an die Familie von Winterfeld auf Menkin verkauft. Hans Ernst von Winterfeld ließ das Gutshaus 1740 als Witwensitz errichten. Erst ab Ende des 18. Jahrhundert erfolgte eine Nutzung als Herrenhaus. Mitte des 19. Jahrhunderts ist ein seitlicher eingeschossiger saalartiger Anbau angefügt worden. Durch Heirat gelangte der Besitz an die Familie von Wedel, die das Gut bis 1945 im Besitz hatten (62).

Das Gutshaus ist Bestandteil des großen denkmalgeschützten Wirtschaftshofes. Der ehemals angelegte Park ist nicht mehr vorhanden.

Nach 1945 war das Gutshaus Flüchtlingsunterkunft, später Wohnhaus und Kindergarten. Es steht jetzt leer, noch ist das Dach intakt. Der Zustand der Innenräume soll allerdings nach den Angaben des jetzigen Eigentümers, welcher auch das Nachbargut Zernikow besitzt, nicht gut sein.

Auch 2011 sind keine baulichen Veränderungen am Gutshof festzustellen, nur die Bäume sind weiter gewachsen. Aber es gibt einen neuen Besitzer, den wir ein Jahr später treffen und der Pläne für das gesamte Anwesen hat. Er will sie nach und nach realisieren. Mit der Beseitigung der Bäume und Büsche hat er schon begonnen. Auch der Park soll wieder restauriert werden.

Zernikow

Gutshaus 2011

Zernikow gehörte ebenso wie Kutzerow bis 1945 zum Besitz der Familie von Wedel (vorher zum Besitz derer von Winterfeld).

Das denkmalgeschützte Gutshaus vom Anfang des 18. Jahrhunderts ist sehr schön oberhalb eines kleinen Haussees gelegen. Der zweigeschossige Fachwerkbau mit einem nach hinten angefügten Klinkeranbau aus dem 19. Jahrhundert befindet sich leider in einem bedauernswerten Zustand. Bath (9) hat es in den 1990er Jahren noch mit einem intakten Dach vorgefunden, heute weist dieses große Lücken auf.

Auf dem Weg zum Gutshaus treffen wir den Besitzer, einen Landwirt aus Westfalen. Er erzählt uns, dass er das Gut Zernikow Anfang der 90er Jahre gemeinsam mit dem Gut Kutzerow und dazugehörigen Ländereien von der Treuhand gekauft habe und es gemeinsam mit seinem Sohn bewirtschafte. Den ehemaligen Speicher von Zernikow ließ er inzwischen als Wohnhaus sehr ansprechend restaurieren (kleine Abb.). Für die Sanierung des Herrenhauses fehlen ihm leider die notwendigen finanziellen Möglichkeiten.

Bei unserem zweiten Besuch 2011 treffen wir ihn zufällig wieder. Leider hat sich seine finanzielle Situation nicht verändert, so dass eine Investition in das Herrenhaus nicht möglich war. Auch die Nachfahren der Familie von Wedel sollen, so sagt er uns, kein Interesse an der Erhaltung bekundet haben.

Dolgen

2011

Dolgen war immer mit Kutzerow verbunden. Der ehemals große Gutshof Dolgen ist bis auf ein ansprechend restauriertes Wirtschaftsgebäude, in dem ehemals auch der Gutsverwalter wohnte, verschwunden.

Das Herrenhaus wurde erst 1925 errichtet, als eine der Töchter der Gutsherren von Wedel auf Kutzerow, verheiratete von Bredow, Dolgen übernahm. Sie ist 1945 von Sowjetsoldaten erschossen worden. Im Gutshaus wurden Flüchtlinge untergebracht. Später waren Wohnungen eingerichtet. Seit wenigen Jahren ist es wieder im privaten Besitz, es wird nur noch von einem Mieter bewohnt.

Schönermark
Nordwestuckermark

2011

Der denkmalgeschützte Westflügel des früheren Gutshauses Schönermark dient heute als Gemeindesitz und Kindertagesstätte.

Im 16. Jahrhundert stand hier eine Wasserburg, damals noch als Lehen derer von Winterfeld, danach von Klützow, von Arnim und von Knyphhausen.

Von 1688 bis 1872 gehörte Schönermark zusammen mit Arendsee, Christianenhof, Raakow, Wilhelmshof und Ferdinandshorst zum Familienbesitz derer von Schlippenbach.

Arendsee

Parkseite 2011

Seit 1688 waren die Grafen von Schlippenbach Besitzer des Gutes Arendsee. Der königliche Kammerherr Graf Albert von Schlippenbach (1800–1886), auch als Dichter bekannt
geworden, ließ von 1839 bis 1843 das Schloss
oberhalb des großen Haussees nach einem
Entwurf von Friedrich August Stüler im Stil
der englischen „Castle Gothic" errichten. Etwa
zur gleichen Zeit entstand ein ausgedehnter
Landschaftspark. Ursprünglich gab es am Herrenhaus als Pendant zum seeseitigen oktogo-
nalen Eckturm ein quadratischer Belvedere (Abb.
Duncker). Dieser wurde 1945 abgetragen.

Farblithographie. A. Duncker (1857–1883)

Von 1950 bis 2001 ist das Gebäude als
Schule genutzt worden, entsprechende An-
bauten und Veränderungen der Raumaufteilung waren die Folge. Jetzt soll es Privatbesitz eines
Bayern sein, der den ursprünglichen Zustand wieder herstellen ließ. Während unserer Besichtigung 2008 sind Handwerker tätig und insbesondere mit dem Innenausbau beschäftigt. Von
einem Verwalter erhalten wir einige Auskünfte.

2011 ist die Sanierung beendet, der äußere Zustand des Gebäudes gut. Ein Anbau aus der
Zeit als Schule blieb erhalten und wurde farblich integriert.

Die Lage des schlossähnlichen Gebäudes in einem parkähnlichen Gelände ist beeindruckend.
Besonders schön ist der Blick über eine zum Ufer abfallende Wiesenfläche zum See.

Das Haus wird im Internet zu Filmaufnahmen angeboten.

Raakow

Gartenseite 2011

Zufällig fahren wir in an der Gutsanlage Raakow vorbei und finden bei einem neugierigen Halt das in den Dreiseitenhof integrierte kleine Gutshaus. Es wird offenbar nach und nach restauriert. Vom Sohn des Hauses erfahren wir, dass das Gut durch den Grafen von Schlippenbach bewirtschaftet wird.

Das Gut gehörte schon seit 1828 bis zum Zweiten Weltkrieg der Familie von Schlippenbach (250).

Zu Beginn des 18. Jahrhunderts wird Raakow als Schäferei, wenig später als Vorwerk genannt. Bis 1928 nahm es eine eigenständige Entwicklung und wurde dann in den Gutsbezirk Arendsee eingegliedert. Jetzt ist es wieder ein selbständiges Gut.

Kraatz

Seit dem 15. Jahrhundert gehörte Kraatz zum Besitz bekannter uckermärkischer Adelsfamilien, u. a. der Familien von Holtzendorff, von Arnim, von Wedel.

1820 erwarb Ludwig Schröder das Anwesen. 1847/48 ließ sein Sohn anstelle eines kleineren Vorgängerbaus das Gutshaus im Tudorstil errichten. Um 1850 entstand in Anlehnung an Pläne Lennés der Park. 1883 brannte das „Schloss" ab, wurde aber innerhalb eines Jahres wieder in gleichem Stil aufgebaut.

Vom Jahr 1903 an war Familie Wendland Besitzer des Gutes. Sie musste es schon 1931 an eine Siedlergemeinschaft verkaufen. Diese veräußerte das Gutshaus an den preußischen Staat, der es als Land- und Schulungsheim nutzte.

Portal 2011

Nach dem Krieg diente es Flüchtlingen als Unterkunft. Später war es Berufs- und Grundschule, danach enthielt es Büroräume der Gemeinde und der LPG. Seit 2001 gehört das Herrenhaus einem Privatmann.

Der Zustand von Haus und Park ist besorgniserregend. Wildwuchs dringt bis zum Gebäude vor und droht es zu überwuchern, Sanierungsmaßnahmen sind nicht zu erkennen.

Um 1925

Gerswalde

Burgruine 2008

„Die Uckermark besteht aus Lehm und Arnims" – so lautet ein Spruch aus früheren Zeiten. In der Uckermark besaß die weit verzweigte Familie große Ländereien, Gutshöfe, Herrensitze und Schlösser. Die drei Söhne des Stammvaters begründeten die drei Hauptlinien: Zehdenick – später Boitzenburg, Zichow und Gerswalde (11).

Die Wasserburg Gerswalde ist Mitte des 13. Jahrhunderts erbaut worden. Sie erstreckte sich damals noch bis zum Haussee, der jetzt etwa dreihundert Meter davon entfernt ist.

1463 wurde Henning von Arnim mit der Burg belehnt und erhielt auch das Dorf und weitere Ländereien. Zu diesem Zeitpunkt ist die Burg einer der Stammsitze der Familie von Armin geworden. Schon 1530 ließ Achim von Arnim ein erstes Wohnhaus auf der Vorburg bauen. Während des Dreißigjährigen Krieges kam es zur vollständigen Zerstörung der Burg, Restaurierungen der Ruine erfolgten 1847 und 1999. Sie lässt die ursprüngliche Burgstruktur derzeit noch gut erkennen. Der frühere Pallas wird jetzt als Heimatstube und Fischereimuseum, das Kellergewölbe als Standesamt genutzt . Seit 1993 ist die Burgruine zusammen mit großen Teilen des Schloßparkes und mit dem Haussee Eigentum der Gemeinde Gerswalde.

Mitte des 17. Jahrhunderts blieb die Burg Ruine, dafür wurde die Vorburg weiter ausgebaut und neue Gebäude errichtet, so unter anderem ein Marstall und eine Brauerei.

Auch ein neuer Herrschaftssitz enstand auf der Vorburg 1774 durch Otto von Arnim. Das Herrenhaus wurde 1832 unter Friedrich Wilhelm Karl von Arnim verändert. Die endgültige Form erhielt er nach seiner Erneuerung in den Jahren 1903 bis 1907 (histor. Foto).

Das Ergebnis war ein zweigeschossiger Putzbau mit einem dritten Geschoss im hohen Mansarddach. Die Rückfront erhielt beiderseits dreiachsige Stummelflügel und einen Altan auf einem Vorbau in der Mittelachse, von dem eine Treppe in den Park führt.

neues Herrenhaus 2012

1926 musste die Familie von Arnim den Besitz an die Siedlungsgesellschaft „Eigene Scholle" verkaufen.

1929 gingen Burg und Schloß an die Anthroposophische Gesellschaft zur „Pflege seelenpflegebedürftiger Kinder". Franz Löffler leitete das Haus bis 1950. Nach der Enteignung nach 1945 zog diese Institution nach Berlin Schlachtensee um. 1950 wurde in Gerswalde ein staatliches Kinderheim eingerichtet. 1952 bis 1989 nutzte der Jugendwerkhof „Neues Leben" die Anlage. 1965 brannte das Dach ab, so dass bei den Restaurierungen danach, zuletzt 2008 bis 2012, ein Flachdach gestaltet wurde (149).

Die „Gesellschaft zur Förderung Brandenburgischer Kinder und Jugendlicher" (GFB) betreibt

jetzt im Herrenhaus und in einigen Nebengebäuden ein Jugendheim mit verschiedenen Ausbildungsstätten. In einer Hälfte des Herrenhauses werden nach der Neueröffnung im Mai 2012 Unterkünfte für Fahrradwanderer angeboten.

Auf dem Gelände existiert noch ein altes Gutsverwalterhaus (Abb. rechts). Hier wurden schon 1930 Wohnungen und Betriebsräume eingerichtet. Heute dient es weiterhin als Wohnhaus für mehrere Familien.

Im Schlosspark nahe der Burgruine ist ein Erbbegräbnis derer von Arnim zu betrachten.

Herrenstein

Eingangsfront 2009

Herrenstein gründete 1755 Otto von Arnim als Molkerei. Das Gut entstand 1821 als Vorwerk der Familie von Arnim-Gerswalde. Das Gutshaus ist 1890 im Neorenaissancestil umgebaut und zusammen mit Gerswalde im Jahre 1926 verkauft worden.

Das Haus diente danach als Schule, auch Wohnungen waren darin eingerichtet. 1994 ist das in den vorhergehenden Jahren heruntergekommene Gebäude zu einem ansprechenden Hotel umgebaut worden.

Willmine

Hofseite 2011

Dieses ehemalige Vorwerk, später auch Rittergut, gehörte der Familie von Arnim zu Groß Fredenwalde. Der Name leitet sich vom Vornamen der Frau des damaligen Besitzers her, Frau Johanne Wilhelmine geb. von Dargitz. Besitzer des Ortes war damals Kurt Friedrich von Arnim.

Das Gutshaus aus der zweiten Hälfte des 18. Jahrhunderts diente zeitweilig auch Mitgliedern dieser Familie als Wohnsitz. Seit Ende des 19. Jahrhunderts war das Gut verpachtet. In dieser Zeit erfolgte eine Modernisierun des Hauses und es entstanden auch die noch heute vorhandenen schönen Wirtschaftshäuser aus Spaltsteinen und rotem Backstein.

Nach 1945 wurden im Gutshaus Wohnungen eingerichtet, ab etwa 1970 beherbergte es einen Jugendklub.

Jetzt ist das Gebäude geteilt, beide Hälften werden privat zu Wohnzwecken genutzt. Der frühere Park ist nur noch in Resten vorhanden. Die Parkseite des Hauses grenzt an eine weite Rasenfläche, die zum Sabinensee hin abfällt. Gerade spiegelt sich die Nachmittagssonne im Wasser und bietet eine großartige Aussicht!

Pinnow-Gerswalde

Seeseite 2012

Das Gut Pinnow ist idyllisch zwischen der mittelalterlichen Kirche und dem Pinnower See gelegen. Eine Feldsteinmauer zur Straße und einzelne Nebengebäude zeugen noch von seiner ehemals landwirtschaftlichen Funktion.

Seit dem 16. Jahrhundert gab es in Pinnow zwei Rittersitze, wobei der größere der Familie von Holzendorff, der kleinere der Familie von Arnim gehörte. Vom Arnimschen Gut ist bekannt, dass es verpachtet wurde. Das Gut derer von Holzendorff übernahm 1852 der Gutsbesitzer Voge, danach 1870 der Gutsbesitzer Falk (19). Das Herrenhaus entstand in seiner heutigen Form vermutlich Mitte des 19. Jahrhunderts, so dass wohl einer dieser beiden Gutsbesitzer den Bau in Auftrag gegeben hat.

Die beiden Güter wurden 1907 vereint. Inhaber des vereinten Gutes Pinnow ab 1903 war Familie Buchwald (250).

Ende des Zweiten Weltkrieges soll es nach Auskunft der jetzigen Eigentümer zum Besitz des Generalsekretärs der UFA Ludwig Klitzsch gehört haben, der einen weiteren Landsitz im Herrenhaus Sternhagen Gut (dort ist nur noch der Küchentrakt erhalten) hatte (227).

Nach 1945 beherbergte das Gutshaus Pinnow zunächst Wohnungen, eine Schule, später Kinderferienlager und das LPG- Büro.

Heute gehört es einer Familie mit munteren Kindern. Das Haus, die Nebengebäude und der Garten, der bis zum See reicht, sind sehr schön restauriert. Wir werden sehr herzlich empfangen und erhalten, soweit den Eigentümern bekannt, Informationen zur Geschichte von Haus und Gut.

Suckow

„Nordflügel" 2008

Farblithographie. A. Duncker (1857–1883)

1577 ging das Rittergut Suckow an die von Arnims zu Gerswalde über und verblieb bis zum Jahre 1945 im Besitz dieses Zweiges der Familie.

1732 bis 1734 entstand das barocke Schloss. Es war über einen Torbogen mit dem so genannten „Nordflügel", dem früheren Inspektorenhaus, verbunden (histor. Foto, linker Gebäudeteil). Nur dieser letztere Bau und der Marstall sind noch erhalten, nachdem das Hauptschloss und die Orangerie 1945 abgebrannt sind.

Das Gut wurde danach durch den Kreisbetrieb für Landwirtschaft und den Jugendwerkhof Gerswalde genutzt.

Nach 1990 standen die Gebäude längere Zeit leer. Seit 2005 gehört das Ensemble einem Berliner, der die Gebäude und den Park nach und nach restauriert. Der Marstall ist schon saniert und wird für Konzerte genutzt.

Das Gutshaus, von dem man einen wunderbaren Blick über eine große Rasenfläche zum Haus-See hat, wartet noch auf seine Erneuerung. Im Park sind die früher weinbewachsenen Palisaden nachgebaut. Unweit der Gutsanlage ist das 1882 errichtete Erbbegräbnis derer von Arnim auf Suckow zu besichtigen.

2012 ist die Sanierung des früheren Inspektorenhauses nahezu abgeschlossen. Das von außen zu bewundernde Haus wird im Frühjahr 2013 als Landhotel eröffnet. (post@gut-suckow.de)

Blankensee

Parkseite 2009

Um das Jahr 1465 gelangte Blankensee in den Besitz des Henning von Arnim in Gersdorf und blieb Eigentum der gräflichen Familie bis 1945. 1790 war es Vorwerk, 1840 dann Rittergut. Ein zum Gut gehörender Fachwerkbau vom Anfang des 19. Jahrhunderts diente als Wohnsitz, der 1979 abgerissen wurde.

Das neue Herrenhaus ist im Jahre 1862 durch Friedmund von Arnim, einem der vier Söhne von Bettina und Achim von Arnim, als quadratischer Putzbau in historisch leicht orientalisierender Form errichtet worden und war außerhalb des Gutshofes gelegen. Der das Haus umgebende Landschaftspark erstreckt sich bis zu einem kleinen Haussee.

Ein Sohn Friedmunds wurde der spätere Schwiegervater Clara von Arnims, der Verfasserin des Buches „Der grüne Baum des Lebens", in dem sie über das Schicksal der Else von Arnim zu Blankensee geb. von Simon in den 1930er Jahren berichtet (3). (s. a. Zernikow, OHV)

Bei unserem Besuch treffen wir eine junge Frau, die von der Gartenarbeit im Gelände kommt und sich freundlich mit uns unterhält. Wir erfahren, dass ihre Schwiegermutter, die Gräfin Hahn von Burgsdorf, eine geborene von Arnim ist und die in diesem Hause geboren wurde. Nach der Wende hat das gräfliche Ehepaar Ländereien und das völlig marode Herrenhaus zurückgekauft und ist dabei, alles Stück für Stück zu renovieren. Der Park lässt ebenfalls schon die ordnende Hand erkennen. Jetzt leben und arbeiten auch die Kinder und Enkelkinder hier.

Eine alte Grabanlage derer von Arnim ist auf dem Dorffriedhof zu finden.

Friedenfelde

Hofseite 2011

Gegründet wurde das Gut 1742 als Rittervorwerk durch den Grafen von Münchow, der hier ein Herrenhaus errichten ließ. 1763 erwarb es der Intendant der Königlichen Oper Berlin, Joachim Erdmann von Arnim. Er ließ das Wohnhaus im Rokokostil mit Türmen und Verzierungen umbauen und legte einen prachtvollen Garten an. Obwohl er 1780 auch Bärwalde und Wiepersdorf (TF) erworben hatte, lebte er hier bis zu seinem Tode im Jahre 1804. Gelegentliche Gäste im damaligen Gutshaus waren das Dichterehepaar Bettina von Arnim und Achim von Arnim, der Sohn Joachim Erdmanns.

Nach dessen Tod verfiel das Haus, so dass Achim von Arnim den Besitz 1818 veräußerte. Um 1820 wurde das Gebäude vereinfacht restauriert, so wie es sich heute darstellt.

Nach einigen Besitzerwechseln gelangte das Anwesen erneut an die von Arnims. Der Enkel Achim von Arnims aus Wiepersdorf kaufte es 1901 zurück. In der Hand der Familie blieb es bis 1945. Danach diente das Herrenhaus Flüchtlingsfamilien als Unterkunft, später beherbergte es Wohnungen. Seit Mitte der 1990er Jahre ist es im Besitz einer der ehemaligen Mieterfamilien. Diese betreibt darin ein reizendes Café und bemüht sich, das Haus sukzessive zu restaurieren.

Neudorf

Hofseite 2012

Die Eigentumsverhältnisse von Friedenfelde und Neudorf sind eng miteinander verknüpft. Gleichzeitig mit dem Gut Friedenfelde ist im Jahre 1742 das Gut Neudorf als Rittergut von Graf von Münchow angelegt worden. 1763 erwarb es Joachim Erdmann von Arnim gemeinsam mit Friedenfelde. Das Gutshaus entstand im 19. Jahrhundert als Wohnhaus des Gutsverwalters. Nachdem Gut Neudorf gemeinsam mit Friedenfelde 1818 verkauft werden musste, kam es 1901 erneut in den Besitz der Familie von Arnim. Sie bewirtschafteten es bis 1945. Danach wurden Vertriebene im Haus untergebracht. Später wurde es von der LPG genutzt.

Ab 1997 ließ die internationale Bewegung „ATD (Aide à Toute Detresse) Vierte Welt", zu deren Vorstand Ruprecht von Arnim gehört, das Gebäude restaurieren und als „Haus Neudorf e.V" eröffnen.

Es ist jetzt eine Begegnungsstätte für Jugendliche aus vielen Ländern Europas.

Netzow

Nur auf Umleitungen – wegen des Ausbaus einer Straße in Templin – gelangen wir zum Gutshof Netzow, der an einer abgelegenen Landstraße liegt. Wir sind überrascht, hier einen so großen und gepflegten Dreiseitenhof zu finden. Das eigentliche Gutshaus aus dem Jahr 1900 wirkt im Verhältnis dazu relativ klein. Es liegt an der Nordwestseite neben einem imponierenden langgestreckten Stallgebäude.

Seit Anfang der 1990er Jahre leben und arbeiten hier ein Anwalt und seine Familie. Sie betreiben ökologische Landwirtschaft und haben die alten Gebäude ansprechend und einladend erneuert.

Netzow, Hofseite 2011

Die nette neue Besitzerin rät uns, den Gutshof zu passieren und über einen kurzen Weg zum Netzower See zu laufen. Der See, vom leicht abfallenden Gelände gut zu übersehen, ist in die grüne Hügellandschaft eingebettet und nahezu menschenleer. Es wundert nicht, dass die jetzige Gutsbesitzerfamilie hier mehrere Ferienwohnungen in wunderschön rekonstruierten ehemaligen Wirtschaftsgebäuden betreibt. Diese Region lädt geradezu zur aktiven Erholung ein!

Das einstige Vorwerk, spätere Rittergut Netzow gehörte zum Besitz der Familie von Arnim auf Zichow. Nach deren Enteignung war ein Volkseigenes Gut ansässig, das 1990 die Treuhand übernahm.

Knehden

Gartenseite 2011

Wenige hundert Meter vom Gut Netzow entfernt gibt es einen weiteren ehemaligen Gutshof.

Knehden war im 19. Jahrhundert Stadtgut von Templin und im 20. Jahrhundert ein Saatgut im Besitz der Ammoniakwerke Merseburg. Das kleine Gutshaus, es soll am Ende des 19. Jahrhunderts entstanden sein, hat sein jetziger Besitzer restauriert und Wohnungen eingerichtet (Abb. links). Die ehemals zum Gut gehörenden Stallungen haben einen anderen Eigentümer, sie warten noch auf eine Sanierung.

Herzfelde

Blick zur Terrasse 2009

Haus und Garten sind leider nicht zu besichtigen. Das Tor ist verschlossen und gestattet nur einen Blick auf einen Seiteneingang des Schlosses. Wir können deshalb lediglich mit einem Foto in Richtung Terrassenseite die imponierende Anlage im Bild festhalten.

Die kleinen Abbildungen sind Fotos von Aufnahmen des Schlosses, angebracht an einer Tafel am Eingangstor.

Terrasse   *Ehrenhof*

Die Geschichte des Rittergutes Herzfelde reicht bis in das Mittelalter zurück. 1375 besaß Ritter Henning von Berlyn das Anwesen. Danach folgte ein wechselvoller historischer Verlauf. Zuletzt gehörte es Max Francke, einem Berliner Holzhändler. Nach Bauplänen der Architekten Lessing und Risse ließ die Familie Francke von 1908 bis 1911 auf einem künstlichen Hügel das Schloss im englischen Landhausstil errichten. Gleichzeitig erfolgte die Anlage des Schlossparks, wobei als Vorlage Sanssouci gedient haben soll.

In der Schlossanlage waren 1945 Flüchtlinge untergebracht. Danach nutzte es die DDR-Gewerkschaft, später diente es als Parteischule. In den Jahren 1966 bis zum Juli 1991 war das Schloss ein Kinderheim.

Nach 1994 ist das Herrenhaus als Appartementhaus umgestaltet worden und wird für Tagungen und Festlichkeiten zur Vermietung angeboten.

Der Gutshof wurde ebenfalls von der Familie Francke Anfang des 20. Jahrhunderts nach modernen Richtlinien umgestaltet. Es fällt besonders der Speicher ins Auge (Abb. links). Er gehört einem Privatmann und wird derzeit – offenbar zu Wohnzwecken – erneuert.

Hindenburg, Hammelspring

Hindenburg 2012

Beide Dörfer gehören zu Templin. Conrad II. de Hamelspring und sein Halbbruder Amelung de Lippia, verheirateter de Brakel et de Hinnenburg, gründeten im 13. Jahrhundert die Kolonistendörfer Hamelspring (ab 1528 Hammelspring) und Hindenburg nach ihrem Geschlechternamen (266).

Rittergüter gab es hier nicht, die Dörfer gehörten zeitweilig zum Amtsbezirk Zehdenick.

Um 1900 sollen dennoch drei Gutsbesitzer in **Hindenburg** ansässig gewesen sein. Die meisten Ländereien und die heutige Gutsanlage gehörten der Familie Belbe bis 1945. Danach wurden im Gutshaus Umsiedler aus den ehemaligen Ostgebieten kurzfristig untergebracht. Später nutzte die LPG die Anlage.

Jetzt im Besitz einer Unternehmerfamilie wird das frühere Gutshaus als Wohnung saniert. Aus einem Stall mit Remise entstand durch entsprechende Umbauten eine Pension mit Gaststätte.

Eine zum Gut gehörende Parkanlage ist nach 1990 restauriert worden. (266)

Ein Plan von **Hammelspring** aus dem Jahre 1296 bezeichnet schon ein Schulzengut neben der Kirche. Es wechselte häufig die Besitzer.

Das Leben auf dem Gut Anfang des 20. Jahrhunderts schildert Ursula Löbner, Tochter des Gutsbesitzers, anschaulich in einem Buch (70).

Hammelspring 2012

Nach 1945 wurde das Gut durch die LPG und Handwerksbetriebe genutzt. Das Gutshaus war Kindergarten.

Den Gutshof gibt es nicht mehr. Auf seinem Gelände entstanden Eigenheime. Das Gutshaus ist verkauft und nach der Sanierung ein Mietshaus geworden.

Alsenhof 2012

Zu Hammelspring gehört ein weiteres in der Nähe gelegenes Gut, der **Alsenhof**. Das 1866 gegründete Gut hat ein ansprechendes Gutshaus, das schrittweise von einem Berliner zum Ferienwohnhaus ausgebaut wird.

Mittenwalde

2008

Das leere, aber gesicherte Gutshaus steht in der Nähe einer kleinen Feldsteinkirche. Ein Gutshof ist nicht mehr zu erkennen. Ein beeindruckender Speicher in Feld-/Backstein-Bauweise ist davon noch erhalten.

Ritter von Mittenwald aus Thüringen gründete die Siedlung und war gleichzeitig Namensgeber des Ortes. Der letzte Mittenwald starb 1440. Das Lehen ging an die Familie von Berg, die über Jahrhunderte Besitzer blieb (270). 1802 erwarb der mecklenburgische Landrat von Rieben das Rittergut. Von den von Rieben kaufte Oscar von Arnim das Gut. Im Arnimschen Besitz blieb es bis zum Ende des Zweiten Weltkriegs.

Groß Fredenwalde

Hofseite 2011

Das Rittergut findet schon im 14. Jahrhundert Erwähnung. Anfangs im Besitz derer von Steglitz, waren dann von 1498 bis 1945 verschiedene Zweige der Familie von Arnim Eigentümer.

Das barocke Herrenhaus ließ Alexander Magnus von Arnim 1731 auf den Fundamenten eines Vorgängerbaus errichten. (194)

Nach dem Zweiten Weltkrieg nutzte die LPG das Gut, im Gutshaus waren kommunale Einrichtungen untergebracht.

Mitte der 1990er Jahre kaufte Alard von Arnim das Anwesen zurück. Die erhaltenen Wirtschaftsgebäude sind in gutem Zustand.

Farblithographie. A. Duncker (1857–1883)

Der Park hinter dem Haus mit einem kleinen verwilderten Teich ist von einer Feldsteinmauer umgeben und nicht zugänglich. Die Hausherren, die ihren Wohnsitz in einem kleinen Feldsteinhaus im Dorf haben, können wir leider nicht befragen, sie waren nicht anwesend. Nach Angaben eines Dorfbewohners wird das Herrenhaus zu familiären Veranstaltungen genutzt.

Petznick

Seeseite 2011

Von der Einfahrt zum großen Wirtschaftshof, dessen Gebäude zum großen Teil noch erhalten und von denen einige schon restauriert sind, blickt der Besucher direkt auf das denkmalgerecht restaurierte Gutshaus. Es weist 17 Achsen und an Hof- und Parkfront je einen zweigeschossigen dreiachsigen Mittelrisaliten mit Dreiecksgiebel auf. Die auf der Lithographie (S. 656) noch abgebildete Veranda auf der Seeseite ist nicht mehr vorhanden. Von dieser Stelle bietet sich eine wundervolle Aussicht über eine ausgedehnte Rasenfläche, die, von schönen Bäumen eingerahmt, bis zum Petznicksee reicht.

Farblithographie. A. Duncker (1857–1883)

Von Alexander Duncker erfahren wir, dass Petznick ein „uraltes von Arnim'sches Lehen" ist und 1757 durch Erbteilung an Bogislav Bernhard von Arnim gelangte. Dieser ließ auch das erste Herrenhaus errichten. Erweitert und so gestaltet, wie es sich heute präsentiert, wurde das Haus 1826 durch Ferdinand August Valentin von Arnim (5). Er erwarb auch den See zum Anwesen. Pächter des Gutes waren im 19. Jahrhundert der Amtmann Graf, der die noch vorhandene Brennerei bauen ließ, und zuletzt ab 1931 Herr Friderici.

Nach 1945 diente das Gutshaus verschiedenen kommunalen Zwecken, es enthielt u. a. Wohnungen, eine Gaststätte, den Kindergarten. Das Gut wurde Teil der LPG. Nach 1990 war im Haus zunächst ein Jugendausbildungswerk untergebracht. Seit einigen Jahren besitzt es eine junge Familie, die schon viel an Restaurierungsarbeiten in das Projekt investiert hat. Wir treffen den Besitzer an, der uns freundlicherweise die Seeseite des ansehenswerten Objektes betrachten und fotografieren lässt. Wir erfahren auch einiges über seine zukünftigen Pläne zur weiteren Gestaltung des schönen Anwesens.

Temmen

Seeseite 2011

Im ehemaligen Temmen (später **Alt Temmen**), auf einer schmalen Landbrücke zwischen den beiden Seen Klarer See und Düstersee gelegen, führt eine Landstraße an einem gut erhaltenen Wirtschaftshof vorbei. An seiner südwestlichen Ecke steht das Gutshaus. Der Hof und das dazu gehörige Land bewirtschaftet eine Agrar-GmbH. Im Gutshaus werden Ferienwohnungen vermietet und ein Hofladen bietet ländlich Produkte an. Das Haus entstand wahrscheinlich im 19. Jahrhundert.

Temmen war der ursprüngliche Rittersitz, zunächst im Besitz derer von Stegelitz. Nach mehrfachem Wechsel kam das Gut 1709 an die Herrschaft von Arnim-Götschendorf. Nach Gründung des Vorwerkes Neu Temmen wurde dieser erste Wohnsitz dann als Alt Temmen bezeichnet.

Das Vorwerk Neu Temmen gründete 1743 Alexander von Arnim.

Neu Temmen

Hofseite 2011

Alexander von Arnim ließ hier schon 1743 ein Herrenhaus bauen, in welches er seinen Temmener Wohnsitz verlegte.1749 veranlasste er den Bau des heute wieder in frischem Weiß erstrahlenden Fachwerkkirchleins nebenan.

Das Gut wurde bis 1841 von der Familie von Arnim bewirtschaftet. Danach wechselten die Besitzer beider Temmener Güter häufig, denn diese dienten vermutlich nur als Spekulationsobjekt.

1917 erwarb der Berliner Bankdirektor Carl Michalowski die Güter Alt und Neu Temmen und bewirtschaftete sie erfolgreich. Seinen ländlichen Wohnsitz hatte er in Neu Temmen, den er modernisieren ließ.

Zwischen der kleinen Fachwerkkirche, die auf einem Hügel unweit des Herrenhauses steht, und dem Herrenhaus selbst befindet sich das Erbbegräbnis der letzten Besitzer. Von hier aus bietet sich, wie auch sicher vom Herrenhaus aus, ein beeindruckender Blick über einen wunderschönen Teil der uckermärkischen Endmoränenlandschaft.

1928 wurden beide Orte wieder zu Temmen vereint. Nach 1945 diente das ehemals herrschaftliche Wohnhaus mehreren Familien als Wohnstätte. Beide Güter waren später Volkseigene Güter.

Nach 1990 stand das Herrenhaus leer. Jetzt ist es wieder denkmalgerecht saniert und dient als repräsentativer Wohnsitz des Berliner Eigentümers, der Agrar GmbH in „Alt" Temmen.

Ahlimbsmühle

2011

Zum Besitz derer von Ahlimb, später durch Heirat Saldern-Ahlimb zu Ringenwalde, gehörte eine in der Nähe gelegene Wassermühle am Lübbesee. Sie entstand schon Ende des 17. Jahrhunderts und erhielt 1714 den Namen Ahlimbsmühle. Später wurde das Land Vorwerk und Rittergut. 1862 erwarb es der Gutsbesitzer Unverdross. Unter seiner Leitung ist der Grundbesitz erweitert und zum Gutsbezirk erhoben worden. Der Gutshof ist zu großen Teilen noch erhalten. Die Gutsvilla, um 1900 gebaut, dient heute gemeinsam mit dem Gutshof und dem Garten bis zum See hin als Ferienanlage.

Die Mühle selbst brannte 1968 bei Filmaufnahmen ab.

Das Herrenhaus der Familie von Saldern-Ahlimb in **Ringenwalde** war bis 1934 in deren Besitz. 1939 von Hermann Göring gekauft, wurde es 1945 von einer SS-Einheit gesprengt. Der Lenné-Park mit dem Erbbegräbnis derer von Ahlimb und Reste des Wirtschaftshofes, hier besonders die beeindruckende Brennerei (Abb. rechts), künden noch immer vom bedeutendem Besitztum der Saldern-Ahlimb.

Götschendorf

Straßenseite 2011

Seit Mitte des 16. Jahrhunderts war das Rittergut Götschendorf ein Wohnsitz der Familie von Arnim. Diese verwalteten es im Dienste derer von Ahlimb. Seit 1624 waren die von Arnims dann selbst Besitzer des Rittersitzes Götkendorff, später Götschendorf. Das Herrenhaus wurde 1910 errichtet. Der dazu gehörige weitläufige Park grenzt an den Kölpinsee

Vor 1945 hatte Hermann Göring hier einen seiner Jagdsitze. Danach war es Kurheim für die Nationale Volksarmee der DDR, später diente es den Mitarbeitern des Rates des Bezirk Frankfurt/Oder als Erholungs- und Schulungsheim.

Nach jahrelangem Leerstand wurden Haus und Park 2007 für einen symbolischen Euro an die Berliner Diözese der Russisch-Orthodoxen Kirche des Moskauer Patriarchats verkauft. Verbunden war der Vertrag mit der Auflage, mindestens vier Millionen Euro zur Umgestaltung des Hauses in ein Kloster zu investieren. Die Vereinbarung sieht vor, das Gutshaus als Gästehaus und orthodoxes Museum umzugestalten und in einem kleinen, schon zu DDR-Zeiten errichteten Bettenhaus in Nachbarschaft zum Gutshaus 30 Mönche unterzubringen. Außerdem soll auf dem Gelände eine Basilika entstehen.

Im Jahr 2012 ist der Bau der orthodoxen Kirche unmittelbar vor dem Gutshaus begonnen worden. Das frühere Herrenhaus ist noch immer leer, Baumaßnahmen sind nicht zu entdecken. Im „Kloster" (früheres Bettenhaus) sollen bisher drei Mönche wohnen.

Boitzenburg

Ehrenhof 2009

Farblithographie. A. Duncker (1857–1883)

Seit dem 15. Jahrhundert waren die von Arnims in Boitzenburg zunächst als Landvogte ansässig. Ab 1528 bis 1945 war es dann eigener Besitz, die Burg wurde der Stammsitz dieser Linie derer von Arnim.

Der Brandenburgische Rat Hans von Arnim hatte 1528 sein Schloss in Zehdenick (OHV) mit dem Markgrafen von Brandenburg, Kurfürst Joachim I., gegen Boitzenburg (und die Güter Kröchlendorf und Wichmannsdorf) getauscht.

Der Übertritt des Kurfürsten Joachim II. zum lutherischen Glauben im Jahre 1539 und die damit verbundene Auflösung der Güter des in Boitzenburg ansässigen Zisterzienserklosters ermöglichte es den Arnims, diese vom Landesherren günstig zu übernehmen. Die Erträge aus den erworbenen Ländereien ermöglichten den Bau eines Schlosses. Es entstand ein Renaissanceschloss anstelle einer mittelalterlichen Wasserburg, wahrscheinlich in der zweiten Hälfte des 16. Jahrhunderts. Das bestand aus einem Oberhaus und einem Unterhaus und war im Besitz zweier Brüder, Kurt und Bernd von Arnim. Häufige Umbau-

Hauptflügel, Parkseite

ten veränderten das Aussehen des Schlosses. Während das Oberhaus im Wesentlichen unverändert blieb, wurde die Dreiflügelanlage „Unterhaus" zweimal umgestaltet. So 1740 zunächst in barocker Form, dann nach 1830 neogotisch durch Friedrich August Stüler (Abb. Duncker). Die dann einheitliche Gestaltung des Schlosses ergab sich durch eine nochmalige Umgestaltung im Jahre 1880 durch Karl Doflein (1852–1944) im Stil der Neorenaissance.

Von 1827 bis 1838 wurde der Landschaftspark durch Lenné gestaltet. Im Park sind sehenswerte Gebäude verteilt, die Werke bekannter Architekten Preußens: ein Tempel von Langhans, das Erbbegräbnis von Doflein, die Kapelle von Gropius.

Nach der Enteignung 1945 diente das Schloss zunächst als Lazarett, dann zu Wohnzwecken und ab 1952 als Erholungsheim für Angehörige der Nationalen Volksarmee der DDR.

Nach 1990 konnte das Objekt lange Zeit nicht verkauft werden. Schließlich fand sich ein Hamburger Investor, der das Schloss für den symbolischen Preis von einer Mark von der Treuhand erwarb und es von 1998 bis 2003 im Sinne seines Konzepts „Ponyhotel" zu einem Kinder- und Jugendhotel für Schulklassen und Familien umbauen ließ. Diese Arbeiten wurden mit hohen Summen öffentlicher Gelder des Landes Brandenburg gefördert. 2004 geriet das Unternehmen in Insolvenz, und unter dem Verdacht des Subventionsbetruges erfolgte der Verkauf an den jetzigen Betreiber des Hotels (einen Freund des Vorbesitzers!).

Außerhalb des Schlossareals sind der Marstall (ursprünglich nach Plänen von Langhans, im 19. und 20. Jahrhundert verändert), die Kavaliershäuser und die auf einem Hügel errichtete Kirche sehenswert.

Etwas weiter entfernt laden die Ruine des ehemaligen Zisterzienserinnen-Klosters und die benachbarte Klostermühle zum Besuch ein.

Buchenhain

Das ursprüngliche Arnimshain war ein Vorwerk von Boitzenburg. 1920 schenkte Graf von Arnim zu Boitzenburg seinem Sohn Joachim Dietloff zur Hochzeit das Gut Arnimshain und ließ 1922 das kleine Herrenhaus erbauen. Der nächste Besitzer, Wolf-Werner Graf von Arnim, der Bruder Joachims, war verheiratet mit einer Gräfin von Hardenberg. Wegen dieser Beziehung musste die Familie nach dem Attentat auf Hitler schon im Jahre 1944 das Gut verlassen.

Zu DDR-Zeiten waren im Gebäude eine Schule und eine Schwesternstation eingerichtet. Die Gemeinde Arnimshain wurde in „Buchenhain" umbenannt.

2011

1992 erwarb Joachim Dedo von Arnim das Haus, richtete ein Hotel ein und ließ in der Nachbarschaft eine Ferienanlage bauen. 2003 gab er den Betrieb wieder auf. Das ehemalige Herrenhaus wird jetzt durch eine neue Besitzerin als Hotel „Buchenhain" geführt.

Die direkt nebenan gelegene Ferienanlage ist als „Landhaus Arnimshain" weiter in Nutzung, ebenfalls mit neuem Eigentümer.

Mahlendorf

Seeseite   2011

Das Forstgut Mahlendorf gehörte zum Besitz der Familie von Arnim in Boitzenburg. 1878 ließ Adolf Graf von Arnim hier ein Jagd- und Sommerschlösschen im „Schweizerstil" bauen. Es wurde von der Familie bis 1945 genutzt.

Zu DDR-Zeiten war es Jagdsitz des Sportfunktionärs Manfred Ewald und danach von Werner Krolikowski, Vorsitzender des Ministerrates.

Nach 1990 konnte der letzte Erbe von Boitzenburg, Adolf Heinrich von Arnim, das Gebäude und dazu gehörende Ländereien zurückkaufen. Er zog mit seiner Familie hierher, um Pferde- und Rinderzucht sowie Forstwirtschaft zu betreiben. Heute wird die Wirtschaft von Frau von Arnim und ihrer Tochter geführt.

Mahlendorf besteht praktisch nur aus dem Schlösschen und seinen Nebengebäuden sowie zwei Wohnhäusern. Das Anwesen wird durch durch Torpfeiler betreten, die von je einem Hundekopf gekrönt sind. Das verspielt wirkende Schlösschen liegt auf einem Hügel mit Blick auf den Küstrinsee – ein idyllisches Anwesen. Wir fragen Frau von Arnim jun. - sie will gerade wegfahren – ob wir den Garten betreten dürfen, um zu fotografieren. Es ist unkompliziert möglich. Wir können uns nicht vorstellen, wie es zu den bekannten Streitigkeiten mit Markus Meckel gekommen sein mag (Zaunlattenstreit!).

Das zum Anwesen gehörende denkmalgeschützte Forsthaus steht leer. Es soll eventuell einmal für Ferienwohnungen umgebaut werden.

Lichtenhain

Hofseite 2009

Bei einer Kaffeepause in Wichmannsdorf, im Café „Eigen-Art", kommen wir mit einem Ehepaar aus Niedersachsen ins Gespräch. Dieses erzählte uns, sie hätten eine Ferienwohnung im ehemaligen Gutshaus in Lichtenhain gemietet. Hier habe sich das Ehepaar von Arnim aus der Boitzenburger Linie seit den 1990er Jahren eine neue Existenz aufgebaut. Zunächst besaß es nur eine Wohnung im Haus, bis es endlich das ganze Haus kaufen konnte. Die in der Region geernteten Äpfel und die heruntergefallenen der Alleebäume (so hat die Gräfin einmal angefangen) werden auf dem Areal durch die „Apfelgräfin" genannte Frau von Arnim zu mannigfaltigen Produkten verarbeitet. Einen Tag nach unserem Besuch in der Uckermark schauen wir uns auf dem Landgut Groß Behnitz eine Gartenausstellung an und treffen hier auf den Stand der Daisy Gräfin von Armin. Sie bietet hier eine Vielzahl ihrer leckeren Produkte aus Äpfeln an. Inzwischen ist die „Apfelgräfin" weit über die uckermärkischen Grenzen hinaus bekannt.

Das Gut gehörte früher als Vorwerk zu Boitzenburg. 1825 entstand hier ein Rittergut (270).

Kröchlendorff

Parkseite 2008

Farblithographie. A. Duncker (1857–1883)

Kröchlendorff war seit dem 15. Jahrhundert im Besitz der Familie von Arnim. 1710 vereinigte Georg Dietloff von Arnim die zersplitterten Besitzungen der Herrschaft Boitzenburg. Jakob von Arnim erhielt das Majorat Sukow mit Nechlin und Hans Abraham die Güter Kröchlendorff, Milow und Kuhz. Das Gut Kröchlendorff gehörte der Familie von Arnim bis 1945.

Bauherren des Schlosses waren Oskar von Arnim und seine Frau Malwine, geborene von Bismarck (Schwester des Reichskanzlers). Unweit der Stelle, an der einst ein 1806 in den Napoleonischen Kriegen zerstörtes barockes Gutshaus stand, wurde von 1844 bis 1848 das neue Schloss errichtet. Mit der Planung beauftragt wurde der Berliner Architekt Eduard Knoblauch (s. a. Lanke, BAR), der es im Stil der englischen Gotik errichtete. Es ist ein Putzbau mit schräg gestellten Ecktürmen und einem Satteldach.

Die in unmittelbarer Nähe zum Schloss gelegene Kirche (1968 entwidmet) ist von 1864 bis 1868 im neogotischen Stil nach Plänen des Architekten Ferdinand von Arnim (1814–1866), einem Schinkel-Schüler, errichtet worden.

Am Ende des Zweiten Weltkrieges residierte die japanische Botschaft in Kröchlendorff, weil deren Gebäude in Berlin Bomben zerstört hatten.

Nach 1945 beherbergte das Gebäude Flüchtlinge, später war es ein Tuberkulose- und Kinderheim. Von 1993–1996 wurde das Haus renoviert und ist jetzt Hochzeits-, Tagungs- und Bildungsstätte. Der weite gepflegte Landschaftspark ist ursprünglich in Anlehnung an Planungen von Lenné gestaltet worden. Etwas entfernt vom Schloss ist in diesem Park ein modernes Bettenhaus entstanden. Dies hat grundsätzlich auch Hotelfunktion, ist aber gerade am Wochenende ausgebucht, so dass wir unseren spontanen Einfall, hier zu übernachten, nicht realisieren können.

Nachfahren derer von Arnim zu Kröchlendorff und von Oppen/Winterfeldt zu Fahrenholz/ Menkin siedelten sich nach der Wende im Ort an. Sie erwarben das Inspektorenhaus und den Gutshof und sanierten Stück für Stück diese Gebäude (55).

Woddow

Hofseite 2009

Von der Straße aus ist der Wirtschaftshof mit dem an der Stirnseite stehenden Gutshaus gut einsehbar. Die Toreinfahrt ist mit Vasen geschmückt. Beidseits des Gutshauses stehen würfelförmige Kavaliershäuser mit Mansarddach, auf der Westseite ist ein Taubenhaus zu sehen.

Die Geschichte des Besitztums von Woddow ist wechselhaft, Namen wie von Buch, von der Schulenburg oder von Arnim sind damit verbunden. Im Besitz derer von Arnim-Kröchlendorff wurde das Herrenhaus Ende des 18. Jahrhunderts im Barockstil erbaut. Die gesamte Gutsanlage entstand zwischen 1760 und 1802. Veränderungen erfolgten Ende des 19. Jahrhunderts. Pächter des Gutes war bis 1917 die Familie Flügge. Danach erwarb es die Familie Birkenstaedt, welche es bis 1945 besaß. (4) Nach der Enteignung wurde das Herrenhaus für Wohnungen hergerichtet, auch für Büroräume, eine Verkaufsstelle und sogar eine Gaststätte. (146) 1998 erfolgte die Restaurierung zu einem privaten Wohnhaus.

Bietikow

Hof 2011

Das ehemalige Rittergut Bietikow war seit 1471 im Besitz der Familie von Arnim. Letzter Besitzer bis 1945 war Herbert von Arnim-Kröchlendorff. Im Jahre 1991 war es ihm zusammen mit seiner Tochter und deren Familie (die heute das Gut erfolgreich bewirtschaftet) möglich, seinen ehemaligen Besitz zu pachten und anschließend nach und nach zu erwerben. Der in seiner Substanz erhaltene Wirtschaftshof mit Feldstein-Klinkergebäuden ist inzwischen prachtvoll restauriert, ebenso das an der östlichen Ecke des Hofes gelegene Gutshaus. Die benachbarte Kirche bildet einen attraktiven Hintergrund.

Nach Auskunft der Hausherrin ist der älteste Teil des Herrenhauses der Turm. Er trägt an der Hofseite seit diesem Sommer wieder das Wappen der Familie. (Wir erleben gerade die letzten Handgriffe seiner Gestaltung). Denn nach einem Brand 1900 musste das an den Turm anschließende einstöckige Teilgebäude neu errichtet werden.

Die Innenräume des Gutshauses sind zu DDR-Zeiten baulich verändert worden. Umbauten waren aber auch bei der jetzigen Restaurierung zum Wohnhaus der Familie und zur Unterbringung der Gutsverwaltung erforderlich .

Nach der Enteignung sind die Ländereien aufgeteilt worden, später wurde das Gut LPG.

Das Gutshaus diente zunächst als sowjetische Kommandantur und Vertriebenenunterkunft. Später sind kommunale Einrichtungen wie eine Schule, ein Kultursaal, sowie das Bürgermeisterbüro und die LPG-Küche eingerichtet worden.

Criewen

Portal 2009

Das Gut Criewen, zunächst im Besitz derer von Stegelitz, wechselte seit 1620 mehrfach den Besitzer. Ab 1816 bis 1945 besaßen es die von Arnims. Das heutige Herrenhaus entstand anstelle eines barocken Fachwerkbaus im Jahre 1818 unter Otto von Arnim. Anfang des 20. Jahrhundert erfolgte eine Veränderung in neoklassizistischem Stil durch den Preußischen Landwirtschaftsminister Bernd von Arnim. Dabei wurde auch ein kleiner Gartenpavillon (Abb. rechts) dem Ensemble angefügt.

Bernd von Arnim baute auf seinem Gut seit 1884 einen bedeutenden Saatzuchtbetrieb auf.

Das Herrenhaus liegt in einem sich bis zur Hohensaatener-Friedrichsthaler-Wasserstraße erstreckenden großartigen Park, angelegt nach Plänen von Lenné im Jahre 1822, heute zum Nationalpark gehörend.

Das Herrenhaus war nach 1945 zunächst von Heimatvertriebenen und Flüchtlingen belegt, dann gab es dort eine Ausbildungsstätte für Landwirte.

Nach 1990 sind alle Gebäude im Park denkmalgerecht restauriert worden. Im Herrenhaus residieren jetzt ein deutsch-polnisches Begegnungszentrum und das Besucherzentrum „Nationalpark Unteres Odertal".

Die aus dem Mittelalter stammende, aus Feldsteinen errichtete Kirche wurde später verputzt. Sie wurde 1830 mit einem Fachwerkturm und einem Stufengiebel versehen. Zusätzlich erhielt sie 1856 eine Gruftanlage. In der Kirche beigesetzt sind auch die letzten Besitzer und Bewohner des Herrenhauses, Achim und Annabell von Arnim. Sie wählten nach dem Ende des Zweiten Weltkrieges den Freitod. Neben der Kirche befindet sich ein weiterer Begräbnisplatz für die Patronatsfamilie von Arnim.

In dem um 1816 angelegten sauberen Dorf gibt es ein weiteres sehr hübsches Feldsteinkirchlein mit Backsteinstufengiebel ohne Turm. Es ist von einem Kirchfriedhof umgeben.

Etwa zwei Kilometer nördlich des Ortes Criewen wurde das **Vorwerk Criewen** Anfang des 19. Jahrhunderts begründet. 1823 entstand das zweistöckige Gutsverwalterhaus.

Hofseite 2012

Nach 1945 nutzte ein Volkseigenes Gut das Anwesen. Seit 1999 gehört das Gutshaus zu einer Wohnstätte für psychisch Kranke (Träger: „Medizinisch & Soziales Zentrum Uckermark gGmbH"). Alle Gutsgebäude – eine Meierei, die direkt an das Gutshaus grenzt, eine Stallanlage, ein Speicher und eine Scheune mit einem interessanten Futterturm gehören zu dem unter Denkmalschutz stehenden Ensemble.

Zichow

Parkseite 2010

Beeindruckender Rest einer im 13. Jahrhundert angelegten Burg ist der gewaltige Bergfried, der vom Schloss geradezu „umarmt" wird. Seit 1456 gehörten die Burg und das Anwesen zum Besitz der Familie von Arnim, die ihren Landbesitz stetig vergrößerte. 1745 wurde das barocke zweiflügelige Herrenhaus unter Einbeziehung der Fundamente der Burg errichtet. Die Nordfassade des Hauptflügels (kleine Abb.) lässt im Dreieckgiebel des Mittelrisalits das Wappen der von Arnim er-

kennen. Im Herrenhaus sind Stuckdecken und eine dekorative Treppe erhalten (16).

Das Haus liegt etwas abseits des Gutshofes, der sich in schlechtem baulichen Zustand befindet. Es schließt direkt an einen auch heute wieder gut gepflegten Landschaftspark oberhalb eines kleinen Sees.

Zu DDR-Zeiten waren hier ein Kindergarten, eine Schule, Wohnungen und Büroräume eingerichtet. Jetzt steht das schöne Gebäude seit mehr als 15 Jahren leer. Die Gemeinde bemüht sich um seine Sicherung und hofft auf einen Verkauf mit anschließender Renovierung. 2012 wird noch immer ein neuer „Schlossherr" gesucht!

Falkenwalde

Falkenwalde   *2012*   *Kleinow*

Falkenwalde und das als Ortsteil dazu gehörende **Kleinow** waren wirtschaftlich eng mit Gut Zichow verbunden, denn beide Güter gehörten zum Besitz der Familie von Arnim auf Zichow. Sie ließ sie durch Verwalter bewirtschaften.

Das ehemalige Gutshaus von Falkenwalde, das Gemeindehaus, wurde kürzlich restauriert.

Das Kleinower Gutshaus hat einen privaten Eigentümer. Während das Gebäude noch auf seine Restaurierung wartet, zeigt der Park mit kleinem See schon eine ordnende Hand. Bemerkenswert sind einige Kunstobjekte am Ufer des Sees. Sehenswert ist auch ein gut erhaltener zweigeschossiger Speicher in Feldsteinbauweise neben der westlichen Giebelseite des Gutshauses.

Weselitz 2012

Zu Falkenwalde gehört als Ortsteil das kleine Dorf **Weselitz**, das durch eine einst riesige Gutsanlage geprägt ist. Sie gehörte vor dem Zweiten Weltkrieg mit den dazu gehörigen Ländereien dem Preußischen Fiskus.

Während die Stallungen heute vom Verfall gezeichnet sind, ist der Zustand des Speichers vom Anfang des 20. Jahrhunderts gut.

Das eingeschossige Gutshaus mit je einem Zwerchhaus auf Hof- und Straßenseite wurde zu DDR-Zeiten als Mietswohnhaus umgebaut und dabei mit unpassenden Fenstern versehen.

Heute im Privatbesitz eines Paares aus dem Sauerland, ist es weitgehend saniert.

Hohengüstow

Hofseite 2011

Schon in frühen Zeiten, im 15. und dann wieder Ende des 17. Jahrhunderts, gehörten die Ländereien von Güstow, wie der Ort damals hieß, zum Besitz derer von Arnim-Zichow. Sie ließen sie verwalten. Ihr Eigentum blieben sie, bis Wilhelm von Arnim, auf Lützlow ansässig, anlässlich der Geburt seines Sohnes Wichard im Jahr 1916 für diesen das Gut Hohengüstow (so der Name ab 1900) übernahm. Das Haus bewohnte Wichards Großmutter Sophie von Arnim geb. von Schwerin.

Hofseite 1932

Schon 1926 musste aus finanziellen Gründen das Gut verkauft werden. Der neue Besitzer hieß Wilhelm Wrede.

1931 übernahm eine Siedlergemeinschaft das Land und teilte es auf. Das Restgut mit Wirtschaftshof und Gutshaus erwarb Hans Grunert, der es bis 1945 besaß. Danach ging es an die LPG, diese etablierte ihre Büros und die Küche im ehemaligen Herrenhaus.

Seit Anfang 2000 gehört das Gutshaus und einzelne noch vorhandene Gutsgebäude einer Familie aus der Region, die alles schrittweise renoviert. Wir werden von ihr sehr freundlich empfangen und können uns in ihren Unterlagen zur oben dargestellten Gutsgeschichte informieren.

Lützlow

Hofseite 2011

Gartenseite um 1920

Das Rittergut Lützlow wird schon im 13. Jahrhundert urkundlich genannt. Der Besitz wechselte mehrfach zwischen Brandenburg und Pommern. Seit 1472 wird es als Lehen derer von Arnim auf Zichow erwähnt.

Von 1744 an war das Gut mehrfach Hauptwohnsitz der Familie von Arnim, ab 1840 bis 1926 dauerhaft. Danach wurde es an Wilhelm Wrede verpachtet, der das nahe gelegene Gut Hohengüstow erworben hatte. Anstelle eines Vorgängerbaus war das Herrenhaus zunächst als eingeschossiges neunachsiges Gebäude errichtet worden (histor. Abb.). Modernisierungen erfolgten im 19. Jahrhundert, 1925 entstand der zweigeschossige würfelförmige Anbau unter Wilhelm von Arnim.

Nach der Enteignung der Familie erfuhr das Haus die übliche Nachkriegsnutzung: Wohnungen für Heimatvertriebene, Kindergarten, Schule.

Ab 1990 im Besitz der Treuhand, nutzte es anfangs die Gemeinde, danach eine Landwirtschaftsgenossenschaft.

Jetzt gehört es einer Vermietergemeinschaft, die das Haus renovieren ließ und es als Seniorenheim einrichtete.

Rittgarten

Gutsanlage 2008

Das Rittergut gehörte seit dem 16. Jahrhundert denen von Holtzendorff, danach der Familie von Arnim. Das Herrenhaus stammt aus dem 18. Jahrhundert. Einen ausgedehnten Park, der bis zum Rittgartener See reichte, legte die Familie von Arnim im 19. Jahrhundert an. Der letzte Besitzer, Dietloff von Arnim, Leiter des Brandenburgischen Provinzialverbandes in Potsdam, wurde wegen seiner verwandtschaftlichen Beziehungen zu den Männern des Widerstands vom 20. Juli 1944 (seine Frau war die Schwester Hennig von Treskows) in den Ruhestand geschickt. Er zog sich auf sein Gut Rittgarten zurück. Beim Herannahen der sowjetischen Armee 1945 wählte er mit Frau und elfjähriger Tochter den Freitod (241).

Nach dem Krieg sind im Gut zunächst Umsiedler untergebracht worden, bis zur Wende wurde das Gutshaus zu Wohnzwecken und vom Volkseigenen Gut genutzt.

Nach 1990 stand es mehrere Jahre leer. Jetzt ist es ebenso wie das daneben liegende Haus mit Mietwohnungen renoviert. Das Gutshaus wird von einem neuen Besitzer genutzt, der sich aber nur gelegentlich hier aufhalten soll.

Der gut erhaltene Spalt-Backsteinspeicher mit einer alten Arbeitsglocke enthält offenbar Lagerräume.

Güterberg

Eingang 2011

Als erste Herrschaft auf Güterberg war die Familie von Blankenburg von 1550 bis 1622 hier ansässig. In den folgenden Jahrhunderten gab es mehrere adlige Besitzer. Bis 1776 besaßen die Familien von Arnim und von Winterfeld hier Ländereien. Ernst von Winterfeld ließ um 1700 ein erstes Herrenhaus errichten. 1776 übernahmen die von Arnims auch den Anteil derer von Winterfeld und waren damit alleinige Besitzer von Güterfeld.

Das heutige Herrenhaus entstand 1870. An der Rückseite ist ein älterer einstöckiger Bau asymmetrisch angesetzt (kleine Abb.), der möglicherweise auf das erste Gutshaus zurückgeht. Der letzte Besitzer bis 1945, Dietloff von Arnim auf Rittgarten, nutzte dieses Haus als Jagdsitz.

Nach der Enteignung zogen sowjetische Soldaten in das Gebäude. Später fanden kommunale Einrichtungen hierin Quartier, wie Konsum, Gemeindebüro und LPG-Einrichtungen. Auch jetzt wird es von der Gemeinde für Freizeitaktivitäten genutzt.

Carolinenthal

Straßenseite 2012

Carolinenthal war immer mit dem Rittergut Güterberg verbunden, anfangs zum Herrschaftsbereich der Familie von Winterfeld zu Güterberg gehörend.

Von 1787 bis 1945 war es dann im Besitz derer von Arnim, die damals Herrschaften auf Güterberg waren. Das kleine Gutshaus aus Spaltstein entstand wahrscheinlich Anfang des 19. Jahrhunderts.

Nach 1945 waren hier zunächst Flüchtlinge untergebracht. Später sind Mietwohnungen eingerichtet worden, und die LPG nutzte es.

Seit 1998 im privaten Besitz ist jetzt das ehemalige Gutshaus denkmalgerecht saniert und dient der Besitzerfamilie als Wohnhaus. Eines der zwei denkmalgeschützten Wirtschaftsgebäude gehört ebenfalls zum Anwesen. Auch dieses Gebäude ist in gutem Zustand. Es wird auf einem im Dorf stehenden Schild als Buchbinder- und Papierwerkstatt ausgewiesen.

Blankenburg

Axel von Arnim folgte nach der politischen Wende einer Bitte des in Brasilien lebenden Verwandten und letzten Besitzers von Criewen, Alard von Arnim, und versuchte dort ehemals Arnimsches Land zu pachten. Da Criewen aber im Naturschutzgebiet „Unteres Odertal" liegt, kam ein Pachtvertrag nicht zustande. Stattdessen konnte Axel von Arnim das Gut Blankenburg mit Ländereien in Pacht nehmen. Sein Sohn bewirtschaftet jetzt das Anwesen (272).

Das große Gut wird Stück für Stück restauriert, die Brennerei ist erneuert und in Betrieb.

Blankenburg, das dem Amt Gramzow unterstand, ist 1664 dem Joachimsthalschen Gymnasium übergeben worden. Das Gut führte ein Amtmann. Das erste Amtshaus erbaute im Jahre 1778 der Amtmann und Pächter Wilhelm Baath. Es war ein eingeschossiges neunachsiges Haus

Hofseite 2011

mit hohem Walmdach. Nach ihm war die Familie Karbe (s. a. Gramzow) über einige Generationen Pächter des Gutes. 1901 sind Möhring und Graef die Pächter. Sie ließen 1905 ein neues Gutshaus erbauen, welches 1940 durch einen Brand zerstört, kurz danach aber wieder errichtet wurde.

Nach dem Krieg bot es zunächst Zuflucht für Flüchtlinge und Heimatvertriebene. Aus dem Gut wurde ein Volkseigenes Gut, im Gutshaus das VEG-Büro eingerichtet.

Heute wird das Gutshaus von der Familie von Arnim als Wohnhaus genutzt. Der Hausherr hat auf unsere Anfrage hin keine Einwände gegen das Fotografieren des Anwesens.

Mürow

Von 1532 bis Mitte des 17. Jahrhunderts war Mürow Rittersitz derer von Arnim. Im 17./18. Jahrhundert gehörte das Anwesen zur Herrschaft derer von Sydow und derer von Diringshofen. Danach war erneut die Familie von Arnim bis zu ihrer Enteignung 1946 hier ansässig.

Das Dorf Mürow ist um einen sehr großen Dorfteich herum angelegt, an dessen Nordseite der ehemalige Gutshof mit seinen zum Teil beindruckenden Bauten steht. Das Herrenhaus ist in Nachbarschaft zum Wirtschaftshof gelegen und wird östlich von einem Park begrenzt. Es weist zur Hofseite Stummelflügel auf, auf der Rückseite ist in der Mitte ein eingeschossiger Fach-

Hofseite 2011

werkflügel angefügt (kleine Abb. oben). Das Gebäude mit dem T-förmigen Grundriss stammt aus der zweiten Hälfte des 18. Jahrhunderts. Als Erbauer werden sowohl die von Diringshofen als auch die von Arnim vermutet. 1871 wurde das Herrenhaus, nun zum Besitz der Familie von Arnim zu Zichow gehörend, umgebaut und der hintere Flügel angefügt.

Zu DDR-Zeiten übernahm die LPG das Gut, im Herrenhaus waren die Gemeindeverwaltung und die Gemeindeschwesternstation untergebracht. Auch ein Kindergarten war im Haus, sogar bis zum Jahr 2009! Dann musste das erst 1991 neu verputzte Gebäude wegen Schwammbefalls geschlossen werden. Es steht nun leer und soll nach Auskunft eines Dorfbewohners verkauft werden. Die Gemeinde sucht einen Käufer, will aber den Park nicht mit veräußern.

Die Brennerei aus dem Jahr 1844, ein Backsteinbau, liegt dem Herrenhaus gegenüber. Sie ist sehr schön restauriert und wird als privates Wohnhaus genutzt.

Bedauerlich ist der Zustand des großartigen Speichers von 1857 (kleine Abb. unten), der einen privaten Eigner hat. Er steht leer und zeigt erste Verfallserscheinungen.

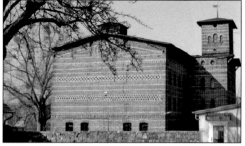

Milow

Eingang 2011

Das wohlproportionierte Gutshaus stammt vom Ende des 19. Jahrhunderts. Die Gemeinde ließ es im Jahre 2000 restaurieren.

Im 18. Jahrhundert gehörte Milow zum Besitz derer von Arnim-Kröchlendorf. In der Folgezeit des 18./19. Jahrhunderts war die Familie Flügge hier ansässig, die wir in der Uckermark auch andernorts als Gutsbesitzerfamilie antreffen (s. a. Werbelow). Im 20. Jahrhundert ging das Gut wieder in das Eigentum der von Arnims über.

Nach 1934 wurde das Land aufgesiedelt und im Gutshaus eine Schule eingerichtet. Seit dem Auszug der Schule 1970 ist hier ein Kindergarten untergebracht. Es dient heute außerdem als Dorfgemeinschaftshaus.

Golm

Parkseite 2011

Die Golmer Ländereien gehörten bis 1864 ebenfalls der Familie von Arnim auf Zichow. Als Pächter wird von 1827 bis 1842 Friedrich Lindenberg genannt, dieser erwarb danach auch Tornow (s. dort).

Ab 1881 war die Familie Kühn aus Damitzow Besitzer. Das Gutshaus wurde nach einem Brand des Vorgängerbaus im Jahre 1835 neu errichtet.

Nach 1945 beherbergte es zunächst Flüchtlinge, danach die DDR-üblichen Einrichtungen: Post, Konsum, Wohnungen und Gemeindebüro. (5) Jetzt gehört das ehemalige Gutshaus, wie uns erzählt wird, zusammen mit dem Gut einem älteren Herrn, den wir leider nicht antreffen. Er soll ökologische Landwirtschaft betreiben. Ein Teil des Hauses wird durch ihn bewohnt, die anderen Räume sind leer.

Brüssow

Hofseite 2009

Brüssow ist eine Kleinstadt innerhalb der Reste einer Stadtmauer. Im 12. Jahrhundert gründete Ritter Heinrich von Stegelitz die Ortschaft. Von 1449 bis 1726 waren die Herrschaften von Ramin Lehnsherren von Brüssow. Damals existierten zwei Rittersitze, ein „alter" mit einem Fachwerkgebäude und ein „neuer", mit einem bedeutenden Herrenhaus, zu dem zwei Lustgärten gehörten. Diesem „neuen" Herrenhaus entspricht vermutlich das noch heute vorhandene Gebäude (176). Einer der Brüder von Ramin bewirtschaftete sein Gut selbst, der andere hatte das Gut verpachtet.

Seit Mitte des 18. Jahrhunderts war das neue Gut im Besitz des preußischen Königs, und das Gutshaus diente als Wohnhaus des Amtmannes. Es wurde mehrfach umgebaut, ohne die siebenachsige Grundstruktur zu verändern. Der letzte Umbau erfolgte offenbar um 1935, als es als Erbhof dem Generalfeldmarschall August von Mackensen übergeben wurde (146).

Nach 1945 bis Ende der 1990er Jahre beherbergte das Haus eine Schule.

Seit 2003 ist es im Privatbesitz des inzwischen verstorbenen Berliner Stahlbildhauers Volkmar Haase (1930–2012) und seiner Frau.

Der neben dem früheren Gutshaus liegende Gutshof wird von einem beeindruckenden Speicher beherrscht.

Grünberg

Parkseite 2009

Gut und Herrenhaus bilden ein ansehnliches Ensemble: Jenseits der Straße liegt der recht ordentliche Gutshof, der auch jetzt genutzt wird. Diesseits steht das ursprünglich dreiflügelige Gutshaus mit Mansarddach vom Ende des 18. Jahrhunderts, errichtet für die Familie von Stülpnagel. Der linke Flügel wurde nach 1945 beseitigt.

Hofseite

Der zweigeschossige Mitteltrakt ist beiderseits durch Dreiecksgiebel betont. Rechts und links des Herrenhauses, auf seiner Hofseite, in Fortsetzung der Seitenflügel, leicht nach West bzw. Ost versetzt, sind eingeschossige langgestreckte Kavaliershäuser mit Mansardendach angefügt worden. Durch Fortfall des linken Flügels steht das Kavaliershaus auf dieser Seite heute isoliert. Alles steht leer und ist renovierungsbedürftig, aber noch in ausreichendem Zustand. Hinter dem Haus ist im Park ein Teich angelegt.

Ein Dorfbewohner weiß zu berichten, dass sich im Gutshaus zu DDR-Zeiten ein Wirtshaus befand. Eine Frau von Stülpnagel sei nach der Wende zwar im Dorf gewesen, habe aber keine Bleibeabsichten geäußert. Die Besitzer des Gutshauses haben in den letzten zwanzig Jahren mehrfach gewechselt. Baumaßnahmen fanden nicht statt.

Eine Lehnsurkunde von 1482 weist aus, dass die Gebrüder Melsholt das gesamte Dorf sowie drei Seen besaßen. Die Besitzer Grünbergs wechselten auch damals schon oft. Zu ihnen gehörten die Herrschaften von Stegelitz (13. Jahrhundert), von Elsholtz (Ende des 15. Jahrhunderts), von Oppen und von Arnim-Götschendorf. Vom Anfang des 18. Jahrhunderts bis ins 19. Jahrhundert waren die Familien von Stülpnagel die Gutsherren (146). Ab 1879 war der Berliner Bankier Dr. Ludwig Wrede Besitzer des Rittergutes, das er als Landsitz nutzte (227).

Trampe

Trampe war seit dem 17. Jahrhundert Rittergut. Besitzer waren die in der Uckermark bekannten Adelsfamilien von Winterfeld, von Wartenberg und von Wedel. Von 1929 bis 1945 gehörte es der Familie Rose.

2011

Das Gutshaus bildet die Stirnseite eines ehemaligen Wirtschaftshofes, von dem einzelne Gebäude noch erhalten sind. Es diente nach 1945 als Unterkunft für Flüchtlinge, später beherbergte es Wohnungen und Gemeindeeinrichtungen. Seit 1995 gehört es einem privaten Besitzer, einer Familie aus Koblenz (!), die es als Feriendomizil nutzt.

Battin

2012

Im 15. Jahrhunderts wurde Wilhelm von der Schulenburg auf der Burg Löcknitz (heute Mecklenburg-Vorpommern) mit Battin belehnt. Ende des 17. Jahrhunderts fiel Löcknitz an den Brandenburgischen Kurfürsten zurück. Damit wurde Battin Kammergut. Im 19. Jahrhundert wieder Rittergut, folgten nunmehr bürgerliche Besitzer (250).

Die Entstehungszeit des siebenachsigen Gutshauses mit Krüppelwalmdach konnte nicht in Erfahrung gebracht werden. Nach 1945 Flüchtlingsunterkunft, war es später Mietswohnhaus der Gemeinde. Jetzt soll es in Privateigentum sein. Es steht leer.

Eickstedt

Westseite 2009

Hofseite und Kirchhof 2009

Die in Hohenholz (Südostmecklenburg) ansässige Adelsfamilie von Eickstedt besaß das Gut seit der Zeit vor 1440 und gab ihm seinen Namen (13).

Das repräsentative Herrenhaus ist in der zweiten Hälfte des 18. Jahrhunderts errichtet worden. Bauherr war Christian Lindenberg, der das Gut Anfang des 19. Jahrhunderts von denen von Eickstedt gepachtet hatte. Letzte Besitzer bis 1945 war die Familie Hoster.

Nach 1945 waren im Gutshaus zunächst Wohnungen und ein Konsum, später dann Büros eingerichtet.

Nach der politischen Wende stand das Haus überwiegend leer und verfiel, bis es 2005 von Gräfin und Graf von der Gröben erworben und denkmalgerecht renoviert wurde (5).

Das äußerlich fertiggestellte Haus zeigt sich im Schein der untergehenden Sonne als ein beeindruckend prächtiges Bauwerk. Der Garten und eine gewaltige Feldsteinmauer werden z. Zt. gestaltet.

Bei einem kurzen Abstecher 2011 finden wir die malerische Feldsteinmauer fertig gestellt, die eine weite Rasenfläche rund um das Herrenhaus umrahmt.

Rollberg

Hofseite 2011

Das Gut Rollberg gehörte zum Besitz der Grafen von Eickstedt. Seit 1822 waren Mitglieder der Familie Lindenberg (Eickstedt, Damme, Tornow) Pächter auf Rollberg. Es entstand ein Gutshof, an dessen Stirnseite um 1870 das Gutshaus errichtet wurde. Vom Wirtschaftshof sind nur noch zwei Gebäude vorhanden. Die übrigen wurden Opfer des Krieges. Im Gutshaus sind nach 1945 Wohnungen eingerichtet worden.

Ab 1990 leer stehend, war es 2000 fast zur Ruine verfallen. Ein Besitzer aus Köln nahm die Mühe auf sich, die vorhandenen Gebäude zu restaurieren. (Wir erfahren dies von einem Nachbarn, der Besitzer ist leider nicht anwesend.) Das Ergebnis kann sich sehen lassen! Das Gutshaus und die beiderseits des ehemaligen Gutshofes stehenden zwei Ziegel-Feldstein-Scheunen inmitten einer grünen Wiesenlandschaft sind ein erfreulicher Anblick.

Damme

Das Rittergut Damme war seit 1422 Adelssitz der Familie von Eickstedt. 1810 erwarb Christian Lindenberg das Gut zur Pacht und betrieb hier erfolgreich Landwirtschaft. Er ließ 1822 das Gutshaus bauen. Spätere Nachfahren wirtschafteten weniger erfolgreich. Sie ließen zwar im Jahre 1913 noch eine Villa als neues Gutswohnhaus an anderer Stelle im Ort errichten. Das Gut musste aber 1929 verkauft werden. Es wurde auf Siedler aufgeteilt. Nach dem Krieg war es LPG. Das Gutshaus nahm das LPG-Büro und die LPG-Küche auf. Seit 1990 steht es leer. Dennoch ließ die Gemeinde 2005 Fassade und Dach renovieren. Mit welchem Ziel ist der von uns befragten Dorfbewohnerin nicht bekannt. Der Zustand der „Villa Linderberg", hinter Bäumen verborgen und von mehreren Parteien bewohnt, ist zumindest äußerlich weniger ansprechend als der des älteren Gutshauses. Auf dem Friedhof gibt es eine verwahrloste Gruft der Lindenbergs.

Damme 2011

Wallmow

2011

Wallmow ist ein interessantes Dorf. Hier fallen mehrere große Häuser auf, die zu Bauerngehöften gehörten. Sie alle sind ebenso wie ihre Gärten und Höfe gut gepflegt. Das hier abgebildete Haus wird im Dorf offiziell als ehemaliges Gutshaus bezeichnet.

Das Gut wird ab 1929 urkundlich genannt, Besitzer war die Familie von Seelen (250).

Im Gutshaus ist jetzt eine „Freie Schule", eingerichtet für die vielen Kinder der zugezogenen Familien. Ja, neben den „Einheimischen" gibt es viele Neubürger aus der Stadt (inzwischen mehr als 300), die meist aus Berlin gekommen sind und deren Lebensauffassung sich offenbar von dem der ursprünglichen Dorfbewohner unterscheidet. (276)

Schwaneberg

Dorf und Rittergut Schwaneberg gehörten seit dem Mittelalter zum Besitz der Familie von Arnim.

Das Ortsbild wird durch eine stattliche Feldsteinkirche geprägt. Sie ist malerisch umgeben vom Friedhof, auf dem die in einer Erhebung am See gelegenen Gräber der späteren Gutsbesitzer Kühne zu finden sind. Der Kirche gegenüber steht das ebenfalls am See gelegene Herrenhaus. Es wurde von der Familie von Arnim in der zweiten Hälfte des 18. Jahrhunderts erbaut. Ende des 19. Jahrhunderts wechselte der Gutsbesitz auf die Familie Kühne. Das heutige Er-

Hofseite 2009

scheinungsbild des Herrenhauses ist geprägt durch An- und Umbauten, die Hans Kühne veran-lasste (270). Außerdem ist das Ensemble durch ein Kavaliershaus und einen Stall erweitert worden.

Zu DDR-Zeiten nutzte die Gemeinde das Haus, es beherbergte einen Kindergarten, Räume für die Gemeindeschwester und Büros.

Seit 1999 sind das Herrenhaus, die Gutsanlage und umgebende Ländereien Privatbesitz eines Bankiers einer bekannten Hamburger Privatbank. Die denkmalgerechte Restaurierung von Haus und Nebengebäuden ist überzeugend sichtbar.

Im Gutspark finden jährlich Sommerkonzerte statt, zu denen auch die Öffentlichkeit ge-laden ist.

Schmölln

Gartenseite 2013

Auf der Halbinsel im Schmöllner See befand sich einmal ein Slawischer Burgwall. Bis zum Ende des Zweiten Weltkriegs beherrschte der Gutshof der Domäne das Gelände.

Ursprünglich gehörte Schmölln zum Kloster Gramzow. Klostergut und Dorf wurden nach der Säkularisierung der Burg Löcknitz, damals Lehen derer von der Schulenburg, zugeordnet (270). Nachdem Löcknitz wieder an den Brandenburgischen Kurfürsten zurückgefallen war, wurde Schmölln Kammergut. Zuletzt war es preußische Staatsdomäne (250).

Das Pächterwohnhaus schloss den Hof nach Süden zum Dorf hin ab. Dem eingeschossigen Gebäude wurde – offensichtlich nach seiner Bauzeit – auf der westlichen Hofseite ein langer Flügel mit Satteldach angefügt.

Nach 1945 diente das Gutshaus als Schule. In den 1970er Jahren musste wegen steigender Schülerzahl eine neue Schule nördlich des Gutshauses errichtet werden. Nach der politischen Wende verlief diese Entwicklung umgekehrt. In Schmölln werden keine Schüler mehr unterrichtet. Das große Schulgebäude auf dem früheren Gutshof fiel der Abrissbirne zum Opfer. Die Trümmer liegen noch im Hof. Das ältere Gebäude steht seit Jahren leer. Die Gemeinde plante auch dessen Abriss, aber es soll kürzlich unter Denkmalschutz gestellt worden sein.

Auf einer Erhebung außerhalb des Ortes gab es im Mittelalter an der Stelle einer früheren Slawenburg eine Burg deutscher Ritter. Davon existieren heute nur noch Reste.

Felchow

2009

Seit dem 15. Jahrhundert war die Familie von Stotz in Felchow ansässig. Valentin von Stotz und seine Frau geb. von Barfuß, ließen Anfang des 18. Jahrhundert ein barockes Herrenhaus bauen.

1840 erwarb Carl Detlef von Winterfeld aus Kutzerow das Anwesen. Er errichtete von 1846 bis 1848 anstelle des barocken Hauses ein neues Herrenhaus nach Plänen Stülers. Es entstand ein klassizistischer Bau im Stil einer italienischen Turmvilla (Abb. Duncker). Zur gleichen Zeit musste nach einem Brand des Wirtschaftshofes die gesamte Gutsanlage neu erstellt werden (18). Letzter privater Eigentümer bis 1945 war die Familie Wienskowski (40).

Nach 1945 beseitigt man den markanten Schlossturm. Das Gebäude diente zu Wohnzwecken und der Gemeinde.

Seit der politischen Wende leer, sorgte die Gemeinde für seine Sicherung und eine schrittweise Sanierung einiger Innenräume,

Farblithographie. A. Duncker (1857–1883)

einschließlich einiger Fenster. Eine zeitweilige Vermietung an Einzelpersonen oder Vereine wird ermöglicht. Ein Exposé im Internet lässt die Vermutung zu, dass Kaufinteressenten gesucht werden.

Vom Gutshof existieren noch eine große Klinkerscheune und das neben der ansprechenden Feldsteinkirche aus dem 13. Jahrhundert stehende und restaurierte Inspektorenhaus aus Spaltstein.

Zützen

Parkseite 2009

Das Rittergut Zützen gehörte vielen Herrschaften: so über 200 Jahre den von Greiffenbergs, danach im 18. und 19. Jahrhundert den von Glödens, von Bredows und dem Amtmann Lüdecke, zuletzt den von Colmars (1853–1945). Anstelle eines Vorgängerbaus entstand das Herrenhaus im Jahre 1747. Zu ihm gehören ein fünfachsiger zweigeschossiger Hauptteil mit Walmdach

Hofseite

und zwei eingeschossige Seitenflügel mit Mansarddach. Im Jahr 1820 klassizistisch umgebaut, zerstörte im Jahre 1931 ein Brand einen der Flügel (270). Nach 1945 kamen auf der Südseite des verbliebenen Seitenflügels Anbauten hinzu, die das Aussehen beeinträchtigen.

Das jetzt private Gutshaus beherbergt in seinem Hauptteil Ferienwohnungen. Den Seitenflügel nutzt ein Unternehmen.

Von dem 1832 angelegten Landschaftspark ist kaum noch etwas zu erkennen. Er soll nach Plänen von Peter Joseph Lenné oder einem seiner Zeitgenossen gestaltet worden sein.

Dem ehemaligen Gutshaus gegenüber steht ein um 1800 erbauter Speicher. Es ist ein zweigeschossiger Spaltsteinbau mit Backsteingliederung. Die Giebelseite ziert eine zentrale Blendarkade (Abb. rechts).

Auf dem Kirchhof ist ein Erbbegräbnis (Mausoleum) derer von Bredow aus dem 18. Jahrhundert gelegen.

Berkholz

Hofseite 2012

Berkholz war ursprünglich ein Vorwerk der Herrschaft Schwedt. 1811 ist nach dem Kauf durch den Pächter von Beyer selbständiges Gut geworden. Nach wechselnden Besitzern war Wilhelm Dansmann bis 1945 hier ansässig.

Das Gutshaus wurde 1850 errichtet. Es diente nach der Enteignung als Flüchtlingsunterkunft, von 1959 bis 1972 als Schule. Danach arbeitete hier die Bürgermeisterei; nach 1990 war es evangelisches Gemeindehaus. (270) Heute beherbergt es ein italienisches Restaurant.

Stolpe

Um 1200 eroberten die Dänen das Gebiet um Stolpe an der Oder. Zur Grenzbefestigung bauten sie in den vorhandenen Burgwall einen Burgturm, den sog. „Grützpott" (Abb. rechts). Eine Besonderheit ist, dass er zu einem Drittel seiner Gesamthöhe in einem aufgeschütteten Hügel (Motte) steckt. Der Turm wurde 2007 restauriert und ist jetzt über eine Freitreppe zugänglich.

1251 wurde Stolpe erstmalig unter brandenburgischer Herrschaft erwähnt.

1446 ging das Städtchen einschließlich „Zubehörungen", so auch die Burg, in erbliches Lehen über an den Ritter von Buch. Im Besitz dieser Familie blieb Stolpe bis 1945.

In der Nähe des Burgberges ist im Jahre 1545 das Herrenhaus für die Familie von Buch als Stammsitz errichtet worden. Dem ursprünglichen Hauptbau aus der Renaissancezeit wurde im 18. Jahrhundert ein rechtwinklig ansetzender eingeschossiger barocker Seitenflügel angefügt (Abb. Duncker S. 690). Im Jahre 1917 brannte der Hauptflügel ab. Er wurde in schlichterer Form 1921/1922 – lediglich der Schweifgiebel erinnert an die Renaissance – wieder aufgebaut.

Hofseite 2009

Farblithographie. A. Duncker (1857–1883)

Zu DDR-Zeiten beherbergte das Herrenhaus einen Jugendwerkhof, heute ist dort ein Kinderheim untergebracht.

Der ursprünglich barock angelegte Garten ist im Jahre 1845 – vermutlich nach Plänen von Lenné – in einen Landschaftsgarten umgestaltet worden. Dort ist im 19. Jahrhundert für die Familie von Buch ein Erbbegräbnis angelegt worden, das noch heute erhalten ist. Die Begräbnisstätte im Besitz der Deutschen Geologischen Gesellschaft wird von dieser gepflegt. Die Beweggründe dafür liegen in der Familiengeschichte der Buchs: Christian Leopold von Buch, Freiherr von Gellmersdorf (1774–1853), war ein bedeutender Geologe, Vulkanologe und Fossilienforscher.

Ein Nachfahre, der Landrat Alexander von Buch, ließ dem Herrenhaus gegenüber im Jahre 1845 ein „**Schweizerhaus**" errichten. Es war für seine Schwiegereltern bestimmt, die aus der Schweiz stammten. Nach mehrjähriger Rekonstruktion wurde es 2011 als Veranstaltungs- und Appartementhaus wieder eröffnet.

Gellmersdorf

Hofseite 2012

Wenige Kilometer südöstlich von Stolpe liegt das Dorf Gellmersdorf, im 18. Jahrhundert Vorwerk, danach Rittergut, ebenfalls in von Buchschem Besitz.

Das kleine eingeschossige Gutshaus mit Feldsteinsockel wurde nach 2000 renoviert und wird als Dorfgemeinschaftshaus genutzt. Vom Gutshof sind nur noch ruinöse Reste vorhanden.

Blumberg

Ehrenhof 2010

Nach der Familie von Sydow war die Familie von der Osten aus Penkun ab 1763 Herrschaft auf Blumberg. Heinrich Carl von der Osten II. ließ 1806 das dreiflügelige Herrenhaus im Stil der preußischen Landbauschule errichten.

Das Gebäude besteht aus einem neunachsigen zweigeschossigen Haupthaus und eingeschossigen Seitenflügeln, die den Ehrenhof seitlich begrenzen. Diese werden durch würfelförmige eineinhalbgeschossige Kopfbauten abgeschlossen. Während Hauptteil und Südflügel Putzwände aufweisen, prägen den nördlichen Seitenflügel auf der Hofseite überwiegend Spaltsteinwände (Abb. rechts). Die Seitenflügel wurden ursprünglich auch wirtschaftlich, u. a. als Speicher, genutzt. Der südliche Flügel enthält einen großen Saal zu ehemals multifunktionalem Gebrauch. Im Mitteltrakt lag der Wohnbereich.

Farblithographie. A. Duncker (1857–1883)

Vom Anfang des 19. Jahrhunderts stammen auch die überwiegend gut erhaltenen Wirtschaftsgebäude aus Spalt- und Backstein.

1945 wurde die Familie von der Osten enteignet und der Besitz aufgeteilt. Später entstand daraus die LPG. Das Herrenhaus wurde für Wohnungen, den Kindergarten und eine Gaststätte genutzt. 1996 konnten Nachfahren der Familie das Anwesen kaufen. Sie sind bemüht, es nach und nach zu restaurieren. Vorerst wird das Obergeschoss im Mitteltrakt zu Wohnzwecken ausgebaut. Eine spätere touristische Nutzung ist geplant.

Polßen

Gartenseite 2010

Farblithographie. A. Duncker (1857–1883)

Ursprünglich waren bekannte Adelsfamilien die Besitzer des Gutes Polßen, so u. a. von Greiffenberg, von Buch, von Venezobre.

Ein Wohnsitz der adligen Herrschaften entstand erst im 17. Jahrhundert. Ab 1832 lebte die Familie von Wedel-Parlow in Polßen, die das Gut vom Vorbesitzer Landrat von Venezobre erworben hatte und zunächst ein kleines Wohnhaus errichtete ("Rotes Haus").

Das endgültige Herrenhaus ist von 1844 bis 1846 unter Moritz von Wedel-Parlow nach Plänen aus dem Umkreis Stülers an der Westseite des Gutshofes gebaut worden. Der zweigeschossige Backsteinbau mit einem einst von Zinnen bekrönten Turm an der nördlichen Schmalseite ruht auf einem Feldsteinsockel.

Zur gleichen Zeit entstanden auch die Wirtschaftsgebäude, ebenfalls aus Backstein, und die Parkanlage. Diese vollendete aber erst die Nachfolgegeneration.

Ende des 19. Jahrhunderts ist ein eingeschossiger kleiner Festsaal auf der südlichen Schmalseite des Herrenhauses angefügt worden.

Die Familie von Wedel-Parlow blieb Besitzer des Gutes bis zur Enteignung 1948. Danach war es Volkseigenes Gut, das Herrenhaus beherbergte Wohnungen und Büros. In dieser Zeit ist die Bekrönung des Turmes und der Mittelrisalite beseitigt worden. (67)

Seit Ende 1990 wird die Anlage wieder von der ehemaligen Besitzerfamilie Wedel-Parlow genutzt, die es von der Treuhand pachtete. Im Herrenhaus sind private Wohnungen eingerichtet. Ein Vorgarten voller bunter Blumen verhilft dem Haus zu einem besonders freundlichen Gesamteindruck. Der hinter dem Gebäude liegende weite Park erstreckt sich bis zu einem Haussee.

Die Wirtschaftsgebäude sind nur noch partiell vorhanden und durch An- und Umbauten verändert.

Rotes Haus

Eingangsseite 2010

Läuft man vom oben beschriebenen Polßener Herrenhaus nach Süden, gelangt man an das sogenannte „Rote Haus". Es ist in einem großen, sich ebenfalls bis an den Haussee ausdehnenden Garten gelegen. Dieses durch Hermann Moritz von Wedel-Parlow 1832 errichtete Gebäude ist das zuerst gebaute Herrenhaus auf Polßen. Es wurde über einem alten Kellergewölbe errichtet. Dieses ist noch heute vorhanden und enthält eine Küche aus der Bauzeit um 1830. Die Familie von Wedel-Parlow zog allerdings bald wieder um, denn inzwischen war das neue größere Herrenhaus fertig gestellt worden.

Im Roten Haus war dann die Inspektorenwohnung eingerichtet. Es ist um 1920 restauriert und ausgebaut worden.

Nach 1945 diente es zu Wohnzwecken, zunächst für Vertriebene und Flüchtlinge. Nach einigen Jahren Leerstand erwarb ein Architektenehepaar aus Berlin das Haus. Es erfolgte eine Restaurierung denkmalgerecht im klassizistischen Stil, so wie es ursprünglich gestaltet war. Dafür gab es den Brandenburgischen Denkmalpreis!

Schmiedeberg

2012

Der südliche Nachbarort Polßens, Schmiedeberg, besaß einst ein ansehnliches Herrenhaus im Stil einer Turmvilla der Familie von der Hagen. Ein zu seiner Zeit bedeutender Germanist, Friedrich Heinrich von der Hagen (1780–1856), ist hier zur Welt gekommen.

Zu DDR-Zeiten erfolgte der Umbau zu einem Mietswohnhaus mit dem Effekt einer völligen Veränderung der Architektur (Abb. rechts). Das Vorgängerherrenhaus (Abb. links) existiert noch in der Nachbarschaft, ist aber schon seit zwanzig Jahren ungenutzt. Inzwischen ist es wohl kaum noch zu retten!

Wartin

Eingangsfront 2011

Der große neogotische Putzbau weist an der Eingangsseite zwei kurze Seitenflügel auf. Oktogonale Säulen mit Zinnenkronen begrenzen diese ebenso wie die Mittelrisalite an der Eingangs- und Parkseite. Auf der Eingangsseite fallen beiderseits des Fensters in der Attika je zwei

Büsten in kleinen Nischen auf (kleine Abb. unten). An gleicher Stelle auf der Gartenseite sind dort Stuckbüsten angebracht. Haus und Park werden durch eine Terrasse verbunden.

Das Gebäude errichtete Joachim Bernd von der Osten am Anfang des 18. Jahrhunderts. Dessen Enkel verkauften das Rittergut an den Johanniterordensritter von Ramin, der es 1844 an Carl Friedrich Wilhelm Rösecke weiter veräußerte. Das heutige Erscheinungsbild des Herrenhauses ist auf einen Umbau um 1845 zurückzuführen.

Danach veränderten sich die Besitzverhältnisse häufig. Seit 1928 war das Gut dann nicht mehr Eigentum nur einer Familie. Zunächst übernahm es eine Siedlergemeinschaft, danach, während des Dritten Reiches, befand sich im Herrenhaus eine Ausbildungsstätte für Gauführer und Segelflieger. Zu DDR-Zeiten nutzte die Kommune das Schloss als Gemeindebüro und Kindergarten.

1991 erwarben das Anwesen zwei an der Freien Universität Berlin lehrende Professoren, ein Berliner und ein Neuseeländer, und

Farblithographie. A. Duncker (1857–1883)

gründeten die Stiftung „Collegium Wartinum". Diese hat sich den Erhalt und die Restaurierung des Gebäudes und seines Umfeldes zum Ziel gesetzt. Zu Letzterem gehören der Park hinter dem Herrenhaus und ein großer idyllischer Bauerngarten, beide umgeben von einer hohen Ziegel/Feldsteinmauer. Auch einige Wirtschaftsgebäude gehören zum Ensemble, eine Scheunenruine wurde bereits als Theaterbühne umgebaut, die Schmiede als Gästehaus. Im früheren Inspektorenhaus am Eingang zum Hof sind ein Café und ein Hofladen eingerichtet.

Genutzt werden die Gebäude durch eine als „Europäische Akademie" benannte Einrichtung, welcher die zwei Professoren ebenfalls vorstehen.

Eine Bibliothek und Studentenunterkünfte sollen eine angelsächsische College-Atmosphäre schaffen. Es werden Studienwochen angeboten, dazu kulturelle Veranstaltungen, öffentlicher oder privater Art.

Hohenlandin

Parkseite 2011

Den Namen „Warburg House" finden wir bei Alexander Duncker als Bezeichnung des Herren-hauses, das 1860/61 auf den Fundamenten des Vorgängerbaus in normannischem Stil durch Wilhelm Georg von Warburg errichtet wurde. Baumeister war Ferdinand Neubart aus Wriezen.

Die Familie von Warburg hatte das Gut 1798 von der Familie von Stephany (später durch Heirat von Zastrow) erworben. Anfang des 19. Jahrhunderts wurde der Gutsbbetrieb moderni-siert und der Park durch Lenné „zu einem lieblichen Aufenthalt" (18) umgestaltet. Nach dem Schlossneubau musste der Besitz veräußert werden. Erwerber war der Kalkbrennereibesitzer Ferdinand Müller aus Berlin, dessen Familie bis 1945 hier ansässig war. Danach beherbergte das Herrenhaus Flüchtlinge und eine Schule. Seit 1977 steht es leer und ist seither bis auf die Außenmauern verfallen. Aber selbst die Ruine bietet noch einen imposanten Anblick!

Vom Gutshof sind noch Reste erhalten, so zwei Stallgebäude mit schöner Mauergestaltung und die Ruine der Brennerei.

Südliche Giebelseite

Farblithographie. A. Duncker (1857–1883)

Schönermark
Amt Oder-Welse

2012

Markgraf Philipp Wilhelm zu Schwedt erwarb Ende des 17. Jahrhunderts den Rittersitz in Schönermark. 1789 wurde es eine preußische Domäne. Schon 1807 kaufte der Gutsverwalter Carow vom Markgafen das Gut. Ihm folgte Mitte des 19. Jahrhunderts Friedrich Wilhelm Graf von Redern. Er veranlasste den Bau des Gutshofes. Zuletzt durch Heirat zur Familie zu Lynar gehörig, blieb es bis 1945 im Familienbesitz (270). Das Gutshaus beherbergte danach Wohnungen, die Grundschule und die Gemeindeverwaltung. Jetzt ist es leer. Die Brennerei aus jener Zeit wird dagegen heute wieder als Whisky-Brennerei genutzt (http://www.preussischerwhisky.de).

Kunow

Hofseite 2011

Das Rittergut Kunow, früher Cunow/Conow, fand schon im 13. Jahrhundert Erwähnung. Wie so oft wechselten die adligen Besitzer häufig. Im Jahre 1788 kam es an das Preußische Königshaus und wurde als Domäne verpachtet. Der Pächter Friedrich Froreich kaufte sie 1812. In der Folgezeit fanden bis 1945 mehrfache Wechsel der Grundbesitzer statt. So gehörte es Ende des 19. Jahrhunderts zum Besitz des Berliner Industriellen Ferdinand Müller, der auch Hohenlandin besaß (227). Kunow ließ er von einem Verwalter bewirtschaften.

Das Gutshaus und die noch teilweise vorhandene Gutsanlage aus gelbem Backstein – der Speicher ist restauriert – entstanden um 1900. Wahrscheinlich bauten die Besitzer das schon vorhandene Gutshaus während dieser Zeit um und erweiterten es durch einen zweigeschossigen Wohnturm. In den 1960ern erfolgten erneute Um- und Anbauten.

Heute ist es Ortsgemeinschaftshaus und beherbergt eine Kindertagesstätte. (220)

Hohenselchow

Portal 2011

In Hohenselchow existiert seit 1751 ein Rittergut mit den Besitzern von Hagemeister und ab 1767 von Massow. Das Herrenhaus zum Gut ist im Jahre 1782 errichtet worden. Im Kern stammt es wohl schon aus dem Anfang des 18. Jahrhunderts. Es besteht aus dem zweigeschossigen Mittelteil und eingeschossigen, um eine Achse schmaleren Seitenflügeln. Rückwärtig ist am Hauptteil ein zweistöckiger mittlerer dreiachsiger Flügel angebaut, so dass sich ein T-förmiger Grundriss ergibt.

Ab 1801 bis zum Zweiten Weltkrieg war das Rittergut im Besitz der Familie v. Redern.

Nach 1945 wurden wie fast überall in Brandenburg im Herrenhaus Flüchtlinge untergebracht. Es ist bis heute im Besitz der Gemeinde und ein Wohnhaus für mehrere Familien. Dach und Fassade sind vor wenigen Jahren denkmalgerecht saniert worden.

Pinnow
bei Angermünde

2011

Dem erfreuten Blick bietet sich ein großer Gutshof mit seinen wundervoll restaurierten Gebäuden: Scheune, Speicher, Brennerei, Pferdestall, auch der Kuhstall. Zu Recht wurde Pinnow mit der Präsentation dieses Ensembles als „Schönstes Dorf der Uckermark" auf der Grünen Woche 2005 ausgezeichnet!

Der Eingang zum Gutshof wird westlich von einem kleinen ehemaligen Inspektorenhaus und östlich durch das farbintensiv geputzte frühere Gutshaus flankiert. Letzteres ist ein zweigeschossiger Rechteckbau mit mehrachsigem rückwärtigem Flügel aus dem 17. Jahrhundert. Das heutige Erscheinungsbild verdankt das Haus einem Umbau im 19. Jahrhundert. Der Portalvorbau wird durch einen Altan abgeschlossen.

Die Familie von Diringshofen vereinigte um 1650 die vormals zwei in Pinnow bestehenden Rittersitze. Sie besaß das Gut bis in die Mitte des 19. Jahrhunderts und gab es später an die Berliner Kaufmannsfamilie Hertz weiter. Danach erwarb das Gut die Klosterkammer Hannover (250).

1990 kaufte die Gemeinde den Gutshof von der Treuhand und ließ die Gebäude mit Förderung der Europäischen Union und des Landes Brandenburg restaurieren. Im früheren Gutshaus residiert jetzt das Amt Oder-Welse.

Schönow

Parkseite 2011

Schon 1272 war Schönow Lehen von Henricus von Sydow. Im Besitz derer von Sydow blieb das Rittergut bis 1863. Danach wurde es an den Rittmeister Gustav Kieckebusch aus Schwedt verkauft. Von 1892 bis 1945 gehörte das Gut der Familie von Lettow-Vorbeck.

Das Herrenhaus steht in einem kleinen Park in Nachbarschaft zum großen Gutshof. Es entstand zwischen 1830 und 1840 an Stelle des alten Gutshauses in neogotischer Form.

Nach dem Krieg diente es als Wohnhaus sowie als Gemeindezentrum und als Konsum (270).

Während die Brennerei und das daneben liegende denkmalgeschützte ehemalige Verwalterhaus zu verfallen drohen, präsentieren sich zwei Stallgebäude in gutem Zustand. Die Scheune ist zu einer Reithalle und der Stall zu einem Landgasthof umgebaut worden.

Das Herrenhaus steht seit 1990 überwiegend leer. Nach einem Brand sanierte die Gemeinde es zwischen 1999 und 2002 denkmalgerecht. Es soll verkauft werden.

Woltersdorf

Die Geschichte des Rittergutes war von 1756 bis zum Ende des 19. Jahrhundert durch das Adelsgeschlecht von Sydow auf Schönow geprägt (270), das es in dieser Zeit besaß. Im 20. Jahrhundert kam es an die Grafen von Redern (250), die 1945 enteignet wurden.

Hofseite 2011

Das Gutsverwalterhaus stammt aus dem Jahr 1850. Die zum Teil noch erhaltene Gutsanlage wurde im 18./19 Jahrhundert errichtet.

Zu DDR-Zeiten waren im Gutshaus Wohnungen eingerichtet. Jetzt steht es leer, ist im Besitz der Gemeinde und wird gelegentlich zu dörflichen Festlichkeiten genutzt.

Biesendahlsdorf

2011

1848 entstand die Gutsanlage in Biesendahlsdorf. Die Ländereien gehörten davor zu Woltersdorf. Erweiterungen erfolgten bis etwa 1900. Das Herrenhaus wurde 1896 im Neobarockstil errichtet. Eigentümer war die Familie von Dewitz. Diese besaß das Anwesen bis 1938 und verkaufte es dann an die Familie Krupp von Bohlen und Halbach. Deren Tochter Irmgard war mit Johann Raitz von Frentz verheiratet, der aus einem alten Kölner Adelsgeschlecht stammte. Ihnen wurde das Anwesen überlassen. Die heutige Erscheinungsform verdankt das Haus den Umbauten, die das Paar veranlasste.

Nach 1945 waren hier Wohnungen untergebracht sowie ein Kindergarten und das Gemeindebüro.

Seit der politischen Wende 1990 ist es ungenutzt. Obwohl es schon vor zwei Jahren an einen polnischen Besitzer verkauft sein soll, sind bisher keine Baumaßnahmen erkennbar.

Vierraden

Die von einem Pommernherzog im 14. Jahrhundert erbaute Burg Vierraden besaß im Mittelalter strategische Bedeutung als zwischen Brandenburg und Pommern an der Via Regia gelegene Grenzfeste. Die Burg wechselte häufig den Besitzer, bis sie ab 1478 endgültig zu Brandenburg gehörte. Der Angermünder Amtmann Johann von Hohenstein, später zu Vierraden, wurde mit dem „festen Platz" belehnt. Er erwarb auch Schwedt und richtete 30 Jahre später seine Residenz dort ein. Es entstand die Herrschaft zu Vierraden-Schwedt, später nur noch Schwedt. Die Burg blieb Amtssitz bis zu ihrer Zerstörung im Dreißigjährigen Krieg.

Im 19. Jahrhundert hat man Sicherungsmaßnahmen am Restgebäude durchgeführt.

Ende des Zweiten Weltkrieges diente der Turm als Beobachtungsstelle der Wehrmacht, wurde daher von der sowjetischen Artillerie beschossen (man sieht Granateinschläge) und büßte dabei offenbar den Turmkranz ein. (259)

Für Vierraden hatte der Tabakanbau im 18./19. Jahrhundert große Bedeutung. Viele ehemalige Trockenscheunen bestehen noch heute. Eine mehrgeschossige ehemalige Tabaktrockenscheune aus Backstein enthält das Tabakmuseum. Ein weiteres fünfstöckiges Backsteingebäude, die ehemalige Tabakfabrik, heißt heute „Kunstbauwerk" und soll eine „Begegnungsstätte für Mensch, Kunst und Kultur" werden. Auch eine Fabrikantenvilla, ein Arbeiterwohnhaus sowie das Rathaus im Neorenaissancestil künden vom früheren Wohlstand des Ortes.

Schwedt

Markgraf Philipp Wilhelm zu Schwedt ließ um 1700 ein Jagd- und Lustschloss „Monplaisir" in der Umgebung von Schwedt errichten Es lag damit außerhalb des Ortes, war aber durch einen direkten Weg mit dem (im Jahre 1945 zerstörten) Schwedter Schloss verbunden. Markgräfin Sophie, eine Schwester Friedrichs II., lebte hier im Jahre 1765, ihrem letzten Lebensjahr.

Danach wurde „Monplaisir" mehrere Jahre lang nicht genutzt, es verfiel. Deshalb ließ Markgraf Friedrich Heinrich von 1778 bis 1780 an gleicher Stelle ein neues Schlösschen errichten. Der Park wurde im englischen Stil gestaltet.

Nach dem Tode Friedrich Heinrichs im Jahre 1788 fiel das Anwesen an das preußische Königshaus und diente als Quartier des Hofgärtners. Dieser richtete hier einen „Wein- und Bierschank" ein. Damit wurde Monplaisir zum Ausflugsziel der Schwedter und blieb dies als Gaststätte sogar in DDR-Zeiten. Zu jener Zeit erhielt das Gebäude im hinteren Bereich einen verunstaltenden Saalbau angefügt. Er ist leider neben weiteren Anbauten noch heute vorhanden.

Parkseite 2011

Eine Restaurierung erfolgte um 1970 und nach 2005, nachdem das Haus nach 1990 lange leer gestanden hatte. (232)

Monplaisir gehört jetzt dem „Preußischen Kulturverein Monplaisir e. V.", der es sanieren ließ. Es soll für kulturelle Veranstaltungen genutzt werden.

Im jetzt zu Schwedt gehörenden **Heinersdorf** ist im Jahre 2005 das um 1795 gebaute Gutshaus abgerissen worden.

Altkünkendorf

Eingangsseite 2011

Im Dorf Altkünkendorf finden wir ein kleines „Mein Vergnügen" (frz. mon plaisir). Das kleine Herrenhaus ist am höchsten Punkt einer Anhöhe gelegen, oberhalb des Wirtschaftshofes. Der Dreiecksgiebel über dem Eingang weist den Schriftzug „Mon Plaisir" auf. Eigentümer sind mehrere Familien aus Berlin, die das Haus 1994 denkmalgerecht restaurierten, nachdem es bereits vorher Wohnungen enthielt.

Seit dem Mittelalter war Altkünkendorf Rittersitz. Nachdem 1720 die Familie von Rohr das Rittergut übernommen hatte, begann ein wirtschaftlicher Aufschwung. Unter ihrer Herrschaft entstand um 1820 das Herrenhaus

Um 1850 wurde von Stüler (oder seiner Schule?) die benachbarte Kirche umgebaut. Zur gleichen Zeit entstand der Gutshof, von dessen roten Backsteingebäuden ein Stall und der Speicher erhalten sind. Beide sind sehr schön restauriert und werden zu Wohnzwecken und als Bildungsstätte genutzt.

1919 gab die Familie Rohr das Gut auf und es kam in den Besitz des Berliner Kaufmanns Karl Richtberg, der hier seinen Landsitz einrichtete.

Zuchenberg

Hofseite 2012

Zuchenberg entstand 1841 als Stadtgut von Angermünde. Nach 1860 wurde es an verschiedene Amtmänner verpachtet.

Ab 1946 war es Volkseigenes Gut mit Pflanzenproduktion, Rindermast und Milchwirtschaft.

Infolge der politischen Wende erhielt die Stadt Angermünde ihr ehemaliges Eigentum zurück und privatisierte es als Gut Angermünde. Nach mehrfachem Eigentümerwechsel gehört es seit 2005 einer Familie, die Landwirtschaft betreibt und Pferde züchtet. Die gesamte Anlage ist in einem vorbildlichen Zustand. Die gelungene Farbgebung, die das Gutshaus aufweist, findet sich auch an den neuen Wirtschaftsgebäuden wieder.

Wolletz

Jagdschloss Seeseite 2011

Das Jagdschloss Wolletz steht wenige hundert Meter östlich des Gutshofes auf einer Anhöhe, die zum Wolletzer See hin abfällt.

Zu DDR-Zeiten waren das Schloss und seine Umgebung hermetisch abgeriegelt, da es seit 1953 ein Domizil für Gäste des Staatssicherheitsministeriums (MfS) mit angeschlossenem Jagdgebiet für den Minister Mielke war. Die Zufahrt zum Dorf kannten nur Eingeweihte.

Nach 1990 wurde im neben dem Schloss gelegenen ehemaligen Gästehaus des MfS eine kleine kardiologische Rehabilitationsklinik eingerichtet, und es erfolgte eine Sanierung dieses Gebäudes durch die „Allgemeine Hospitalgesellschaft (AHG)". Zusätzlich ist ein großes Klinikgebäude als kardiologische und neurologische Rehabilitationseinrichtung neu errichtet worden. Das ehemalige Jagdschloss blieb in seiner Architektur erhalten. Es enthält jetzt Verwaltungsräume der Klinik und ein Café.

Logistik-Unternehmer Hugo Fiege hat nach der politischen Wende Dorf, Wald und Land von den Erben der Wolletzer Güter (USA, Rumänien, Deutschland) gekauft. Der langgestreckte Wirtschaftshof mit Feldstein-Ziegelbauten beidseits der Straße ist hervorragend restauriert. Das bis zum Umbau erhaltene ehemalige Gutshaus an der Seeseite des Gutshofes wurde durch einen modernen Klinkerbau ersetzt. Dieser ist Sitz der „Naturstiftung Chorin – Schorfheide" unter der Leitung von Elisabeth Fiege. Die Wirtschaftsbauten des Gutshofes vom Ende des 19. Jahrhunderts sollen nach Angaben einer Dorfbewohnerin leer stehen. Insgesamt ist es eine imposante Anlage. Die Absicht, das Jagdschloss zu erwerben, konnte von den Fieges nicht realisiert werden.

Wolletz war Rittergut seit dem 16. Jahrhundert. Ursprünglich im Besitz der Herren von Greiffenberg wechselten die adligen Eigentümer seit 1619 mehrfach. Seit 1788 im Besitz der Familie von Rohr, entwickelten sich Dorf und Gut zu einem großen Gutsbezirk.

Neues „Gutshaus"

Ludwig von Rohr ließ 1826 das erste Jagdschloss am Wolletzsee bauen. Allerdings verarmte die Familie in späteren Jahren, so dass ein reicher Deutsch-Amerikaner, Anton Martinek, den gesamten Besitz 1934 übernahm. Er ließ 1936 das vorhandene Schloss abreißen und an seiner Stelle das heutige Gebäude als Jagdschloss errichten. (116)

Kerkow

Straßenseite 2011

Die Einfahrt der wohlerhaltenen Gutsanlage wird auf der linken Seite vom Gutshaus und auf der rechten Seite von einem Ziegel-Speicher eingerahmt.

Seit Mitte des 17. Jahrhunderts war Kerkow Rittersitz der Familie von Redern auf Görlsdorf, das Gut selbst von verschiedenen Pächtern bewirtschaftet.

Um 1900 ließ der damalige Pächter Otto Sieg das Gutshaus im Heimatstil umbauen, in dem es sich noch heute präsentiert.

Nach 1945 bewirtschaftete ein Volkseigenes Gut das Objekt. Das Gutshaus diente als Verwaltungsgebäude, Speisesaal, Kulturraum und Lehrlingswohnheim.

Seit 1993 ist das Gut in privatem Besitz. Es wird landwirtschaftlich genutzt und die Gebäude werden im Laufe einiger Jahre restauriert. Im Speicher können Produkte aus der Region erworben oder in der hier eingerichteten Gaststätte verzehrt werden. Im Gutshaus sind Pensionszimmer eingerichtet. (www.gut-kerkow.de)

Greiffenberg

Auf einem Hügel liegt die Ruine der Burg – bis zum Jahre 1470 im Besitz der Familie von Greiffenberg. Diese ist vermutlich um 1250 erbaut worden. Ab 1470 waren die auch im Barnim ansässigen Adelsherren von Sparren Lehnsherren auf Greiffenberg. Nach Zerstörungen im Dreißigjährigen Krieg bauten sie die Burg um 1664 wieder auf. Zehn Jahre später ist sie erneut zerstört worden, dieses Mal durch die Schweden. Danach erfolgte kein Wiederaufbau mehr.

Ruine des Torturmes 2011

1803 verkaufte Graf Karl Friedrich von Sparr die Greiffenberger Ländereien. Sie gelangten nach einem Zwischenbesitzer an die Familie von Wedel-Parlow. Diese verkaufte die zum Besitz gehörenden Ländereien Obergreiffenberg, so dass es nunmehr zwei Güter gab. 1847 kamen beide Güter in den Besitz derer von Redern zu Görlsdorf (Herrenhaus 1945 zerstört), die sie wieder zusammenführten.

Hofseite mit Portal

Straßenseite

Die Verwaltung ihrer umfangreichen Besitzungen wurde in Greiffenberg angesiedelt. Als Dienstsitz entstand 1884 das große Verwalterhaus aus Backstein mit einem Zinnenturm und anderen Zierformen. Es diente diesem Zweck bis zum Jahre 1945.

Danach richtete die DDR im Gebäude eine Schule ein. Der Bau musste dazu verändert werden, wobei die Zierformen beseitigt und eine Putzfassade angebracht worden ist. Erhalten blieb das Eingangsportal mit einem Dreiecksgiebel, der ein Wappen aufweist. Später errichtete die Behörde auf dem ehemals von Zinnen bekrönten Turm eine Schul-Sternwarte (178). 2007 zog die Schule aus. Seither nutzen ein Kindergarten und kommunale Einrichtungen das Gebäude. Von den schön verzierten Wirtschaftsgebäuden aus rotem Backstein (rechte Abb., im Hintergrund) sind nur noch einzelne erhalten.

2012

Den Gutshof **Obergreiffenberg** nutzte nach 1945 die LPG. Nach 1990 gelangte er in privaten Besitz und verfällt seither.

Das Gutshaus (Abb. links) wird zu zwei Dritteln als Wohnhaus genutzt. Dieser Teil ist in gutem, der andere leere Teil ist in desolatem Zustand.

Frauenhagen

Hofseite 2012

1743 erwarb Graf Hans Christoph Friedrich von Hacke, der spätere Stadtkommandant von Berlin, das Rittergut von den Herrschaften von Greiffenberg. Er ließ im Auftrag von Friedrich II. im Jahre 1750 in Berlin einen Platz anlegen, der später nach ihm benannt wurde – der „Hackesche Markt". Seine Erben verkauften die Güter in Frauenhagen, die adligen Eigentümer wechselten nun mehrfach. Seit Anfang des 19. Jahrhunderts waren dann die Grafen von Redern aus Görlsdorf Besitzer. Teile des Landes erwarb 1923 eine Berliner Siedlergemeinschaft.

Nach der Bodenreform ist der gesamte Landbesitz aufgeteilt und später von der LPG bewirtschaftet worden.

Das Gutshaus wurde vermutlich Ende des 19. Jahrhunderts umgebaut, denn es weist Zeichen des „alpenländischen Stils" auf. Erneut sind in den 1960er Jahren Umgestaltungen erfolgt, insbesondere der Innenräume, als das Haus den Rat der Gemeinde und den Kindergarten beherbergte. Jetzt wird es weiter durch den Kindergarten und als Gemeindezentrum genutzt.

Vom einstmals riesigen Gutshof sind noch einige Gebäude erhalten, die die bedeutende Anlage nur noch erahnen lassen.

Bruchhagen

2011

Die Bruchhagener Güter gehörten ursprünglich einem Zweig der Familie von Greiffenberg. Später kamen sie in den Besitz derer von Holtzendorff und ab 1857 zur Familie von Redern auf Görlsdorf. Diese blieben Eigentümer bis zum Jahre 1945.

Das kleine um 1800 erbaute Gutshaus, ein verputzter Fachwerkbau, steht seit vielen Jahren leer und ist trotz der Aufnahme in die Denkmalliste Brandenburgs dem Verfall preisgegeben. Auch die Gutsanlage wird nicht mehr genutzt. Einige Gebäude sind bereits abgerissen, der Rest verfällt.

Biesenbrow

Hofseite 2012

Biesenbrow ist vor allem durch Ehm Welk (1884–1966) bekannt, der hier aufwuchs und dem Ort als Kummerow in seinen weit verbreiteten Büchern ein Denkmal setzte.

Die Adelsherrschaft von Biesenbrow starb schon Ende des 17. Jahrhunderts aus. Das Lehen gelangte nach einem kurzen Zwischenbesitz (Eberhard von Dankelmann, s. Zeesen, LDS) an den Markgrafen von Schwedt und später durch Heirat an das Herzogtum Anhalt-Dessau. In dessen Besitz blieb es bis 1945 (174).

Das Gutshaus aus dem 19. Jahrhundert ist im Erdgeschoss als Gemeindehaus eingerichtet, die obere Etage scheint nicht genutzt zu werden.

Grünow

Hofseite 2011

Anfang des 19. Jahrhunderts war das Rittergut Grünow im Besitz derer von Buch. 1836 erwarben es die von Stendells. Seit Anfang des 20. Jahrhunderts gehörte es bis zur Enteignung der Gutsbesitzerfamilie Kühn zu Damitzow und Golm (s. da).

Das an der Nordseite des Wirtschaftshofes stehende Gutshaus stammt aus der Mitte des 19. Jahrhunderts. Bauherr war der damalige Rittergutsbesitzer von Stendell (270). Auf der Rückseite des Hauses ist die ehemalige Parkanlage noch zu erkennen. Der bauliche Zustand des zum Teil aus Klinkergebäuden bestehenden Gutshofes ist mäßig, scheint aber noch erhaltenswert.

Die Nutzung des Gutshauses nach 1945 entsprach dem wie so oft im Osten Deutschlands erlebten: Wohnungen, Konsum, Post. Jetzt steht es leer. Ein Gutsarbeiter erzählt uns, dass die Gemeinde einen Gemeindesaal einrichten will. Bauvorbereitungen im Inneren des Hauses sind auch erkennbar.

Wilmersdorf

Straßenseite 2011

Das Gut Wilmersdorf befand sich von 1626 bis 1945 (mit einer Unterbrechung in der Zeit von 1636 bis 1734) im Besitz der Familie von Buch. Das zum Gut gehörende Gutshaus in Fachwerkbauweise stammt aus dem Jahr 1680.

Giebelseite mit Seitenflügeln

Giebelseite 2011

Alexander Detloff von Buch, Landrat zu Angermünde, übernahm 1813 das Gut von seinem Bruder Christian Leopold, dem bekannten Geologen (s. Stolpe). 1814 bis 1820 baute Alexander Detloff die Gutsanlagen aus; es entstand eine quadratische Hofanlage. Das Herrenhaus erhielt hofseitig zwei ebenfalls in Fachwerkbauweise gestaltete eingeschossige Seitenflügel (kleine Abb. links). 1838 zerstörte ein Brand einen großen Teil des Gutshofes. Der Wiederaufbau erfolgte in Form eines Dreiseiten-Hofes mit Feldstein-Ziegelgebäuden.

Seit 1922 war Alexander von Buch Gutsherr auf Wilmersdorf. Er ließ das dem Gutshof gegenüber liegende Gästehaus „Lindenhaus" bauen.

Nach der Enteignung 1945 wurde der Besitz aufgeteilt, das Gut in ein Volkseigenes Gut umgewandelt. Im Gutshaus waren Wohnungen und Büroräume untergebracht. Seit 1993 stand es leer. Nach der Wiedervereinigung erwarb die „Wilmersdorf GbR" die Hofanlage. Das Gutshaus ist jetzt denkmalgerecht restauriert. Allerdings konnten die Seitenflügel nicht erhalten werden, nur deren Feldsteinsockel deuten die frühere Anlage noch an (kleine Abb. rechts).

Ein Nachkomme Alexander von Buchs erwarb 1996 das „Lindenhaus" und ließ es restaurieren (Abb. links). Es dient jetzt als Verlagshaus. (115)

Petershagen

Hofseite 2011

Seit dem 15. Jahrhundert gehörten die Ländereien zur Familie von Sydow, später von der Schulenburg. Die Gutsanlage Petershagen mit Gutshaus und Wirtschaftsgebäuden entstand im 19. Jahrhundert.

Ein Teil des Herrenhauses wurde 1945 zerstört (270). Restaurierungen des jetzigen Gebäudes erfolgten 1972 und 2010. Es wird von der Gemeinde und Vereinen genutzt. Auf einer Schmalseite ist 1972 ein kleiner Gaststättenanbau angefügt worden.

Der Weg zu dem restaurierten früheren Gutshaus führt über einen sehr hübschen begrünten und bepflanzten Hof. Flankiert ist dieser von einigen ehemals zum Gut gehörenden Häusern, die jetzt zu Wohnzwecken genutzt werden. Hinter dem Herrenhaus erstreckt sich ein baumreicher Park, jetzt als Märchenpark gestaltet.

Beatenhof-Hohenreinkendorf

Der Gutshof „Beatenhof" liegt außerhalb von Hohenreinkendorf auf dem Weg nach Petershagen. Es war ursprünglich ein Vorwerk, das eine Schäferei und Milchviehwirtschaft betrieb. Entstanden ist es um 1740 (270). Ob das Gutshaus aus dieser Zeit stammt, war nicht in Erfahrung zu bringen. Jetzt ist es Wohnhaus der Besitzerfamilie des Gutshofes, auf dem aktiv Landwirtschaft betrieben wird. Die Wirtschaftsgebäude, Ende des 19. Jahrhunderts gebaut, werden weiter genutzt.

Damitzow

Hofseite 2012

An einem kleinen See liegt die große Gutsanlage Damitzow mit Kirche und Gutshaus. Die ursprüngliche Schlossanlage soll auf einer Insel im See erbaut worden sein, die noch immer Schlossinsel heißt. Diese Anlage ist im Dreißigjährigen Krieg zerstört worden (12).

Im 17. Jahrhundert wurde das Gut, in dieser Zeit zu Pommern gehörend, wieder aufgebaut. Vermutlich gehörte es zum Besitz der damals im benachbarten Tantow ansässigen Rittergutsfamilie von Eickstedt. Ab 1681 war es über mehrere Generationen im Besitz der Herrschaften von Mellin. Ein Wappen über dem Eingang der benachbarten Kirche stammt von dieser Familie. Nach zwei Zwischenbesitzern erwarb Woldemar von Heyden im Jahre 1863 die Damitzower

Seeseite um 1930

Güter. Letzter Besitzer vor Ende des Zweiten Weltkrieges war die Familie Kühn. Das Herrenhaus ist ein rechteckiger Putzbau mit hohem Walmdach. Es handelt sich im Kern um einen Bau aus dem 17. Jahrhundert. Im Jahre 1846 ist auf der Seeseite eine weitere Achse angebaut worden (histor. Abb.).

Heute gehört es einer Berliner Familie, die das Haus nach und nach restaurieren will. Der Fortgang ist allerdings mühsam, denn als wir ein Jahr später vorbeikommen, sind nur die Fenster erneuert. Das Dach des Anbaus auf der Seeseite ist noch ungedeckt und die Schutzhülle zerrissen.

Auf der Schlossinsel existiert noch immer ein Park, der zur Anlage gehört. Er ist über eine historische Brücke erreichbar. In einem Stallgebäude hat ein zugewanderter Hamburger ein kleines Museum eingerichtet. Der engagierte Organisator eines Förderkreises bereitet weitere Annehmlichkeiten (Café, Übernachtungsmöglichkeiten) für (Fahrrad-)Touristen vor.

Radekow

Straßenseite 2011 und Anfang des 20. Jahrhunderts

Das kleine denkmalgeschützte Herrenhaus liegt etwas außerhalb der Gutsanlage, oberhalb der mit einem Teich verschönerten Parkanlage. Der gesamte Komplex wurde in der zweiten Hälfte des 19. Jahrhunderts errichtet und gehörte zum Majorat Tantow-Radekow der Familie von Eickstedt. Deren Herrenhaus in Tantow selbst ist 1945 zerstört worden. Das Gutshaus hier entstand 1874 im Schweizerstil mit einem Turm, der nach 1945 verschwand. Die Fassade erinnert nur noch marginal an den ursprünglichen Baustil.

Das sanierte Gutshaus Radekow ist jetzt als Ferienhaus zu mieten und aktuell zum Verkauf angeboten. (www.villaradekow.eu)

Jamikow

Hofseite 2011

Das Rittergut gehörte bis 1945 zur Herrschaft der Grafen von Redern auf Görlsdorf, war aber immer verpachtet. Das Pächterwohnhaus wurde am Ende des 18. Jahrhunderts gebaut.

Nach 1945 beherbergte es zunächst Umsiedler und Vertriebene, später diente es Wohnzwecken.

Seit der letzte Bewohner Anfang 2000 auszog, ist das Haus leer. Die Gemeinde ist bemüht, es zu verkaufen.

Wendemark

2012

Wendemark, dem man seinen Gutscharakter noch heute ansieht, liegt malerisch in einer eiszeitlich geprägten Hügellandschaft. Der Ort entstand 1731 als Amtsvorwerk mit einer Schäferei. Im 19. Jahrhundert wurde das Vorwerk durch Erweiterung der Ländereien zu einem Domänengut. Die Bewirtschaftung erfolgte durch Pächter.

Das Gutshaus ließ Pächter Saenger um 1880 erbauen und es im Jahre 1910 durch einen zweigeschossigen Anbau erweitern. Die noch recht gut erhaltenen aber jetzt leeren Wirtschaftsgebäude stammen ebenfalls aus der Zeit. Vorgänger Sängers war bis 1879 Amtmann Rostowski. Sein Sohn Otto (1872–1962) war ein bekannter Dresdener Mediziner. Ein Gedenkstein vor dem Gutshaus erinnert an ihn.

1932 wurde das Gut an die „Landgesellschaft Eigene Scholle GmbH" in Frankfurt (Oder) verkauft und aufgesiedelt. (270)

Das Gutshaus ist heute in privatem Besitz und wird nach und nach als Ferienhaus einer Familie saniert.

Wendemark ist Teil der Gemeinde Passow, dessen „Schloss" nicht mehr existiert.

Das Rittergut **Passow** besaß die Familie von Diringshofen seit 1652 anteilig, ab 1726 vollständig (270) bis 1945. Im 18. Jahrhundert ließen sie ein Herrenhaus bauen und einen Park anlegen. Nur den Park gibt es heute noch. Vom Gutshof sind noch einige Gebäude erhalten, die von unterschiedlichen Gewerben genutzt werden. Das ebenfalls noch vorhandene Gutsverwalterhaus (Abb. links) vermietet die Gemeinde für Familienfeste.

Kleptow

Hofseite 2011

Kleptow ist mit zwei Namen verbunden: der Familie von Berg, von 1541 bis 1841 Eigentümer des Rittergutes, und der Familie Hertz, die es von 1841 bis 1945 besaß.

Gebaut ist das Gutshaus im Jahre 1854 an der Stelle eines Vorgängerbaus als Putzbau mit Feldsteinsockel. Die Hofseite ziert ein dreiachsiger Mittelrisalit mit Dreiecksgiebel, auf der Parkseite fällt ein polygonaler Anbau mit einer Terrasse auf. Ein Zugang in das Haus und in den angrenzenden Park ist – der Eigentümer äußert Baufälligkeit als Grund – nicht möglich. Das Dach ist allerdings intakt, so dass ein weiterer Verfall zunächst vielleicht verhindert wird.

Nach 1945 ist das ehemalige Herrenhaus zu Wohnzwecken und als Schule genutzt worden. Seit Anfang der 1990er Jahre steht es leer.

Das Haus und die Gutsanlage gehören heute zu einem Saatzuchtbetrieb. Von den ehemaligen Wirtschaftsgebäuden werden noch einzelne moderne genutzt, die den heutigen „industriellen" Wirtschaftsformen entsprechen.

Ein verantwortlicher Mitarbeiter, den wir ansprechen, bedauert, dass bisher die Finanzen zur Sanierung des Gutshauses nicht vorhanden sind. Er schließt eine spätere Erneuerung jedoch nicht aus.

Ludwigsburg

Parkseit 2011

Der Bau der Gutsanlage Ludwigsburg erfolgte etwa um 1820. Zu diesem Zweck hatte der Kaufmann Friedrich Keibel aus Pasewalk für seinen Sohn Ludwig, den Namensgeber des Gutes, entsprechende Ländereien gekauft. Es wird vermutet, dass der Berliner Architekt Eduard Knobloch (Kröchlendorff, Lanke/BAR) an der Planung der Anlage beteiligt war. Vom gesamten ehemaligen Gutshof sind heute nur noch der Speicher und das Gutshaus vorhanden. Beide sind leer. Um das Gutshaus bemüht sich die Diakonie, die hier eine evangelische Seniorenbegegnungsstätte einrichten möchte. Umbaupläne dafür sind vorhanden. Ob die Finanzierung gesichert ist, bleibt für uns unklar.

Strehlow

„Wirtschaftstrakt" 2011

Die historische Abbildung zeigt das um 1650 erbaute Fachwerkgutshaus und den mit ihm verbundenen eingeschossigen Küchentrakt. 1908 ist dieses „Küchenhaus" abgerissen und durch ein neues elegantes Gebäude (große Abb.) ersetzt worden. Das alte Fachwerkherrenhaus kam 1972 unter den Abbruchhammer, so dass nur das Wirtschaftsgebäude mit dem früheren Verbindungsgang zum Haupthaus übrig blieb. Das jetzt als Gutshaus bezeichnete zweistöckige Gebäude ist also eigentlich ein Wirtschaftsgebäude!

Die adligen Eigentümer des Rittergutes Strehlow wechselten häufig, so u. a. von Arnim, von Holtzendorff, von der Osten und von Steinkeller. Seit 1775 hatte es dann die Familie Gysae, zunächst nur gepachtet, sie kaufte es im Jahre 1833. Das Gut prosperierte, neue Gutsgebäude, wie Stallungen und die heute denkmalgeschützte Brennerei entstanden.

1945 war auch die Familie Gysae von der Enteignung betroffen.

In beide Gebäudeteile, in das Gutshaus und in den Wirtschaftstrakt, zogen zunächst Kriegsflüchtlinge ein. Danach, ebenfalls in beiden Häusern eingerichtet, folgte eine Schule. Nach Abriss des Gutshauses 1972 war die Schule bis zum Jahre 1997 dann nur noch im Wirtschaftshaus untergebracht. Anschließend diente das Gebäude der „Kindervereinigung Strehlow e.V." zur Freizeitgestaltung von Kindern und Jugendlichen.

Seit einigen Jahren gehört es einer Berliner Familie. Diese hat es restauriert und nutzt es als Wochenend- und Ferienhaus.

Potzlow

Hofseite 2011

Schon 1305 war Potzlow eine Kleinstadt mit einem Marktplatz. Noch heute ist die Kubatur des an der Kirche gelegenen früheren Marktplatzes zu erkennen. Ganz früher stand hier ein steinerner Roland, der 1727 aus Holz nachgebildet wurde und noch heute, allerdings als moderne Neuauflage, in der Mitte des Platzes steht.

Potzlow war preußische Domäne und von Domänenpächtern bewirtschaftet. Ein Sohn der Familie Karbe auf Blankenburg übernahm 1888 das Gut Potzlow. Das Gutshaus besteht aus zwei Anteilen, einem einstöckigen älteren Teil mit Krüppelwalmdach und einem neueren mit Mansarddach. Beide Gebäude sind mit einem Zwischenbau verbunden. Die Bauzeiten sind nicht bekannt.

Heute beherbergen die beiden Gebäudeteile Gemeinderäume und einen Kindergarten.

Seehausen

Gegenüber der Einfahrt in einen ausgedehnten Gutshof mit Wirtschaftsgebäuden aus roten Ziegeln, die fast vollständig erhalten sind, steht das im Verhältnis dazu erstaunlich kleine Gutshaus. In gleicher Flucht gelegen ist das denkmalgeschützte Brennereigebäude.

Beide Häuser gehören Berliner Privatleuten, die zuerst das Haus, dann die Brennerei restaurieren lassen. Im Gutshaus sollen altersgerechte Wohnungen eingerichtet werden. Die Bauzeit des eingeschossigen Gutshauses war nicht zu erfahren.

Brennerei und Gutshaus 2011

Das Gut Seehausen gehörte von 1664 an zum Besitz des Joachimsthaler Gymnasiums und wurde von einem Amtmann verwaltet.

Gramzow

Hofseite 2012

Im Ort Gramzow gab es ein Prämonstratenserkloster, gestiftet von Herzog Bogislav I. von Pommern – Stettin im Jahre 1178.

Die im Jahre 1235 von den Mönchen errichtete Feldsteinkirche ist im 14. Jahrhundert durch einen stattlichen dreischiffigen Backsteinbau ersetzt worden.

Nach der Reformation traf die Säkularisierung das Kloster, hinfort diente die Klosterkirche als Getreidespeicher. Im 30-jährigen Krieg wurden Teile des Klosters zerstört.

Ab 1686 siedelten sich französisch-reformierte Flüchtlinge an. Sie nutzten das ehemalige Kloster als Gotteshaus. 1714 brannte der größte Teil der Klosteranlage nieder, durch einen zweiten Brand 1747 wurde auch die Kirche weitgehend zerstört. Heute stehen nur noch die Mauern eines Teils der Westwand und sind das Wahrzeichen der Stadt.

Die Klostergüter kamen vermutlich in kurfürstlichen (später königlichen) Besitz.

Heute teilt eine Straße den Gutshof. Das gut erhaltene Gutshaus aus dem Jahr 1832 wird von der „Agrargesellschaft Gramzow" als Wohn- und Gästehaus genutzt. Dem Hause gegenüber, jenseits der Straße, stehen die Wirtschaftsgebäude.

Philipp Heinrich Karbe, zunächst Pächter, später Rittergutsbesitzer von Sieversdorf (LOS, s. dort), pachtete um 1780 auch die Königliche Domäne Gramzow (und Chorin). Die Karbes waren ein aus der Uckermark stammendes Geschlecht und noch auf weiteren Gütern der Region ansässig (s.a. Werbelow, Blankenburg). Philipp Heinrich Karbe gilt als Begründer der Gramzow-Choriner Linie dieser Familie. Seine Enkelin, Anna Karbe (1852–1875), war als Heimatdichterin bekannt (s. Lichterfelde, BAR). Soweit die Geschichte zu verfolgen ist, blieb Gramzow bis zum Ende des 19. Jahrhundert unter Karbescher Pacht.

Nechlin

Hofseite 2011

Nach vorausgegangenem häufigem Wechsel bekannter adliger Eigentümer aus der Region (von Eickstedt, von Holtzendorff, von Berg), die unterschiedlich große Anteile der Ländereien besaßen, kam Dietloff II. von Arnim durch Heirat in den Besitz von Nechlin. Es gelang ihm, den gesamten Gutsbesitz zu vereinen. Damit war die Familie von Arnim seit 1680 Eigentümerin des Gutes Nechlin, sie blieb es bis 1945. Die Bewirtschaftung des Gutes erfolgte überwiegend durch Verwalter oder Pächter, denn die Arnims wohnten nicht dort. Erst im Jahre 1931 zog die verwitwete Alice Georgine von Arnim, (ab 1935 verheiratet mit Graf von Zedwitz) mit ihrem Sohn nach Nechlin.

Die Familie wurde 1945 enteignet, Gut und Ländereien kamen später zur LPG.

Es folgte die Nutzung des Gutshauses zu Wohn- und kommunalen Zwecken. Zuletzt waren nur noch Wohnungen im Haus.

Seit 2000 ist es in privater Hand. Der Besitzer ist jedoch offenbar finanziell nicht in der Lage, das Haus zu sanieren. Er wohnt dort unter dürftigen Bedingungen, denn das Haus selbst ist noch in einem desolaten Zustand. Dies ist bedauerlich, weil eine wohlbestallte Solar-Energie-Firma, die schon einen Speicher saniert hat und die Brennerei ausbauen will, auch dieses Gebäude erwerben und restaurieren möchte. Der derzeitige Besitzer will jedoch nicht verkaufen, so erfahren wir von den Dorfbewohnern. Vielleicht findet sich doch noch eine für beide Seiten akzeptable Lösung.

Über die Baugeschichte des Gutshauses ist wenig bekannt. Ein Dorfbrand im Jahre 1723 zerstörte auch das Gutshaus, es ist danach wieder aufgebaut worden. Der an Rokoko erinnernde Stil lässt vermuten, dass der Hauptteil des Gebäudes aus diesem Zeitraum stammen könnte.

Wilsickow

Parkseite 2011

Das Rittergut Wilsickow gehörte von 1466 bis 1617 der Familie von Oldenvlyt. Danach war es im Besitz derer von Arnsdorf, bis es 1742 Henning Joachim von Holtzendorff erwarb, der damalige Landesdirektor der Uckermark. Die Familie war bis zum Ende des Zweiten Weltkrieges Eigentümer.

In das Gut zog danach die LPG, im Gutshaus lebten Vertriebene. Später wurde es kommunal genutzt – als Gemeindebüro, Arztpraxis, Konsum und Kindergarten.

Das Herrenhaus, an der Westseite der Gutsanlage gelegen, ist vermutlich Mitte des 18. Jahrhunderts als zweigeschossiger Putzbau mit Mansarddach errichtet worden. Um 1850 kam ein siebenachsiger Erweiterungsbau am südlichen Giebel hinzu (historische Abb., Hofseite)

Vom Ende des 19. Jahrhunderts stammen auch die inzwischen wunderbar restaurierten Wirtschaftsgebäude aus Back- und Feldsteinen. 1923 entstand ein kleines zweigeschossiges Gebäude an der Nordwestseite des Hofes als Witwensitz. Auch dieses ist restauriert, dort ist jetzt ein Kaffee eingerichtet.

Eine Restaurierung des Herrenhauses erfolgte 1994 mit Abtragung des Anbaus mit dem Treppenturm von 1850. Übrig blieb der ursprüngliche barocke Bau als neues Gutshaus.

Die Enkelin des bis 1945 letzten Besitzers und deren Ehemann erwarben 1994 das Anwesen. Gemeinsam betreiben sie im Herrenhaus und in den Gutsgebäuden eine Jugendhilfeeinrichtung (sie ist Pädagogin (55)) und eine Pension (www.gutshof-wilsickow.de).

Friedrichsfelde

Hofseite 2001

Der denkmalgeschützte Gutshof, von dem die meisten Wirtschaftsgebäude noch erhalten sind, wird von Norden von dem kleinen Gutshaus in Feldsteinbauweise begrenzt.

Friedrichsfelde entstand 1725 als Vorwerk mit Schäferei, zum Gutsbezirk Steinhöfel gehörend. Die Ländereien dieses Gutsbezirks waren zu jener Zeit im Besitz von Georg Friedrich von Sparr. Ab 1772 bis nach 1929 gehörte er der Familie von Redern zu Görlsdorf. Danach wurde das Gutsvorwerk aufgelöst (173). Nach 1945 war es ein VEG mit Schwerpunkt Rinderzüchtung. Seit der politischen Wende wird es privat bewirtschaftet, neue Gebäude sind dazu gekommen. In einem Teil wird eine Lehrschäferei betrieben. Im Gutshaus sind bis heute Wohnungen eingerichtet.

Seelübbe

Seit dem 13. Jahrhundert entwickelte sich der Ort am östlichen Ufer des Unterückersees als Angerdorf mit einem Rittergut (35).

Im 19. Jahrhundert war das Gut ein Vorwerk des Amtes Gramzow.

Um 1900 wurde die Familie Siefert Gutsbesitzer. Grabsteine der Familie auf dem Kirchhof geben dazu Auskunft. Der Gutshof hieß damals Siefertshof.

Straßenseite 2011

Jetzt wird der Hof gewerblich genutzt. Das Gutshaus, vermutlich vom Ende des 19. Jahrhunderts stammend, steht leer und ist in einem wenig erfreulichen Zustand.

Lemmersdorf

Hofseite 2011

Von 1486 bis 1736 war Lemmersdorf im Besitz der Familie von Gloeden. Danach gehörte es einem Zweig derer von Arnim, bis es 1816 Hermann von Stülpnagel zu Taschenberg erwarb. 1840 kam es dann zu Graf von Schwerin aus Wolfshagen. In deren Besitz blieb es bis zur Enteignung 1945.

Das Baujahr des Gutshauses, ein Putzbau auf Felssteinsockel, ist nicht bekannt, wahrscheinlich stammt es aus der Mitte des 19. Jahrhunderts. Zu dieser Zeit entstanden auch die noch heute in Teilen erhaltenen Wirtschaftsgebäude in Feldstein-Ziegel-Bauweise. Nach Plänen von Lenné ist der Park um 1835 durch von Stülpnagel angelegt, später durch von Schwerin erweitert worden.

Nach dem Kriegsende 1945 beherbergte das Herrenhaus Waisenkinder, später war es Kinderheim mit Schule bis zum Jahre 1996. 2002 erwarben zwei Berliner das Haus und ließen es als Wohnhaus sanieren.

Angrenzend an den Gutshausgarten liegt der kleine, öffentlich zugängliche Park. Verschiedenartige Bäume sowie Parkgewässerreste erinnern an alte Strukturen.

Vietmannsdorf

Eingangsseite 2011

Seit dem Jahre 1494 ist der Ort Vietmannsdorf mit dem Namen derer von Holtzendorff verbunden. 1783 erbte Joachim Philipp Albrecht von Holtzendorff das Gut. In der Familie blieb es danach über drei Generationen. Franz von Holtzendorff (1829–1859), ein bekannter Jurist und Schriftsteller, wurde hier geboren.

Der Bankier Dittmar Leipziger aus Berlin erwarb Vietmannsdorf 1872 als Landsitz. Nach 1921 war dann Hermann Röder, ebenfalls aus Berlin, Eigentümer (227). 1943 wurden Herrenhaus und Gut mit den dazugehörenden Ländereien (wohl unter Druck von Hermann Göring) in die Stiftung Schorfheide überführt.

Nach 1945 nutzte die Gemeinde das Herrenhaus für verschiedene kommunale Zwecke wie Gemeindeverwaltung, Kindergarten und Wohnstätte.

Errichtet worden ist das Herrenhaus von der Familie von Holtzendorff. Die Bauzeit und Termine baulicher Veränderungen sind nicht in Erfahrung zu bringen.

Nach 1990 verkaufte die Gemeinde das repräsentative Gebäude.

Wir finden ein Haus mit sehr schön renovierter Fassade vor. Aber auch die Gestaltung der Innenräume ist weitgehend beendet, so erfahren wir es vom Hausmeister. Der Besitzer ist ein Anwalt aus Berlin.

Funkenhagen

Hofseite 2011

Das direkt am Mellensee gelegene Gut gehörte bis zum Jahre 1925 zum Besitz derer von Arnim, Pächter bewirtschafteten es.

Dann wurde der Besitz aufgesiedelt, das Restgut mit Hof erwarb die Familie Ostermann. Der Urenkel dieser Familie betreibt heute hier wieder Landwirtschaft. Im ehemaligen Gutshaus und einem daneben befindlichen kleinen Feldstein-Gutsgebäude sind Ferienwohnungen zur Vermietung eingerichtet.

Zollchow

Straßenseite 2011

Der Ort wurde erstmals im 14. Jahrhundert als Tzelchow genannt. Besitzer waren die von Kerkows, von Holtzendorff und von Arnim.

Im 19. Jahrhundert gab es hier zwei Rittergüter, beide in von Arnimschem Besitz. Deren Nachfolger werden nicht aufgeführt (250).

Das Gut gehörte vor dem Krieg der Familie Doll. Verwandte sind noch im Dorf ansässig, von denen wir die Information erhalten. Das Gutshaus bildet eine Seite eines Vierseitenhofes. Heute wieder in privatem Besitz, sind darin Ferienwohnungen eingerichtet.

Mühlhof

Eingang 2011

Das nahe Prenzlau gelegene Mühlhof, 1845 erstmals erwähnt, ist heute eine moderne Orts-rand-Siedlung mit neuen Einfamilienhäusern. Mühlhof ist ein Teil des Dorfes Güstow, das zum Besitztum derer von Arnim gehörte. Vom ehemaligen Gutshof ist jetzt nichts mehr zu erkennen.

Das eingeschossige Gutshaus aus der Mitte des 19. Jahrhunderts wurde schon nach 1945 zu einem Mehrfamilienhaus umgebaut. Heute, im Besitz einer Familie, wird es von dieser als Wohnhaus genutzt.

Geesow

Das kleine Gutshaus von Geesow soll um 1900 entstanden sein (270). Es ist heute ein Wohnhaus zweier Familien.

Ein Rittergut gab es hier nicht. Vielmehr existierten im Mittelalter am Salveybach vier Mühlen, von denen nur noch eine als beeindru-ckendes Gebäude mit einem Mu-seum und Ferienwohnungen er-halten geblieben ist.

Hofseite 2012

Menkin

1933   Gutshaus, aus gleicher Sicht   2012

Obwohl vom alten Winterfeldtschen Gut nur noch wenig vorhanden ist, kann Menkin als eine Besonderheit im Ensemble brandenburgischer Herrenhäuser bezeichnet werden: Das jetzige „Gutshaus" ist erst im Jahre 1960 (!) erbaut worden. Es steht unter Denkmalschutz und wird von Dr. Kaspar von Oppen und seiner Frau bewohnt. Herr von Oppen ist ein Enkel des letzten Besitzers, Joachim von Winterfeldt-Menkin.

Das Gut Menkin war über Jahrhunderte (von 1624 bis 1945) im Besitz der Familie von Winterfeldt. Zuerst im Dreißigjährigen Krieg und dann am Ende des Zweiten Weltkrieges wurde es durch Brände fast vollständig zerstört.

Das letzte um 1740 errichtete Herrenhaus stand an der Stelle, auf der jetzt das neue Haus steht. Dessen Kubatur entspricht allerdings nicht ganz der des Vorgängerbaus. Das „neue Gutshaus" sollte den neuen Herren des Gutes (erst VEG, dann LPG) als Kulturhaus dienen. Später wurde es als Lehrlingsheim genutzt, zu diesem Zweck ist ein östlicher Anbau angefügt worden.

Nach 1990 erwarben Frau und Herr von Oppen das leer stehende Haus und richteten sich im Untergeschoß eine private Wohnung ein. Einzelne Büroräume für den Agrarbetrieb im Obergeschoss sind vermietet.

Wir werden – obwohl unangemeldet – mit großer Herzlichkeit empfangen und erfahren in freundlicher Runde manche interessante Details zur (Familien-)Geschichte.

Die sinnvolle Nutzung des Gutshauses von Menkin demonstriert, dass sich nicht nur in vorhandenen Baudenkmalen sondern auch in Gebäuden jüngerer Bauzeit eine ländliche Kultur etablieren kann, wenn die notwendige wirtschaftliche Grundlage vorhanden ist.

Es gibt Anlass zur Hoffnung auf den Erhalt der älteren Baudenkmale in Form der vielen und vielgestaltigen Guts- und Herrenhäuser in Brandenburg aber auch zu Neuentwicklung ländlicher (Bau)-Kultur, wenn Bedingungen geschaffen werden, welche ihren Fortbestand sichern.

Anlage 1

Neben den vielen noch in ihrer alten Bauweise und architektonischen Gestaltung vorhandenen oder inzwischen zu ihrer früheren Form zurückgefundenen Guts- und Herrenhäusern in Brandenburg sind Bauwerke erhalten, die heute durch Umbauten und Teilzerstörungen verändert oder entstellt sind. Bisweilen blieben nach Zerstörung und Abriss der Herrenhäuser nach 1945 lediglich die Verwalterhäuser auf den Wirtschaftshöfen übrig.

Von diesen Gutshäusern sind einige in den vorangehenden Text nicht aufgenommen worden. Im Interesse der Vollständigkeit der Recherchen zum heutigen Bestand an Guts- und Herrenhäusern in Brandenburg sind sie im Folgenden zumindest als Foto mit einer kleinen Legende abgebildet.

Landkreis Dahme-Spreewald

Birkholz

2010
Restbau des Verwalterhauses

Cahnsdorf

2010
Bauliche Veränderung

Leibchel

2008
Neubau. Zerstörung des Gutshauses
durch Brand 1931

Prieros

2012
Ruine des Lehnschulzenhauses

Prierow

2012
Verwalterhaus des Vorwerks zu Golßen

Ullersdorf

2012
Verwalterhaus des Klostergutes Neuzelle

Landkreis Elbe–Elster

Schmerkendorf

2010
Hauptflügel des Gutshauses,
von dem mindestens an der Westseite
eine Achse fehlt.
Ein rückwärtiger jüngerer Flügel ist leer.

Werchau

2011
Ruine des Gutshauses

Zeckerin

2011
Bauliche Veränderungen

Landkreis Havelland

Damm-Zootzen

2011
Bauliche Veränderung

Ketzin

2011
Verwalterhaus der desolaten Gutsanlage

Steckelsdorf

2011
Bauliche Veränderung

Vieritz

2011
Stark verändert durch Umbau zur Schule
nach einem Brand

Landkreis Märkisch-Oderland

Ringenwalde

2012
Verwalterhaus.
1976 hohes Satteldach entfernt und
zweites Geschoss aufgesetzt.

Landkreis Oberhavel

Schönfließ

2012
Rest des Herrenhauses, Hauptteil
1945 zerstört.

2012
Verwalterhaus

Landkreis Oberspreewald–Lausitz

Drochow

2010
Bauliche Veränderung

Landkreis Oder-Spree

Falkenhagen

2011
Verwalterhaus.
1939 Enteignung und Abriss
des Herrenhauses

Herzberg

2008
Bauliche Veränderung

Radlow

2012
Bauliche Veränderung
s. auch S. 220

Landkreis Ostprignitz-Ruppin

Blumenaue-Siegrothsbruch

2012

Eichenfelde

2012
Gutshaus des Erbpachtgutes
(Amt Wittstock), Hofseite

Leddin

2012
Text s. S. 321

Rohrlack

2011
Verwalterhaus

Wernikow

2012
Lehnschulzenhaus, seit 1902 zweigeschossig

Landkreis Potsdam-Mittelmark

Gräben

2010
Vollständige Umgestaltung des
früheren Herrenhauses

Klepzig

2012
Denkmalgeschütztes Verwalterhaus
des ehemaligen Vorwerks zu Raben

Neuendorf
(Brandenburg a. d. Havel)

2012
Denkmalgeschütztes Lehnschulzenhaus

Phöben

2012
Einfahrt zum Wohnhof, Herrenhaus nicht sichtbar

Landkreis Prignitz

Halenbeck

2007
Gutshaus, um 1870 gebaut. Abriss des Mittelteils um 1950

Landkreis Spree-Neiße

Briesen

2012
Text s. S. 392

Eulo

2011
Baulich verändertes Verwalterhaus

Golschow

2013
Baulich verändert und Teilung

Klein Döbbern

2011
Verwalterhaus. Schloss 1945 zerstört

Leuthen

2011
Leuthen gehörte zum Besitz der über
Jahrhunderte in Wintdorf (heute zu Leuthen)
ansässigen von Muschwitz
(das Herrenhaus hier brannte 1969 aus
und wurde 1974 abgetragen).
Das Verwalterhaus und Teile des Gutshofes
in Leuthen blieben erhalten.

Schönheide

2012
Feuerwehrdepot als Ersatzbau (nach 2000)
des Hauptteiles des früheren Herrenhauses
der Familie von Hagen.
Eingeschossiger unsanierter Restflügel im
Hintergrund

Landkreis Teltow-Fläming

Heinsdorf

2012
Erweiterung der Fenster und Ersatz eines
Mansarddaches durch ein zweites Geschoss
um 1975

Mahlow

2012
Umbau zur Schule, nur Kubatur erhalten

Kleinbeeren

2012
Ruine des Gutshauses aus
dem Jahr 1600

2012
Gutswohnhaus östlich des alten
Gutshauses

Landkreis Uckermark

Sternhagen

2012
Küchen- und Verwaltungsflügel.
Hauptteil des Herrenhauses 1948
abgebrannt

Anlage 2

Guts- und Herrenhäuser (einschließlich Burgen und Schlösser) im Land Brandenburg

Die tabellarische Darstellung enthält folgende Angaben:
- Alphabetisch Benennung der Ortschaft mi Guts- oder Herrenhäusern, geordnet nach Landkreisen
- Angaben zum Jahr des Besuchs und/oder der Entstehung der Fotos
- Einschätzung des Zustandes der Häuser nach der äußeren Ansicht
- Angaben zu den aktuellen Besitzverhältnissen und zur heutigen Nutzung
- In der Denkmalschutzliste des Landes Brandenburg registriert = DMS

Ort	Bemerkungen	Besuch/ Foto	Zustand nach Außenansicht[1]	Besitz[2]	Nutzung[3]	Denkmalschutz

Barnim

Ort	Bemerkungen	Besuch/ Foto	Zustand nach Außenansicht[1]	Besitz[2]	Nutzung[3]	Denkmalschutz
Börnicke		2008	ausreichend	privat (GmbH)	Ausstellungen	DMS
Britz (Chorin)		2012	gut	privat		
Buchholz (Serwest)		2013	ausreichend	privat	Wohnungen, z.T. leer	
Dammsmühle		2009	desolat	privat	leer	DMS
Groß Schönebeck	Jagdschloss	2009	gut	öffentlich	Museum	DMS
Grüntal		2009	gut	privat	Wohnhaus	
Hirschfelde		2008	gut	privat	Wohnhaus	DMS
Hobrechtsfelde	Stadtgut	2012	gut	privat	Gewerbe, leer	DMS Ort
Lanke		2008	gut	privat	Eigentumswohnungen	DMS
Lichterfelde		2009	gut	öffentlich	Jugendclub	DMS
Lüdersdorf		2009	verändert, gut	öffentlich	Wohnungen	
Mehrow		2009	gut	privat	Hotel	DMS
Neuendorf (Oderberg)		2009	ausreichend	privat	leer	DMS
Pehlitz		2013	verändert	privat	Wohnhaus	
Serwest	Landsitz	2012	sehr gut	privat	Wohnhaus	DMS
Stolzenhagen		2009	gut	privat	Wohnungen	DMS
Sydow		2009	ausgebrannt	öffentlich	leer	

Ort	Bemer- kungen	Besuch/ Foto	Zustand nach Außen- ansicht[1]	Besitz[2]	Nutzung[3]	Denkmal- schutz
Trampe	Hauptflügel	2008	gut verändert, ein Seiten- flügel erhalten	öffentlich	Kita	DMS Park, Flügel
Wandlitz	Lehn- schulzen- haus	2012	gut	öffentlich	Wohnhaus	
Werneuchen		2010	Dach, Fassade saniert	öffentlich	leer, Innenräume unsaniert	DMS
Zaun (Brodowin)		2013	gut	privat	Wohnhaus	

Dahme-Spreewald

Ort	Bemer- kungen	Besuch/ Foto	Zustand nach Außen- ansicht	Besitz	Nutzung	Denkmal- schutz
Altgolßen I		2009	verändert (2 Teile), gut	privat	Wohnhäuser	
Altgolßen II		2009	gut	privat	Wohnhaus	DMS Vestibül, Treppe
Beesdau		2010	sehr gut	privat	Wohnhaus	DMS
Birkholz	Verwalter- haushälfte	2010	gut	privat	Wohnungen	
Blossin		2008	sehr gut	Verein	Therapie- u. Sozial- einrichtung	DMS
Boddinsfelde	Stadtgut	2010	gut	privat	Wohnhaus	DMS
Borndsorf	Turm; Ruine gesichert	2010	ausreichend	öffentlich		
Briesen I		2009	mäßig	privat	leer	DMS
Briesen II		2009	sehr gut	privat	Wohnhaus, zum Verkauf	DMS
Brusendorf	Stadtgut	2010	desolat	öffentlich	leer	
Cahnsdorf		2010	verändert, gut	privat	Gewerbe	
Caule		2010	gut	privat	Wohnhaus	DMS
Deutsch Wusterhausen	Stadtgut	2012	ausreichend	Stadtgut	Wohnungen	DMS GA
Drahnsdorf		2012	verändert, ausreichend	privat	Wohnhaus	
Egsdorf		2010	gut	öffentlich	Wohnungen	
Falkenberg-Heideblick		2010	gut	privat	Wohnhaus	DMS
Falkenhain		2010	desolat	privat	leer	DMS

Ort	Bemer-kungen	Besuch/ Foto	Zustand nach Außen-ansicht[1]	Besitz[2]	Nutzung[3]	Denkmal schutz
Fürstlich Drehna		2008	sehr gut	Brdnbg. Schlösser GmbH	Hotel	DMS
Gehren		2011	gut	privat, z. Verkauf	Künstlerhaus	DMS
Gersdorf	Vorwerk	2012	gut	privat	Wohnhaus	
Glienig I		2010	gut	privat	Wohnhaus	
Glienig II		2010	gut	AWO	Behinderten-einrichtung	DMS
Glietz		2008	gut	privat	Wohnhaus	DMS
Golßen		2009	ausreichend	öffentlich	leer	DMS
Görlsdorf I	Schul-neubau	2010	verändert, desolat	öffentlich	leer	
Görlsdorf II	Verwalter-haus	2010	gut	privat	Wohnhaus	DMS
Groß Leuthen		2008/ 2011	gut	privat	Wohnhaus	DMS
Kasel-Golzig		2009/ 2012	gut	privat	leer	DMS
Königs Wusterhausen		2010	sehr gut	öffentlich	Museum	DMS
Kümmritz		2010	gut	öffentlich	Gemeindehaus	DMS
Lamsfeld		2013	gut	privat	Wohnhaus	
Leibchel	Neubau	2008	verändert, gut	e. V.	Kinder- und Jugendheim	
Lieberose		2008/ 2011	Sanierung stagniert	Brdnbg. Schlösser GmbH	leer	DMS
Lübben		2009	sehr gut	öffentlich	Museum, Restaurant	DMS
Frauenberg (Lübben)		2011	Sanierung	privat	leer	DMS
Münchehofe		2010	Sanierung	privat	Wohnhaus, z. T. leer	DMS
Neu Zauche		2010	gut	privat	leer	DMS
Neuhaus-Steinkirchen		2010	sehr gut	öffentlich	Museum, Musikschule	DMS
Oderin		2010	gut	privat	Wohnhaus	
Pitschen-Pickel		2010	mäßig	öffentlich	leer, zum Verkauf	
Pretschen		2008	gut	privat	Wohnhaus, Büro	DMS
Prieros	Lehn-schulzen-haus	2012	desolat	öffentlich	leer , Verkauf und Abriss geplant	DMS

Ort	Bemer-kungen	Besuch/ Foto	Zustand nach Außen-ansicht[1]	Besitz[2]	Nutzung[3]	Denkmal schutz
Prierow	Vorwerk	2012	verändert, gut	privat	Wohnhaus	
Rietzneuendorf		2009	gut	privat	Wohnhaus	DMS
Schenkendorf		2008 /2010	gut, Gutshof verfallen	privat	leer	DMS
Schenkendorf (Steinreich)		2010	mäßig	öffentlich	Wohnhaus	
Schulzendorf		2010	gut	privat	leer, Verkauf geplant	DMS
Selchow	Stadtgut	2010	mäßig	öffentlich	leer	
Steinkirchen (Lübben)		2012	gut	öffentlich	Wohnungen	DMS
Straupitz		2008	gut	öffentlich	Schule	DMS
Streganz	Lehn-schulzen haus	2012	mäßig	öffentlich	leer	
Terpt		2010	verändert, gut	öffentlich	Wohnungen	
Teupitz	Burgrest, Amtshaus	2009	verändert, gut	privat	leer?	DMS
Ullersdorf	Verwalter-haus	2012	gut	öffentlich	Wohnungen	
Walddrehna		2011	gut	privat	Gewerbe	
Waltersdorf		2010	gut	Kirche	Behinderten-einrichtung	DMS
Waßmannsdorf	Stadtgut	2012	gut	privat	Gewerbe	
Weißack		2010	gut	ASB	Kinderheim	DMS
Wiese		2013	Sanierung	privat	Wohnungen	
Wittmannsdorf		2010	gut	öffentlich	Seniorenheim	
Zeesen		2008/ 2011	desolat	privat	leer	DMS
Zieckau		2011	desolat	privat	leer	DMS

Elbe-Elster

Ort	Bemer-kungen	Besuch/ Foto	Zustand	Besitz	Nutzung	Denkmal schutz
Ahlsdorf		2011	gut	privat	Wohnhaus	DMS
Bad Liebenwerda	Restturm	2009	gut	öffentlich	leer	DMS
Doberlug		2012	Dach, Fassade saniert	Brndbg. Schlöss. GmbH	leer, Innenräume werden saniert	DMS
Dobra	Forsthaus	2012	sehr gut	privat	Wohnhaus	DMS
Elsterwerda		2009	sehr gut	öffentlich	Schule	DMS

Ort	Bemer-kungen	Besuch/ Foto	Zustand nach Außen-ansicht[1]	Besitz[2]	Nutzung[3]	Denkmal schutz
Fichtenberg		2012	Ruine gesamte GA	öffentlich		
Finsterwalde		2008	sehr gut	öffentlich	Verwaltungen	DMS
Freywalde		2010	Ruine	öffentlich		
Friedersdorf		2011	ausreichend	privat	leer	DMS
Grauwinkel (Schönwalde)		2011	ausreichend	privat	Wohnhaus	
Grochwitz (Herzberg)		2011	sehr gut	privat	Veranstaltungen	DMS
Großrössen		2011	verändert, gut	öffentlich	Kita	
Jagsal		2012	sehr gut	privat	Pension	
Kleinhof		2012	mäßig	privat	leer	DMS
Knippelsdorf		2010	ausreichend	privat	leer	DMS
Kolochau		2011	verändert, gut	öffentlich	Gemeinde-einrichtung	
Krauschütz		2012	ausreichend	privat	Wohnhaus	
Langenrieth		2012	gut	privat	Wohnungen	DMS
Lebusa		2010	gut	privat	Wohnhaus	DMS
Lönnewitz		2010	verändert, gut	privat	Wohnhaus	
Maasdorf		2008	gut	privat	Hotel	
Martinskirchen		2008	gut, teilsaniert	Brdnbg. Schlöss. GmbH	leer	DMS
Mühlberg/Elbe I	Schloss	2008/ 2011	z. T. gut, z. T. desolat	privat	leer, zum Verkauf	DMS
Mühlberg/Elbe II	Herrenhaus zuvor Äbtis-sinnenhaus	2008	gut	Kirche (Claren-tiner)	Kloster – Ökumenisches Haus	DMS
Neudeck		2011	mäßig	privat	leer	DMS
Neumühl (Beutersitz) Wappen		2012	gut	privat	Wohnhaus	DMS
Polzen		2011	gut, Anbau	GmbH	Therapie-einrichtung[3]	DMS
Prieschka		2012	sehr gut	privat	Wohnhaus, Büro	
Rahnisdorf		2011	sehr gut	privat	Wohnhaus	
Sallgast		2010	gut	öffentlich	Gemeinde-einrichtungen, Restaurant	DMS
Schmerkendorf	Restbau mit jüngerem hinteren Flügel	2010	gut mäßig	privat privat	Wohnhaus leer	

Ort	Bemer-kungen	Besuch/ Foto	Zustand nach Außen-ansicht[1]	Besitz[2]	Nutzung[3]	Denkmal schutz
Sonnewalde	Vorder-schloss	2008	gut	öffentlich	Museum	DMS
Stechau		2011	sehr gut	privat	Wohnhaus	DMS
Theisa		2012	ausreichend	öffentlich	leer, zum Verkauf	
Uebigau		2010	sehr gut	öffentlich	Jugendherberge	DMS
Werchau		2011	desolat	privat	leer	
Wiederau		2011	mäßig	privat	leer	
Wildenau		2011	sehr gut	privat	Wohnhaus	
Zeckerin		2011	verändert, gut	öffentlich	Wohnungen	

Havelland

Ort	Bemer-kungen	Besuch/ Foto	Zustand nach Außen-ansicht[1]	Besitz[2]	Nutzung[3]	Denkmal schutz
Böhne I		2011	ausreichend	öffentlich	Wohnungen, z. T. leer, zum Verkauf	DMS
Böhne II		2011	mäßig	öffentlich	leer	
Bredow		2011	verändert (2 Teile), gut	öffentlich	Wohnungen	
Buch-Karpzow		2012	verändert, ausreichend	öffentlich	Wohnungen, z.T. leer	.
Buckow		2011	gut	privat	Wohnhaus	
Buschow		2011	mäßig	privat?	leer	
Damm-Zootzen		2011	verändert, gut	privat	Wohnhaus	
Dickte		2011	gut	privat	Wohnhaus	
Dyrotz		2012	Sanierung	privat	leer	
Falkenrehde	Amtshaus	2010	ausreichend	öffentl.?	Gewerbe, z. T. leer	DMS
Görne		2011	Sanierung stagniert	privat	Wohnhaus, z. T. leer	DMS
Groß Behnitz	Kavaliers-haus, GA, Schloss zerstört	2011	sehr gut	privat	Hotel, Veranstaltungen, Gewerbe	DMS GA
Gutenpaaren I		2010	desolat	öffentlich	leer	DMS
Gutenpaaren II		2010	gut	privat	Wohnhaus	
Hohennauen I		2011	desolat	öffentlich	leer	DMS
Hohennauen II		2011	sehr gut	privat	Wohnungen	DMS
Hoppenrade	Lehn-schulzen-haus	2012	sehr gut	privat	Dentallabor	
Jerchel		2011	gut	privat	Wohnhaus	DMS

Ort	Bemer-kungen	Besuch/ Foto	Zustand nach Außen-ansicht[1]	Besitz[2]	Nutzung[3]	Denkmal schutz
Ketzin		2012	mäßig	öffentlich	leer	DMS
Kleßen		2011	sehr gut	privat	Wohnhaus	DMS
Kriele		2011	gut	privat	Wohnhaus, Gewerbe	
Liepe		2011	sehr gut	privat	Schulungs-zentrum	
Lietzow	Amtshaus	2008 /2011	mäßig	öffentlich	leer	DMS
Lochow	Forsthaus	2012	gut	privat	Wohnhaus	
Lötze		2011	sehr gut	privat	Ferienanlage	
Markau		2011	Abriss 2007			
Markee		2011	mäßig	privat	leer	
Marquede	Verwalter-haus	2012	Brandscha-den, mäßig	öffentlich	z. T. Wohnungen	
Milow I		2011	sehr gut	privat	Seniorenheim	DMS
Milow II	Landsitz Bolle	2011	sehr gut	öffentlich	Jugend-herberge	DMS
Mögelin		2011	verändert, gut	öffentlich	Kita	
Möthlitz		2011	ausreichend	privat	Ferienwohnungen	
Nennhausen		2011	sehr gut	privat	Wohnhaus	DMS
Neu-Fahrland		2012	ausreichend	privat	Gewerbe	DMS
Ohnewitz	Teil Ruine	2011	Restbau gut	privat	Wohnhaus	
Paretz		2010	sehr gut	öffentlich, Stiftung	Museum	DMS
Paulinenaue		2010	sehr gut	privat	Senioren-wohnungen	DMS
Perwenitz		2011	gut	öffentlich	Schule	
Pessin I		2011	ausreichend	privat	Wohnhaus	DMS
Pessin II		2011	sehr gut	privat	Wohnhaus	
Pessin III		2011	Abriss nach 2000			
Priort		2012	verändert, gut	öffentlich	Senioren-wohnungen	
Retzow		2011	mäßig	öffentlich	leer	
Ribbeck		2010	sehr gut	öffentlich	Veranstaltungen, Museum	DMS
Schönwalde	Restflügel	2008	gut	privat	Wohnhaus	
Schwanebeck		2011	abgerissen 2003			

Ort	Bemer-kungen	Besuch/ Foto	Zustand nach Außen-ansicht[1]	Besitz[2]	Nutzung[3]	Denkmal schutz
Selbelang		2010	gut	privat	Wohnungen	
Senzke		2011	gut	privat	Wohnhaus	DMS
Stechow		2011	Sanierung	privat	leer	
Steckelsdorf		2011	gut, stark verändert	privat	Wohnhaus	
Stölln		2011	verändert (2 Teile), gut	privat	Wohnhäuser	
Tremmen I	Lehn-schulzen-haus	2011	gut	öffentlich	Wohnungen	
Tremmen II		2011	Ruine	privat		
Vieritz	nach Brand Umbau zur Schule	2011	stark verändert	privat	Wohnhaus, Gewerbe	
Vietznitz		2010	ausreichend	öffentlich	Wohnungen	DMS
Wachow	Lehn-schulzen-haus	2011	sehr gut	öffentlich	Kita	
Wansdorf I		2008/ 2011	mäßig	privat	leer	DMS
Wansdorf II		2008/ 2011	ausreichend	privat	Wohnhaus	DMS
Wassersuppe	historischer Teil entfernt nach 1990	2011	Resthaus, mäßig	privat	leer	
Zeestow		2011	mäßig	privat	leer	

Märkisch Oderland

Ort	Bemer-kungen	Besuch/ Foto	Zustand nach Außen-ansicht[1]	Besitz[2]	Nutzung[3]	Denkmal schutz
Altfriedland		2008	z. T. desolat	privat	leer	DMS
Altlandsberg	Pächterhaus	2008	sehr gut	öffentlich	Veranstaltungen	DMS
Altranft		2007	sehr gut	öffentlich	Museum	DMS
Bad Freienwalde		2009	sehr gut	öffentlich	Museum	DMS
Batzlow	Resthaus	2012	teilsaniert	privat	Wohnhaus	
Beerbaum (Heckelsberg)		2010/ 2012	desolat	privat	leer, Abriss beantragt	DMS
Beiersdorf		2012	gut	privat	leer, Filmaufnahmen	
Biesow (Prötzel)	Forsthaus?	2012	ausreichend	privat	leer	DMS
Bollensdorf (Neuenhagen)		2011	verändert, gut	öffentlich	Schule	DMS

Ort	Bemerkungen	Besuch/ Foto	Zustand nach Außenansicht[1]	Besitz[2]	Nutzung[3]	Denkmalschutz
Cöthen		2008	verändert, gut	Stephanus-Stiftung	leer	
Dahlwitz-Hoppegarten		2008	Sanierung	Brdnbg. Schlöss. GmbH	leer	DMS
Diedersdorf		2009	sehr gut	Brdnbg. Schlöss. GmbH	Anwälte	DMS
Falkenhagen	Verwalterh., Schloss zerstört	2011	mäßig	öffentlich	leer	DMS GA
Friedersdorf	Kavaliershaus	2012	sehr gut	privat	Wohnhaus	
Friedersdorf-Ludwigslust	Inspektorenhaus	2012	gut	privat	Wohnhaus	DMS
Garzau		2008/ 2011	Sanierung, sehr gut	privat	leer	DMS
Garzin		2008	verändert, gut	öffentlich	Wohnungen	
Gielsdorf		2008	Abriss nach 1995			
Görlsdorf I (Vierlinden)		2012	gut	privat	Wohnhaus	
Görlsdorf II (Vierlinden)		2010	gut	öffentlich	Wohnungen	
Gorgast		2009	gut	GmbH	leer	DMS
Gusow		2009	Teilsanierung, gut	privat	Museum, Restaurant	DMS
Herzfelde		2009	verändert, gut	öffentlich	Kita	
Ihlow		2008	ausreichend	privat	Wohnungen	DMS
Jahnsfelde		2008	gut	privat	Wohnhaus	DMS
Lietzen		2009	sehr gut	privat	Wohnhaus	DMS
Löhme	Amtshaus	2012	gut	privat	Wohnhaus	
Lüdersdorf		2009	gut	privat	Wohnhaus	
Möglin		2009	gut	privat	Wohnhaus, Bildungseinrichtung	DMS
Münchehofe		2012	gut	e. V.	Jugendherberge	
Neubarnim-Herrenwiese	Vorwerk	2012	desolat	privat?	leer	DMS GA
Neuenhagen		2009	ausreichend	öffentlich	leer	DMS
Neuenhagen bei Berlin		2010	Sanierung	privat	leer	DMS

Ort	Bemer-kungen	Besuch/ Foto	Zustand nach Außen-ansicht[1]	Besitz[2]	Nutzung[3]	Denkmal schutz
Neuhardenberg		2009/ 2011	sehr gut	Stiftung Sparkasse	Veranstaltungs-einrichtung, Museum	DMS
Obersdorf		2008/ 2012	gut	privat?	Wohnungen	
Prädikow	Verwalter-haus	2012	mäßig	privat	leer	DMS
Pritzhagen-Haus Tornow		2012	gut	Verein	Begegnungs-stätte	
Prötzel		2008	mäßig	privat	leer	DMS
Rathstock		2009	verändert, gut	öffentlich	Gemeinde-einrichtungen	
Reichenberg		2009/ 2011	mäßig	privat	leer	DMS
Reichenow		2009	sehr gut	Brdnbg. Schlöss. GmbH	Hotel, 2013 geschlossen	DMS
Ringenwalde	Verwalter-haus	2012	stark ver-ändert, gut	privat	Wohnungen	
Seelow		2011	mäßig	öffentlich	leer	DMS
Sonnenburg		2009	mäßig	privat	leer	DMS
Sternebeck		2011	gut	privat	Wohnhaus	
Tasdorf (Rüdersdorf)		2011	Ruine	Stadtgut		DMS
Strausberg	Vorwerk	2012	sehr gut	gGmbH	Schule	DMS
Trebnitz		2008	sehr gut	öffentlich	Begegnungsstätte	DMS
Waldsieversdorf		20008/ 2012	gut	privat	leer	
Wegendorf		2012	ausreichend	privat	Wohnhaus	
Wesendahl		2009	sehr gut	privat	Gutsverwaltung	
Wilkendorf		2009	sehr gut	privat	Hotel	DMS
Wölsickendorf		2010	Dach, Fassade saniert	öffentlich	Gemeinde-einrichtungen, Gewerbe	DMS
Wollup I	altes Amtshaus	2011/ 2012	gut	privat	Wohnungen	DMS
Wollup II	neues Amtshaus	2011/ 2012	gut	privat	Wohnhaus	DMS
Worin		2008	sehr gut	privat	Wohnhaus	DMS
Wulkow bei Frankfurt (Oder)		2009	Ruine	privat	leer	DMS

Ort	Bemer-kungen	Besuch/Foto	Zustand nach Außen-ansicht[1]	Besitz[2]	Nutzung[3]	Denkmal schutz
Wulkow bei Neuhardenberg		2009	sehr gut	privat	Hotel	

Oder-Spree mit Frankfurt (Oder)

Ort	Bemer-kungen	Besuch/Foto	Zustand nach Außenansicht	Besitz	Nutzung	Denkmal schutz
Alt Madlitz		2009	sehr gut	privat	Wohnhaus	DMS
Arensdorf (Steinhöfel)		2012	gut	öffentlich	Kita	
Bad Saarow – Dorf		2009	sehr gut	privat	Wohnhaus	DMS
Bahrensdorf (Beeskow)		2012	gut	öffentlich	leer	
Beeskow I	Burg	2009	gut	öffentlich	Museum	DMS
Beeskow II		2010	gut	privat	Hotel	
Behlendorf		2008	sehr gut	privat	Wohnhaus	DMS
Birkholz		2010	mäßig	öffentlich	leer	
Bomsdorf		2009	sehr gut	öffentlich	Gemeinde-einrichtungen	DMS
Booßen (Frankfurt (Oder))		2009/2011	gut	öffentlich	Kita	DMS
Breslack		2009	gut	privat	Wohnhaus	
Buckow I		2009	mäßig	öffentlich	Wohnungen	
Buckow II		2009	verändert, mäßig	öffentlich	Wohnungen	
Bugk		2009	sehr gut	GmbH	Therapie-einrichtung	
Chossewitz		2011	sehr gut	privat	Wohnhaus	
Demnitz		2009	verändert, ausreichend	öffentlich	Wohnungen	
Diehlo		2009	verändert, gut	privat	Wohnungen	
Falkenberg-Tauche		2012	gut	öffentlich	Wohnungen	
Friedland	Burg	2008	sehr gut	öffentlich	Museum	DMS
Fürstenwalde		2009/12	desolat	privat	leer	DMS
Fürstenw.-Palmnicken		2012	gut	öffentlich	Schule	DMS
Giesensdorf		2009	sehr gut	öffentlich	Ferienwohnungen	
Glowe-Leißnitz		2009	sehr gut	privat	Wohnhaus	
Groß Rietz		2008/2011	sehr gut	Brdnbg. Schlöss. GmbH	Wohnhaus	DMS
Hartensdorf		2007/2010	desolat	privat	leer	

Ort	Bemer-kungen	Besuch/ Foto	Zustand nach Außen-ansicht[1]	Besitz[2]	Nutzung[3]	Denkmal schutz
Hasenfelde		2009	gut	öffentlich	Gemeinde-einrichtungen	
Heinersdorf		2008/ 2011	Sanierung vorgesehen	öffentlich	leer	DMS
Herzberg		2008	stark ver-ändert, gut	öffentlich	Wohnungen	
Hubertushöhe	Jagdschloss	2008	sehr gut	Holding	Hotel	DMS
Kehrigk	Jagdhaus	2009	gut	e. V.	Kinderheim	
Kliestow (Frankfurt (Oder))		2011	Ruine, Sanierung vorgesehen	privat	Eigentums-wohnungen geplant (?)	DMS
Kossenblatt		2008	gut	öffentlich	Archiv	DMS
Krügersdorf		2009	gut	öffentlich	Gemeinde-einrichtungen, Ferienwohng.	
Kummerow		2008	gut	privat	Wohnungen	
Lindenberg		2012	gut	privat	Wohnhaus, z. T. leer	DMS
Mittweide		2013	ausreichend	privat	Wohnungen	
Molkenberg		2009	mäßig	öffentlich	leer	
Müllrose-Kaisermühl		2011	Sanierung	privat	Wohnhaus	DMS
Neu-Golm		2012	gut	privat	Wohnhaus, Verein	
Nuhnen (Frankfurt (Oder))		2013	gut	privat	Wohnungen	
Oegeln		2009/ 2012	verändert, ausreichend	öffentlich	leer	
Petersdorf		2009	desolat	?	leer	
Petershagen		2009	mäßig	öffentlich	Wohnungen	
Philadelphia		2009	ausreichend	öffentlich	leer	
Radlow		2009	verändert, gut	öffentlich	Wohnungen	
Ragow		2009	desolat	privat	leer	DMS
Reichenwalde		2012	sehr gut	Stiftung	Veranstaltungen	
Görzig (Rietz-Neuendorf)		2009/ 2012	gut	privat	Wohnhaus	
Rosengarten (Frankfurt (Oder))		2009/ 2011	desolat durch Brand	privat	leer	DMS
Sarkow		2013	sehr gut	privat	Wohnhaus	
Sauen		2010	gut	öffentlich	Künstlerhaus	DMS
Selchow		2009/ 2012	ausreichend	privat	leer	DMS

Ort	Bemer-kungen	Besuch/ Foto	Zustand nach Außen-ansicht[1]	Besitz[2]	Nutzung[3]	Denkmal schutz
Sieversdorf		2009	sehr gut	privat	Wohnhaus	DMS
Skaby-Spreenhagen		2012	ausreichend	privat	leer	
Steinsdorf		2009	gut	öffentlich	Wohnungen	
Storkow	Burg	2009	sehr gut	öffentlich	Museum, Veranstaltungen	DMS
Stremmen		2009	gut	öffentlich	Wohnungen	
Trebatsch		2013	mäßig	privat	leer	
Tauche		2009	ausreichend	öffentlich	Kita	
Weichensdorf		2013	ausreichend	privat	Gasttstätte Wohnhaus	
Wellmitz		2013	gut	GmbH	Agrar-GmbH	
Wochowsee		2009	gut	privat	Wohnung	
Wulkow (Hangelsberg)		2010	gut	privat	Wohnhaus	

Oberhavel

Ort	Bemer-kungen	Besuch/ Foto	Zustand nach Außen-ansicht	Besitz	Nutzung	Denkmal schutz
Altthymen		2012	verändert, gut	privat	Herberge	
Badingen		2009	sehr gut	öffentlich	Gemeinde-einrichtungen	DMS
Beetz		2010	gut	öffentlich	Schule	DMS
Blumenow	Verwalterh., Schloss zerstört	2009	gut	privat	Wohnhaus	
Boltenhof		2012	sehr gut	privat	Ferienwohnungen	DMS
Buberow	Lehn-schulzen-haus	2012	verändert, gut	privat	Wohnhaus	
Burow	Vorwerk	2012	gut	privat	Wohnhaus	
Dahmshöhe	Landsitz	2012	sehr gut, Anbau neu	e. V.	Begegnungsz., Hochzeitshotel	
Dannenwalde		2009	ausreichend	öffentlich	leer	DMS
Fürstenberg I	Burg	2009	mäßig	öffentlich	leer	DMS
Fürstenberg II	Schloss	2009/ 2011	Sanierung stagniert	privat	leer	DMS
Gramzow		2012	mäßig	privat	leer	DMS
Groß Ziethen		2009	sehr gut	privat	Hotel	DMS
Häsen		2009	gut	privat	Wohnhaus	DMS
Hammer	Amtshaus	2009	gut	privat	Wohnhaus	

Ort	Bemer-kungen	Besuch/Foto	Zustand nach Außen-ansicht[1]	Besitz[2]	Nutzung[3]	Denkmal schutz
Hartzwalde (Dollgow)		2013	ruinös	privat	leer	
Hoppenrade		2009	gut	privat	? (2013 verkauft)	DMS
Lehnitz		2009	verändert, gut	privat	Restaurant	
Liebenberg		2009	sehr gut	DKB-Siftung	Hotel	DMS
Liebenwalde		2009	gut	privat	Wohnhaus	DMS
Löwenberg		2009	sehr gut	öffentlich	Kita	DMS
Meseberg		2009	sehr gut	Messer-schmitt Stiftung	Gästehaus der Bundes-regierung	DMS
Oranienburg		2009	sehr gut	öffentlich	Museum Verwaltungen	DMS
Rauschendorf		2009	ausreichend	privat	Wohnhaus, z. T. leer	DMS
Ribbeck		2009	desolat	öffentlich	leer	DMS
Seilershof		2009	gut	privat	Wohnungen	
Schönfließ	Restflügel u. Verwalterh.	2012	gut	öffentlich	Kita	
Schwante		2009/2011	Fassade saniert	privat	leer	DMS
Sommerswalde		2009	sehr gut	e. V.	Buddhistischer Dachverband	DMS
Staffelde		2009	gut	privat	Wohnhaus	DMS
Stolpe		2009	desolat	privat	leer	DMS
Summt		2009/2012	desolat	?	leer	DMS
Tornow		2009	gut	e. V.	Bildungs-einrichtung	DMS
Vehlefanz	Amtshaus	2010	ausreichend	privat	Wohnungen	DMS
Wentow		2012	sehr gut	privat	Wohnhaus	
Zehdenick I	Amtmanns-haus	2009	gut	privat	Hotel	
Zehdenick II	Amtshaus	2009/2011	gut	öffentlich	Kita	DMS
Zehdenick III		2010	gut	privat	Wohnhaus	DMS
Zernikow		2009/2012	Sanierung	GmbH	leer	DMS

Ort	Bemer-kungen	Besuch/ Foto	Zustand nach Außen-ansicht[1]	Besitz[2]	Nutzung[3]	Denkmal schutz

Ostprignitz-Ruppin

Ort	Bemer-kungen	Besuch/ Foto	Zustand nach Außen-ansicht[1]	Besitz[2]	Nutzung[3]	Denkmal schutz
Babe		2010	gut	privat	Wohnhaus	DMS
Bantikow		2010	sehr gut	privat	Hotel	DMS
Barsikow I		2010	gut	privat	Wohnhaus	
Barsikow II		2010	mäßig	privat	leer	
Bechlin (Neuruppin)		2012	gut	privat	Wohnungen	
Berlitt		2012	gul	öffentlich	Wohnungen	
Binenwalde		2010	gut	privat	Wohnhaus	DMS
Birkenfelde		2012	ausreichend	privat	Wohnhaus	
Blankenberg		2010	ausreichend	privat	leer	DMS
Blumenaue-Siegrothsbruch		2012	Sanierung	privat	leer	
Buskow (Neuruppin)		2012	Sanierung	privat	leer	DMS GA
Dabergotz		2010	mäßig	öffentlich	leer	
Darsikow		2012	stark ver-ändert, gut	privat	Restaurant, Wohnhaus	
Dechtow		2009	gut	privat	Wohnhaus	DMS
Dreetz		2010	gut	privat	Wohnhaus	DMS
Drewen		2012	leicht ver-ändert, gut	öffentlich	Wohnungen	
Eichenfelde		2012	mäßig	öffentlich	leer	
Flecken Zechlin		2010	mäßig	öffentlich	leer	DMS
Fretzdorf		2009	ausreichend	privat	leer	DMS
Freyenstein I		2008	gut	Stadt	Museum	DMS
Freyenstein II		2008	2013 Sanie-rung der Innenräume	Brdnbg. Schlöss. GmbH	leer	DMS
Gantikow		2010	ausreichend	privat	Ferienwohnungen	DMS
Ganz		2010	sehr gut	privat	Wohnhaus	DMS
Ganzer		2010	sehr gut	privat	Wohnhaus	DMS
Gartow		2012	sehr gut	privat	Wohnhaus	
Garz		2010	sehr gut	privat	Wohnhaus	DMS
Gentzrode		2010	desolat	privat	leer	DMS
Gnewikow		2009	sehr gut	DKB Stiftung	Hotel	DMS
Goldbeck	Burg	2010	ausreichend	öffentlich	Wohnungen	
Grabow		2008	sehr gut	privat	Wohnhaus	DMS

Ort	Bemerkungen	Besuch/Foto	Zustand nach Außenansicht[1]	Besitz[2]	Nutzung[3]	Denkmalschutz
Gühlen		2012	sehr gut	Sorat-Hotels	Veranstaltungs-Hotel	DMS
Heinrichsfelde		2010	mäßig	?	leer	
Heinrichsdorf		2012	gut	privat	Wohnhaus	
Herzsprung	Inspektoren-haus	2012	gut	privat	Wohnhaus	
Holzhausen		2012	mäßig	privat	Wohnungen	
Horst I (Blumenthal)	Schlossrest	2008	Ruine	privat		DMS
Horst II (Blumenthal)		2008	mäßig	privat	leer	DMS
Jabel		2012	ausreichend	privat	Wohnhaus	
Joachimshof		2012	verändert, gut	öffentlich	Wohnungen	
Kampehl		2010	gut	privat	Museum	DMS
Kantow		2010	ausreichend	öffentlich	Wohnungen	
Karnzow		2010	sehr gut	privat	Wohnhaus	DMS
Karwe	Inspektoren-haus	2009	gut	privat	Wohnungen	DMS GA
Klosterheide (Lindow)	Landsitz	2012	sehr gut	privat	Wohnhaus	DMS
Klosterhof		2012	gut	privat	Wohnungen	
Königsberg		2010	mäßig, Schulanbau	öffentlich	leer, zum Verkauf	DMS
Königshorst		2010/2012	Sanierung stagniert	privat	leer	DMS
Köpernitz		2010	gut	öffentlich	„Kulturgut"	DMS
Köritz (Neustadt/Dosse)		2012	gut	öffentlich	Kita	
Kötzlin		2012	Ruine	privat		
Kränzlin		2008	sehr gut	privat	Gewerbe	DMS
Kuhhorst	Resthaus	2010	gut	gGmbH	Betriebssitz	
Langen I		2012	desolat	privat	leer	DMS
Langen II		2012	sehr gut	öffentlich	Gemeinde-einrichtungen	
Lentzke		2012	gut	öffentlich	Wohnungen	
Leddin		2012	ausreichend	privat	Wohnungen	
Liebenthal		2012	ausreichend	privat	Wohnungen	
Lindow-Schönbirken	Landsitz	2012	gut	e. V.	Therapie-einrichtung	
Linum	Amtshaus	2012	gut	öffentlich	Kita	
Lobeofsund	Pächterhaus	2012	gut	privat	Wohnhaus	

Ort	Bemer-kungen	Besuch/ Foto	Zustand nach Außen-ansicht[1]	Besitz[2]	Nutzung[3]	Denkmal schutz
Lohm I		2010	ausreichend	öffentlich	Gewerbe, leer	DMS
Lohm II		2010	sehr gut	privat	Wohnhaus	DMS
Lögow		2010	Sanierung	privat	leer	DMS
Lüchfeld		2010	sehr gut	privat	Wohnhaus	
Luhme		2010	sehr gut	privat	Ferienwohnungen	
Manker		2012	schlecht	privat	leer	DMS
Maulbeerwalde		2008	sehr gut	privat	Gewerbe	DMS
Mechow		2012	verändert, mäßig	öffentlich	Gemeinde-veranstaltungen	
Mezelthin		2010	sehr gut	privat	Wohnhaus	DMS
Möckern (Linow)		2010	gut	privat	leer, zum Verkauf	
Nackel		2010	sehr gut	privat	Wohnhaus	DMS
Neuendorf I		2012	mäßig	öffentlich	leer	
Neuendorf II		2012	mäßig	öffentlich	leer	
Neumühle		2009	sehr gut	privat	Wohnhaus	DMS
Neustadt (Dosse)	Landstall-meisterhaus	2010	sehr gut	Landes-Gestüt	Verwaltung	DMS
Netzeband		2010	schlecht	öffentlich	leer	DMS
Plänitz		2010/ 2011	ausreichend	privat	Wohnhaus, Büro, z. T. leer	DMS
Protzen		2009	sehr gut	öffentlich	Museum	
Radensleben		2009	gut	GmbH	Seniorenheim	DMS
Rheinsberg		2010	sehr gut	öffentlich	Museum	DMS
Roddahn		2010	gut, verändert?	öffentlich	leer	
Rohrlack	Verwalter-haus	2011	gut	e. V.	Therapie-einrichtung	
Schlaborn		2012	ausreichend	privat	leer	
Schwanow		2012	gut	privat	Wohnhaus	
Segeletz		2012	mäßig	privat	leer	
Stöffin I + II		2012	gut	privat	Wohnhäuser	
Stolpe		2012	sehr gut	privat	Pension	
Tetschendorf		2009	gut	öffentlich	Gemeindezentrum	DMS
Tornow		2010	gut	privat	Wohnhaus, Ferienwohnungen	DMS
Treskow (Neuruppin)		2010	sehr gut	öffentlich	Wohnungen	DMS
Trieplatz		2010	gut	privat	Wohnhaus	

Ort	Bemer-kungen	Besuch/ Foto	Zustand nach Außen-ansicht[1]	Besitz[2]	Nutzung[3]	Denkmal schutz
Vichel		2009	mäßig	e. V.	Therapie-einrichtung	DMS
Vogtsbrügge	Amtshaus	2010	ausreichend	öffentlich	leer	DMS
Wall		2010	gut	öffentlich	Museum	
Wernikow	Lehn-schulzen-haus	2012	mäßig	privat	Wohnhaus	
Wildberg I		2010	mäßig	öffentlich	Wohnungen	
Wildberg II		2010/ 2012	desolat	öffentlich	leer	
Wittstock	Burg	2010	sehr gut	öffentlich	Museum	DMS
Wittwien		2010	sehr gut	privat	Wohnhaus	DMS
Wulkow		2010	gut	privat	Wohnhaus	DMS
Wulkow bei Neuruppin		2012	Abriss um 2010	öffentlich		
Wustrau		2009	sehr gut	öffentlich	Richterakademie	DMS

Oberspreewald-Lausitz

Ort	Bemer-kungen	Besuch/ Foto	Zustand nach Außen-ansicht	Besitz	Nutzung	Denkmal schutz
Alt Döbern		2006	Sanierung	Brdnbg. Schlöss. GmbH	leer	DMS
Belten		2012	sehr gut	privat	Wohnhaus, Büro	DMS
Biehlen		2009	gut	privat	Wohnhaus	
Bolschwitz	Vorwerk Erlenau	2013	desolat	privat	leer	
Briesen		2013	sehr gut	privat	Wohnhaus	
Buchwäldchen		2012	sehr gut	privat	Wohnhaus	
Craupe		2010	gut	privat	Wohnhaus	
Drochow		2010	stark verändert, mäßig	e. V.	Kinderheim	
Dubrau		2012	gut	privat	Wohnhaus	
Geisendorf		2010	sehr gut	Vattenfall	Veranstaltungen	DMS
Groß Beuchow		2008/ 2012	mäßig	öffentlich	leer	DMS
Groß Jehser		2008	gut	privat	Wohnhaus	DMS
Großkmehlen		2009	Sanierung	Brdnbg. Schlöss. GmbH	leer	DMS

Ort	Bemer-kungen	Besuch/Foto	Zustand nach Außen-ansicht[1]	Besitz[2]	Nutzung[3]	Denkmal schutz
Groß-Mehßow		2008	gut	öffentlich	Wohnungen	DMS
Hohenbocka		2009	gut	privat	Hotel	DMS
Kalkwitz		2013	sehr gut	privat	Ferienwohnung	
Kemmen		2012	mäßig	privat	Wohnhaus	DMS
Klein-Mehßow		2007	gut	öffentlich	Wohnungen	
Kleinkmehlen		2010	Ruine, nach Brand	privat	2012 zum Abriss freigegeben	DMS
Kunersdorf		2012	gut	privat	Wohnhaus	DMS
Laasow		2010	ausreichend	privat	leer	DMS
Leeskow		2012	desolat	öffentlich	leer	DMS
Lindenau		2009	Sanierung stagniert	privat	leer	DMS
Lipsa		2009	sehr gut	privat	leer	DMS
Lipten		2010	gut	privat	leer	DMS
Lobendorf		2011	sehr gut	privat	Wohnhaus	DMS
Lübbenau		2008	sehr gut	privat	Hotel	DMS
Lug		2010	mäßig	privat	leer	DMS
Mallenchen		2007	ausreichend	privat	Wohnhaus	DMS
Muckwar		2012	gut	privat	Wohnungen	
Neudöbern		2009	desolat (2011)	GmbH	leer	DMS
Neupetershain		2010	gut	privat	Hotel	
Niemtsch			Brandruine – Abriss 2012	öffentlich		
Ogrosen		2010	gut	privat	Wohnhaus	DMS
Ortrand		2010	desolat	privat	leer	DMS
Repten		2010	gut	privat	Wohnhaus	DMS
Reuden		2010	mäßig	privat	leer	DMS
Ruhland		2010	ausreichend	öffentlich	Wohnungen	DMS
Schöllnitz		2010	verändert, gut	öffentlich	Gemeinde-veranstaltungen	
Schwarzbach		2009	Dach, Fassade saniert	privat	leer	DMS
Senftenberg		2009	sehr gut	öffentlich	Museum	DMS
Stradow		2012	gut	öffentlich	Wohnungen	
Tornitz		2012	ausreichend	öffentlich	leer	
Vetschau		2010	sehr gut	öffentlich	Amtshaus	DMS
Wüstenhain I		2010	verändert, gut	privat	Wohnhaus	

Ort	Bemer-kungen	Besuch/ Foto	Zustand nach Außen-ansicht[1]	Besitz[2]	Nutzung[3]	Denkmal schutz
Wüstenhain II		2010	gut	privat	Wohnhaus	
Zinnitz		2008	sehr gut	privat	Wohnhaus	DMS

Potsdam-Mittelmark mit Potsdam und Brandenburg an der Havel

Ort	Bemer-kungen	Besuch/ Foto	Zustand nach Außen-ansicht[1]	Besitz[2]	Nutzung[3]	Denkmal schutz
Bagow		2011	ausreichend	privat	Gemeindebüro	DMS
Belzig	Burg	2009	sehr gut	öffentlich	Museum, Hotel	DMS
Benken	Jagdsitz	2012	sehr gut	GmbH	Behinderten-einrichtung	DMS
Caputh		2010	sehr gut	öffentlich	Museum	DMS
Dahlen		2010	gut	ASB	Senioren-, Behinderten-einrichtung	DMS
Dahnsdorf		2010	gut	privat	Ferienwohnungen	DMS
Damsdorf	Vorwerk	2012	verändert (2 Teile)	privat	Wohnhaus 2. Teil leer	
Fahlhorst		2012	gut	öffentlich	Wohnungen	
Fredersdorf		2010	Sanierung stagniert	privat	leer	DMS
Görzke		2010	gut	öffentlich	Wohnungen	DMS
Gollwitz (Brandenburg a.d.H.)		2009	sehr gut	Brdnbg. Schlöss. GmbH	Begegnungs-stätte	DMS
Golzow	Amtshaus	2012	sehr gut	öffentlich	leer	DMS
Götz	Lehn-schulzen-haus	2009	gut	privat.	Restaurant	DMS
Gräben		2010	vollständig verändert, ausreichend	öffentlich	Wohnungen	
Groß Kreutz		2009/ 2011	Sanierung (stagniert?)	privat	leer	DMS
Güterfelde		2008/ 2012	Sanierung	privat	Eigentums-wohnungen geplant	DMS
Hagelberg		2012	sanierungs-bedürftig	öffentlich	leer	
Hammerdamm	Vorwerk/ Landsitz	2012	mäßig	privat	leer	DMS
Jeserig		2011	Gut, Anbau	öffentlich	Schule	
Kartzow (Potsdam)		2010	sehr gut	privat	Hotel	DMS

Ort	Bemer-kungen	Besuch/ Foto	Zustand nach Außen-ansicht[1]	Besitz[2]	Nutzung[3]	Denkmal schutz
Kemnitz		2009	sehr gut	privat	Wohnhaus	DMS
Ketzür		2011	Fassade saniert	öffentlich	Gemeindebüro	DMS
Klein Briesen		2010	mäßig	privat	leer	
Klein Glien		2009	sehr gut	privat	Hotel	DMS
Kleinmachnow-Hakeburg		2010	gut	GmbH	leer	DMS
Klein Kreutz (Brandenburg a.d.H.)		2011	sehr gut	privat	Wohnhaus	DMS
Klepzig	Vorwerk	2012	gut	privat	Wohnhaus	DMS
Krahne		2010	ausreichend	öffentlich	Wohnungen	DMS
Krielow		2009	gut	privat	leer	
Langerwisch		2010	gut	privat	Restaurant	DMS
Lehnin	Amtshaus	2009	gut	öffentlich	Museum	
Lübnitz		2011	verändert, ausreichend	privat	Wohnungen	DMS Park
Mahlenzin (Brandenburg a.d.H.)		2011	Sanierung stagniert	privat	leer	DMS
Marquardt (Potsdam)		2010	ausreichend	privat	leer, Veranstaltungen	DMS
Medewitz	Jagdhaus	2010	gut	gGmbH	Therapie-einrichtung	DMS
Mötzow	Pächterhaus	2011	sehr gut	Kirchengut	Wohnhaus	DMS
Niemegk		2012	sehr gut	privat	Gewerbe	DMS
Petzow		2011	gut	GmbH	leer	DMS
Phillippsthal		2008	sehr gut	privat	Wohnhaus	DMS
Phöben		2012	mäßig	privat	leer	DMS
Plaue (Brandenburg a.d.H.)		2011/ 2012	ausreichend	privat	leer	DMS
Plaue-Margaretenhof		2012	mäßig	privat	leer	
Plessow		2009/ 2011	sehr gut	Finanz-minister	Schulungszentrum	DMS
Rabenstein	Burg	2009	sehr gut	öffentlich	Herberge	DMS
Reckahn		2010	sehr gut	Brdnbg. Schlöss. GmbH	Museum	DMS
Reetz-Mahlsdorf		2010	desolat	privat	leer	DMS
Rietz		2012	gut	privat	Wohnungen	
Rogäsen		2011	gut	privat	Wohnhaus	DMS

Ort	Bemer-kungen	Besuch/ Foto	Zustand nach Außen-ansicht[1]	Besitz[2]	Nutzung[3]	Denkmal schutz
Roskow		2011	gut, Sanie-rung geplant	privat	leer, Veranstaltungen	DMS
Saarmund		2012	mäßig	privat	Wohnungen	
Sacrow		2009	sehr gut	öffentlich	Museum	
Satzkorn (Potsdam)		2010	desolat, Dach gesichert	privat	leer	DMS
Schmerwitz		2010	mäßig	öffentlich	leer	DMS
Struvenberg		2012	durch Anbau, schlecht	öffentlich	leer	DMS
Teltow-Seehof		2012	gut	privat	Dentaleinrichtg.	
Teltow-Striewitzweg			Abriss 1996			
Uetz-Paaren (Potsdam)	Verwalter-haus	2010	gut	privat	Wohnhaus	
Viesen	Lehn-schulzen-haus	2012	sehr gut	privat	Wohnhaus	DMS
Werder	Lehn-schulzen-haus	2009	gut	privat (GmbH)	Restaurant	
Warchau		2011	mäßig	privat	leer	DMS
Wendgräben (Brandenburg a.d.H.)		2012	sehr gut	privat	Wohnhaus	DMS
Wiesenburg		2009	sehr gut	privat	Eigentums-wohnungen	DMS
Ziesar I		2010	sehr gut	öffentlich	Museum	DMS
Ziesar II		2010	sehr gut	öffentlich	Kita	DMS

Prignitz

Ort	Bemer-kungen	Besuch/ Foto	Zustand nach Außen-ansicht[1]	Besitz[2]	Nutzung[3]	Denkmal schutz
Birkholz		2012	gut	GbR	Wohnhaus	DMS
Bootz I	Restflügel	2012	gut	privat	Wohnhaus	
Bootz II	Verwalter-haus	2012	gut	privat	Wohnhaus	
Breitenfeld		2012	sehr gut	privat	Wohnhaus	DMS
Burghagen		2012	sehr gut	privat	Wohnhaus	DMS
Dallmin		2012	gut	GbR	Kinderheim	DMS
Dannhof	Vorwerk	2012	gut	privat	Wohnhaus	
Degerthin		2012	desolat	privat	leer	DMS
Demerthin		2009	Fassade saniert	öffentlich	leer	DMS

Ort	Bemer-kungen	Besuch/ Foto	Zustand nach Außen-ansicht[1]	Besitz[2]	Nutzung[3]	Denkmal schutz
Eldenburg		2012	verändert, gut	öffentlich	Museum	DMS Turm
Ellershagen		2009	gut	privat	Wohnhaus	
Frehne		2011	mäßig	privat	Jugendwohnheim	DMS
Gadow		2011	gut	GbR	Kinder-Hotel	DMS
Garz	Junker-häuser	2012	ausreichend	öffentlich	leer	DMS
Gerdshagen	Verwalter-haus	2009	gut	öffentlich	leer	
Gramzow		2012	gut	privat	Wohnung, Büro	
Granzow	Teilrückbau	2012	Restbau gut	privat	Wohnhaus	
Groß Langerwisch		2012	sehr gut	privat	Wohnhaus	DMS
Groß Pankow		2012	sehr gut	privat	Klinik	DMS
Grube		2012	sehr gut	privat	Restaurant, Ferienwohnungen	DMS
Gülitz		2012	gut	privat	Wohnhaus	DMS
Guhlsdorf		2012	Ruine			
Halenbeck		2012	verändert (2 Teile)	½ öffentl. ½ privat	Wohnhäuser	
Hoppenrade		2012	gut, Anbau	CJD	Kinderheim, Schule	DMS
Kaltenhof		2012	Ruine	privat		
Karlsruhe	Vorwerk	2012	sehr gut	privat	Wohnhaus	
Karwe		2012	Sanierung ausreichend	privat	leer	DMS
Kietz		2012	desolat, Dach gesichert	privat	leer	DMS
Kleinow		2012	gut, verändert	öffentlich	Kita	
Kletzke		2011	gut	privat	Wohnhaus	
Krampfer		2012	mäßig	privat	leer	DMS
Laaske		2011	gut	privat	Wohnhaus	DMS
Lenzen	Burg	2011	gut	BUND	Museum, Hotel	DMS
Mankmuß		2012	sehr gut	privat	Wohnhaus	DMS
Mesendorf		2012	Sanierung begonnen	privat	Wohnhaus, leer	DMS
Meyenburg		2009	sehr gut	öffentlich	Museum	DMS
Nebelin		2012	gut	privat	leer	DMS
Nettelbeck		2012	Sanierung begonnen	privat	leer	DMS
Neuhausen		2012	sehr gut	privat	Wohnhaus, Büro, Veranstaltungen	DMS

Ort	Bemer- kungen	Besuch/ Foto	Zustand nach Außen- ansicht[1]	Besitz[2]	Nutzung[3]	Denkmal schutz
Neuhof		2012	sehr gut	privat	Wohnhaus	
Neu Premslin		2012	gut	privat	Wohnhaus	
Penzlin		2009	Sanierung 2012 beendet sehr gut	privat	leer Ferienwohnungen	DMS
Perleberg	Stadtgut	2012	mäßig	öffentlich	leer	DMS
Pinnow		2012	gut	privat	Wohnhaus	DMS
Plattenburg	Burg	2012	Wirtschafts- gebäude leer, gut	öffentlich	Museum, Restaurant	DMS
Putlitz Burg	Burgrest	2011	gut	öffentlich		DMS
Putlitz I		2011	ausreichend	öffentlich	leer	DMS
Putlitz II		2011	gut	privat	leer?	DMS
Quitzöbel		2012	schlecht	privat	Wohnhaus, z. T. leer	
Rapshagen	Verwalter- haus	2012	sehr gut	Kirchengut	Wohnung	DMS GA
Retzin		2012	gut	e. V.	Behinderten- einrichtung	DMS
Rühstädt		2011	sehr gut	privat	Hotel	DMS
Schmarsow		2012	sehr gut	privat	Wohnungen	
Seefeld		2012	mäßig	privat	Wohnung, z. T. leer	
Seetz		2012	gut	privat	Wohnhaus	DMS
Semlin (Karstädt)		2012	gut, Anbau	e.V.	Behinderten- einrichtung	DMS
Sigrön		2012	gut	privat	Wohnhaus, Gewerbe	DMS
Stavenow	Burgrest	2012	gut	privat	Wohnhaus	DMS
Streckenthin		2009	sehr gut	privat	Künstlerheim	DMS
Silmersdorf		2012	sehr gut	privat	Wohnhaus	DMS
Silmersdorf (Neu-Silmersdorf)		2012	desolat	privat	leer	DMS
Strigleben		2012	desolat	öffentlich	leer	DMS
Vehlow		2010	gut	privat	Wohnhaus	DMS
Warnsdorf		2012	gut	privat	Wohnhaus, Büro	DMS
Waterloo		2012	sehr gut	privat	Wohnhaus	
Wittenberge		2012	sehr gut	öffentlich	Museum	DMS
Wolfshagen		2009	sehr gut	e. V.	Museum	DMS
Wüsten Buchholz		2012	gut	privat	Wohnhaus	DMS

Ort	Bemerkungen	Besuch/ Foto	Zustand nach Außenansicht[1]	Besitz[2]	Nutzung[3]	Denkmalschutz
Wutike		2012	gut	privat	Wohnungen	DMS
Zapel		2012	gut	privat	Ferienwohnungen	DMS
Zichtow		2012	Sanierung	privater Verein	leer	DMS

Spree-Neiße mit Cottbus

Ort	Bemerkungen	Besuch/ Foto	Zustand nach Außenansicht[1]	Besitz[2]	Nutzung[3]	Denkmalschutz
Bagenz		2011	ausreichend	privat	leer	DMS
Bärenklau		2011	sehr gut	privat	Wohnhaus	DMS
Bloischdorf		2011	mäßig, 1/5 fehlt	öffentlich	leer	
Bohrau		2011	mäßig	privat	leer	
Bohsdorf		2012	gut	öffentlich	Kita	
Brahmow		2011	desolat	öffentlich	leer	DMS
Branitz (Cottbus)		2011	sehr gut	öffentlich	Museum	DMS
Brunschwig (Cottbus)		2012	sehr gut	privat	Pension	DMS
Casel		2013	ausreichend	öffentlich	Wohnungen, z. T. leer	
Deulowitz		2011	gut	privat	Seniorenwohnungen	DMS
Döbern		2011	mäßig	öffentlich	Wohnungen	
Drebkau		2011	Fassade saniert	öffentlich	leer	DMS
Eulo-Forst	Inspektorenhaus	2011	verändert, mäßig	privat	leer	
Forst	Amtshaus	2013	gut	öffentlich	Behinderteneinrichtung	
Gahry		2011	sehr gut	öffentlich	Wohnungen	DMS
Gallinchen (Cottbus)		2011	verändert, gut	öffentlich	Kita, z. T. leer	
Golschow		2013	verändert, z. T. gut	privat	Wohnhaus, z. T. leer	
Gosda (Neiße-Malxetal)		2011	desolat	privat	leer	DMS
Grano		2011	Sanierung	öffentlich	leer	
Groß Breesen		2011	mäßig	öffentlich	leer	DMS
Groß-Buckow		2012	sehr gut	privat	Wohnhaus	
Groß Drewitz		2011	gut	privat	Wohnhaus	
Groß Jamno		2011	verändert, gut	privat	Wohnhaus	
Groß Schacksdorf		2011	gut	privat	Wohnhaus	DMS

Ort	Bemer-kungen	Besuch/ Foto	Zustand nach Außen-ansicht[1]	Besitz[2]	Nutzung[3]	Denkmal schutz
Guhrow		2011	gut	privat	Wohnhaus	DMS
Gulben		2011	Abriss 2011	privat		(DMS)
Hänchen		2011	gut, leicht verändert	GbR	Senioren-, Behinderten-einrichtung	
Hornow		2011	sehr gut	öffentlich	Wohnungen, Veranstaltung	DMS
Illmersdorf		2011	Abriss 1999			
Jämlitz		2011	ausreichend	privat	leer	
Jehserigk		2010	sehr gut	öffentlich	Gemeinde-einrichtung	DMS
Jerischke		2012	gut, 1/3 fehlt	öffentlich	Wohnungen, Gemeinde-veranstaltungen	
Kahsel		2011	gut	öffentlich	Kita	DMS
Klein Döbbern	Verwalterh., Schloss zerstört	2011	mäßig	öffentlich	leer	
Klein Düben		2011	gut	öffentlich	Gemeinde-einrichtung	
Klein Gaglow	Ersatzbau	2012	Abriss nach 2000	öffentlich	Wohnungen	
Klein Költzig		2011	sehr gut	öffentlich	Wohnungen, Heimatstube	
Klein Loitz		2011	ausreichend	öffentlich	leer	
Klein Oßnig		2013	gut	privat	Wohnhaus	
Komptendorf		2011	gut	öffentlich	Kita	DMS
Koschendorf		2011	mäßig	öffentlich	leer	DMS
Krayne		2011	sehr gut	privat	Wohnhaus	DMS
Krieschow		2011	gesichert, mäßig	privat	leer	DMS
Laubsdorf		2011	Sanierung	öffentlich	leer	
Laubst		2011	mäßig	privat	Wohnung, z. T. leer	DMS
Leuthen		2011	gut	privat	Wohnhaus	
Lieskau		2011	gut	privat	Wohnungen	DMS GA
Lübbinchen		2011	Fassade saniert	privat	leer	DMS
Milkersdorf		2011	gut	privat	Club	DMS
Muckrow		2011	gut	privat	Wohnhaus	DMS
Müschen		2011	ausreichend	privat	leer, Lagerraum	DMS

Ort	Bemer-kungen	Besuch/ Foto	Zustand nach Außen-ansicht[1]	Besitz[2]	Nutzung[3]	Denkmal schutz
Neuhausen		2011	Dach, Fassade saniert	privat	leer, Gewerbe geplant	DMS
Papitz		2011	sehr gut	DRK	Pflegeheim	DMS
Peitz-Luisenruh		2011	sehr gut	privat	Wohnhaus	DMS
Pulsberg		2011	Ruine	öffentlich		
Raakow (Drebkau)		2011	Ruine , Brand 2009	privat		DMS
Radensdorf		2011	gut	privat	Ferienwohnungen	
Rehnsdorf		2012	gut	e. V.	Therapie-einrichtung	
Reuthen	Kavaliershaus, Schloss zerstört	2011	gut	privat	Wohnhaus	DMS
Schenkendöbern		2011	sehr gut	öffentlich	Rathaus	DMS
Schlichow (Cottbus)		2011	desolat	privat	leer	DMS
Schönheide		2012	Hauptteil stark ver-ändert, Rest-flügel desolat	öffentlich	Feuerwehr, Wohnungen	
Schorbus		2011	gut	privat	Wohnhaus	DMS
Sembten		2011	mäßig	privat	leer	DMS
Sergen		2011	gut	privat	Wohnhaus	DMS
Simmersdorf		2011	Abriss 2005			
Spremberg		2010	gut	öffentlich	Museum	DMS
Steinitz		2010	mäßig	öffentlich	leer	DMS
Tauer	Lehn-schulzen-haus	2011	gut	öffentlich	Gemeindebüro	DMS
Trebendorf		2011	mäßig	öffentlich	Heimatstube, z. T. leer	
Tschernitz		2011	desolat	?	leer	
Wadelsdorf		2011	gut	öffentlich	Schule	
Werben I		2011	sehr gut	privat	Wohnhaus	
Werben II		2011	verändert	öffentlich	leer, Wohnungen geplant	
Werben III		2011	gut	privat	Wohnungen	
Werben IV		2011	Abriss 2009, nach Brand	privat		
Wiesendorf		2011	gut	privat	Wohnhaus	
Wolfshain		2011	gut	öffentlich	Wohnungen	

Ort	Bemer-kungen	Besuch/Foto	Zustand nach Außen-ansicht[1]	Besitz[2]	Nutzung[3]	Denkmalschutz
Zschorno (Jämlitz)		2011	mäßig	privat	leer	DMS

Teltow-Fläming

Ort	Bemer-kungen	Besuch/Foto	Zustand nach Außen-ansicht[1]	Besitz[2]	Nutzung[3]	Denkmalschutz
Ahrensdorf		2010	Sanierung	privat	leer	DMS
Alexanderdorf (Kummersdorf)		2010	gut	Kloster, Abtei	Benediktinerinnen-Kloster	
Baruth	Neues Schloss	2008/2012	Brandschaden 2012, mäßig	öffentlich und privat	leer	DMS
	Altes Schloss		Fassade saniert	öffentlich	leer	
Bärwalde	Schlossrest	2010	Ruine, gesichert	öffentlich		DMS
Blankensee		2008	gut	Brdnbg. Schlöss. GmbH	Museum, Vortragsräume	DMS
Dahlewitz		2010	ausgebrannt	privat	leer	DMS
Dahme	Schlossrest	2010	Ruine, gesichert	öffentlich		DMS
Diedersdorf		2008	gut	privat	Restaurant	DMS
Gadsdorf	Lehn-schulzen-haus	2012	ausreichend	privat	Wohnhaus	
Genshagen		2008	sehr gut	Stiftung	Begegnungs-, Schulungszentr.	DMS
Gebersdorf		2012	Sanierung	privat	leer	DMS
Gröben		2008	gut	privat	Wohnhaus	DMS
Großbeuthen		2008	mäßig	öffentlich	leer	DMS
Großbeeren	Stadtgut	2012	gut	öffentlich	Rathaus	DMS
Groß Machnow		2009	gut	privat	Schuleinrichtungen	DMS
Heinsdorf		2012	stark verän-dert, schlecht	öffentlich	leer	
Hohenahlsdorf		2010	mäßig	öffentlich	leer	DMS
Jühnsdorf		2008	gut	privat	Wohnhaus	DMS
Kleinbeeren I		2012	Ruine	öffentlich		DMS
Kleinbeeren II			ausreichend		Wohnungen	
Kaltenhausen (Kloster Zinna)		2010	sehr gut	privat	Wohnhaus	DMS
Kemlitz (Dahme)		2010	mäßig	öffentlich	leer	DMS

Ort	Bemer-kungen	Besuch/ Foto	Zustand nach Außen-ansicht[1]	Besitz[2]	Nutzung[3]	Denkmal schutz
Klein Kienitz		2012	gut	privat	Wohnhaus	
Liepe		2010	ausreichend	privat	leer	
Löwenbruch		2008	mäßig, Sanierung vorgesehen	privat	leer	DMS
MärkischWilmersdorf		2012	sehr gut	privat	Wohnhaus	DMS
Mahlow		2012	gut, völlig verändert	öffentlich	Schule	
Markendorf		2010	desolat	privat	leer	DMS
Neuhof		2010	gut, leicht verändert	privat	Hotel, 2011 zum Verkauf	DMS
Petkus		2012	sehr gut	privat	Wohnhaus, Büro	DMS
Rangsdorf	Neubau Altenheim	2012	abgerissen 2005	ASB		
Reinsdorf		2010	Sanierung vorgesehen	privat	leer, Wohnhaus geplant	DMS
Schönhagen		2008	sehr gut	privat	Filmaufnahmen	
Siethen		2008	gut	öffentlich	Jugendheim	
Sperenberg		2008	mäßig	privat	leer	
Stülpe		2008	sehr gut	privat	Wohnhaus	DMS
Wahlsdorf		2010	seht gut	e.V.	Herberge	DMS
Waldau (Jüterbog)		2013	ausreichend	privat	Wohnung, z.T. leer	
Wiepersdorf		2010	sehr gut	Brdnbg. Schlöss. GmbH	Künstlerheim	DMS
Zagelsdorf (Dahme)		2010	verändert, gut	Christliche Mission	Wohnungen	
Zellendorf (Niedergörsdorf)		2012	gut	privat	Wohnhaus	DMS
Zossen I	Burgreste, Torhaus	2008/ 2011	mäßig	öffentlich	leer	
Zossen II		2008/ 2011	ausreichend Sanierung begonnen?	öffentlich	leer	DMS

Uckermark

Ort	Bemer-kungen	Besuch/ Foto	Zustand nach Außen-ansicht[1]	Besitz[2]	Nutzung[3]	Denkmal schutz
Ahlimbsmühle		2012	ausreichend	privat	Ferienwohnungen	
Altkünkendorf		2011	sehr gut	privat	Wohnhaus	DMS
Amalienhof		2012	gut	privat	Wohnhaus	DMS

Ort	Bemer-kungen	Besuch/ Foto	Zustand nach Außen-ansicht[1]	Besitz[2]	Nutzung[3]	Denkmal schutz
Arendsee		2008	sehr gut	privat	leer, Filmaufnahmen	DMS
Battin		2011	ausreichend	privat	leer	
Beatenhof		2012	gut	privat	Wohnhaus	
Berkholz		2012	gut	privat	Restaurant	
Biesenbrow		2012	ausreichend	öffentlich	Gemeinde-nutzung, z. T. leer	
Biesendahlshof		2011	mäßig	privat	leer	DMS
Bietikow		2011	sehr gut	privat	Wohnhaus	
Blankenburg		2011	gut	privat	Wohnhaus	
Blankensee		2008	sehr gut	privat	Wohnhaus	DMS
Blumberg		2010	Sanierung	privat	Wohnung, überwiegend leer	DMS
Boitzenburg		2008	gut	privat	Hotel	DMS
Bruchhagen		2011	desolat	öffentlich	leer	DMS
Brüssow		2009	gut	privat	Wohnhaus	
Buchenhain		2011	gut	privat	Hotel	
Bülowssiege		2011	sehr gut	privat	Wohnhaus	DMS
Carolinenthal		2012	sehr gut	privat	Wohnhaus, Gewerbe	DMS
Criewen		2009	sehr gut	öffentlich	Begegnungs-zentrum	DMS
Criewen VW	Vorwerk	2012	sehr gut	GmbH	Therapie-einrichtung	DMS
Damme		2001	Dach, Fassade saniert	öffentlich	leer	DMS
Damitzow		2011	Sanierung stagniert	privat	leer	DMS
Dauerthal		2011	sehr gut	privat	Gewerbe	
Dolgen		2011	ausreichend	privat	Wohnungen	
Eickstett		2008	sehr gut	privat	Wohnhaus	DMS
Falkenwalde		2012	gut	öffentlich	Gemeindehaus	
Felchow		2009	gut	öffentlich	Gemeindenutzung	DMS
Frauenhagen		2012	verändert, gut	öffentlich	Kita, Gemeindehaus	
Friedenfelde		2011	gut	privat	Restaurant, Café	DMS
Friedrichsfelde-Steinhöfel		2011	ausreichend	privat	Wohnungen	DMS

Ort	Bemer-kungen	Besuch/ Foto	Zustand nach Außen-ansicht[1]	Besitz[2]	Nutzung[3]	Denkmal schutz
Funkenhagen		2011	gut, verändert?	privat	Wohnhaus	
Geesow		2012	gut, verändert	privat	Wohnhaus	
Gellmersdorf		2012	gut	öffentlich	Gemeindehaus	
Gerswalde I	Burgrest	2008	gut	öffentlich	Museum	DMS
Gerswalde II		2008	gut	Stiftung GFB	Jugendheim	DMS
Gerswalde III	Verwalter-haus	2012	gut	?	Wohnungen	
Gollmitz		2008	ausreichend	öffentlich	Kita	DMS
Golm		2011	mäßig	privat	Wohnhaus	
Göritz		2009	Abriss 2005			
Götschendorf		2011	mäßig	Kloster, russisch-orthodox	leer	DMS
Gramzow		2011	gut	Agrarge-sellschaft	Sitz der Gesell-schaft	
Greiffenberg-Günterberg	Burgrest	2011	ausreichend			DMS
Greiffenberg		2011	verändert, gut	öffentlich	Kita	DMS
Greifenberg-Obergreiffenberg		2012	eine Hälfte gut/ zweite Hälfte schlecht	privat	Wohnung, z.T. leer	
Groß Fredenwalde		2011	gut	privat	Ferienwohnhaus	DMS
Groß Sperrenwalde	Verwalterh., Schloss zerstört	2012	ausreichend	privat	Wohnhaus	DMS
Grünberg		2009	ausreichend	privat	leer	DMS
Grünow		2011	ausreichend	öffentlich	leer	
Güterberg		2011	ausreichend	öffentlich	Gemeindenutzung	
Hammelspring	Lehn-schulzen-haus	2012	verändert? gut	privat	Wohnungen	
Hammelspring-Alsenhof		2012	gut	privat	Wohnhaus	
Heinersdorf-Schwedt		2011	Abriss 2004			
Herrenstein		2008	gut	privat	Hotel	
Herzfelde		2008	sehr gut	privat	Veranstaltungen	DMS
Hindenburg		2012	Sanierung	privat	Wohnhaus	
Hohengüstow		2011	gut	privat	Wohnhaus	

Ort	Bemer-kungen	Besuch/ Foto	Zustand nach Außen-ansicht[1]	Besitz[2]	Nutzung[3]	Denkmal schutz
Hohenlandin		2011	Ruine	öffentlich		DMS
Hohenselchow		2011	gut	öffentlich	Wohnungen	DMS
Jagow		2008/ 2011	Ruine nach Brand	öffentlich		DMS
Jamikow		2011	mäßig	öffentlich	leer	DMS
Kerkow		2011	gut	privat	Ferienwohnungen	DMS
Kleinow (Falkenwalde)		2012	sanierungs-bedürftig	privat	Wohnhaus	
Kleptow		2011	mäßig	Saatgut-GmbH	leer	
Klockow		2009	desolat	privat	leer	DMS
Knehden		2011	verändert, gut	privat	Wohnungen	
Kraatz		2011	desolat	privat	leer	DMS
Kröchlendorff		2008	sehr gut	e. V.	Bildungsstätte	DMS
Kunow	Verwalter-haus	2011	verbaut, mäßig	öffentlich	Kita, Gemeinde	DMS
Kutzerow		2008/ 2011	mäßig	privat	leer	DMS
Lemmersdorf		2011	sehr gut	privat	Wohnhaus	DMS
Lichtenhain		2008	sehr gut	privat	Wohnhaus	
Lübbenow		2008	sehr gut	privat	Ferienwohnungen	DMS
Lützlow		2011	gut	privat	Seniorenheim	.
Ludwigsburg		2011	ausreichend	Diakonie	leer	
Mahlendorf		2011	sehr gut	privat	Wohnhaus	DMS
Menkin	Neubau	2012	gut	privat	Wohnhaus	DMS
Milow		2011	sehr gut	öffentlich	Gemeindenutzung	
Mittenwalde		2008	gut	?	leer	
Mühlhof (Güstow)		2011	gut	privat	Wohnhaus	
Mürow		2011	ausreichend	öffentlich	leer, z. Verkauf	DMS
Nechlin		2011	desolat	privat	überwiegend leer, Wohnung	
Netzow		2011	sehr gut	privat	Wohnhaus	
Neudorf		2012	gut	e. V.	Begegnungsstätte	
Neu Temmen		2011	sehr gut	privat	Wohnhaus	DMS
Passow	Verwalterh., Schloss zerstört	2012	gut	öffentlich	Gemeinde-veranstaltungen	
Petershagen (Luckow)		2011	verändert, gut	öffentlich	Gemeinde-einrichtungen	

Ort	Bemer-kungen	Besuch/ Foto	Zustand nach Außen-ansicht[1]	Besitz[2]	Nutzung[3]	Denkmal schutz
Petznick		2011	sehr gut	privat	Wohnhaus	DMS
Pinnow (Gerswalde)		2012	sehr gut	privat	Wohnhaus	
Pinnow bei Angermünde		2011	sehr gut	öffentlich	Amtssitz	
Polßen I		2010	gut	privat	Wohnungen	DMS
Polßen II		2010	sehr gut	privat	Wohnhaus	DMS
Potzlow		2011	gut	öffentlich	Gemeinde-einrichtungen, Gewerbe	
Raakow		2011	gut	privat	Wohnhaus	
Radekow		2011	gut	privat	Wohnhaus	DMS
Rittgarten		2008	verändert? gut	privat	Wohnhaus	
Rollberg		2011	sehr gut	privat	Wohnhaus	
Schenkenberg		2008	gut	öffentlich	Wohnungen, Geschäft	
Schlepkow		2012	mäßig	privat	Ferienwohnung, z. T. leer	
Schmiedeberg I		2012	mäßig	öffentlich	leer	
Schmiedeberg II		2012	stark verändert, ausreichend	öffentlich	Wohnungen	
Schmölln		2012	mäßig	öffentlich	leer	
Schönermark-Landin		2012	ausreichend	öffentlich	leer	
Schönerrmark	Restflügel	2012	gut	öffentlich	Gemeindebüros	DMS
Schönow I		2010	gut	öffentlich	leer	DMS
Schönow II	Verwalter-haus	2010	schlecht	öffentlich	leer	DMS
Schwaneberg		2009	sehr gut	privat	Wohnhaus	DMS
Schwedt	Lustschloss	2011	sehr gut	öffentlich	Veranstaltungen	DMS
Seehausen		2011	Sanierung	privat	leer	
Seelübbe		2011	desolat	?	leer	
Sternhagen	Küchenflügel	2012	gut	privat	Ferienwohnungen	
Stolpe I	Burgrest	2009	gut	öffentlich		DMS
Stolpe II		2009	gut	Stiftung-GFB	Kinderheim	DMS
Strehlow		2011	gut	privat	Wohnhaus	
Suckow	Verwalter-haus	2008	Sanierung 2013 beendet	privat	leer 2013 Hotel	DMS

Ort	Bemer-kungen	Besuch/ Foto	Zustand nach Außen-ansicht[1]	Besitz[2]	Nutzung[3]	Denkmal schutz
Taschenberg		2008/ 2011	mäßig	öffentlich	Wohnungen	DMS
(Alt)-Temmen		2011	verändert? gut	privat	Ferienwohnungen	
Tornow		2008	schlecht	privat	leer, Gewerbe	DMS
Trampe		2011	gut	privat	Wohnhaus	
Vierraden	Burgrest	2011	ausreichend	öffentlich		DMS
Vietmannsdorf		2011	sehr gut	privat	Wohnhaus	DMS
Wallmow		2011	gut	privat	Schule	DMS
Wartin		2010	gut	e. V. und Stiftung	Wohnungen, Bildungszentrum	DMS
Werbelow		2008/ 2011	Sanierung	privat	leer	DMS
Wendemark		2012	gut	privat	Wohnhaus	
Weselitz (Falkenwalde)		2012	verändert, gut	privat	Wohnhaus	
Willmine		2011	gut	privat	Wohnhaus	
Wilmersdorf		2011	sehr gut, ohne Seitenflügel	privat	Wohnhaus	DMS
Wilsickow		2011	sehr gut	privat	Wohnhaus, Kinderheim	DMS
Woddow		2009	gut	privat	Wohnhaus	DMS
Wolfshagen	Verwalterh. Dorfanlage!	2008/ 2011	schlecht gut	öffentlich	leer	DMS
Wolletz I	Jagdschloss	2011	gut	GmbH	Rehabilitations-Klinik	DMS
Wolletz II	Neubau	2011	verändert, gut	Stiftung	Verwaltung	
Woltersdorf		2011	ausreichend	öffentlich	leer	DMS
Zernikow		2008/ 2011	desolat	privat	leer	DMS
Zichow		2010	mäßig	öffentlich	leer	DMS
Zollchow		2011	gut, verändert?	privat	Ferienwohnungen	
Zuchenberg	Stadtgut	2012	gut	privat	Wohnhaus	
Zützen		2009	gut	privat	Ferienwohnungen, Gewerbe	DMS

[1] Beurteilung nach Augenschein der Außenansicht ohne kunsthistorische und bautechnische Fachkenntnis

[2] Angaben nicht amtlich gesichert

[3] Einrichtungen für Suchtkranke

Literatur

Bücher und Aufsätze:

1. Alvers, Annett, Tobias Kunz: Schlösser und Gärten der Mark – Schloss Ahlsdorf. Hrsg.: Sibylle Badstübner-Gröger, Freundeskreis Schlösser und Gärten der Mark in der Deutschen Gesellschaft e. V.. Berlin 2002
2. Andreae, Almut, Udo Geiseler (Hrsg.): Die Herrenhäuser des Havellandes. Eine Dokumentation ihrer Geschichte bis in die Gegenwart. Berlin 2001
3. Arnim, Clara von: Der grüne Baum des Lebens. Lebensstationen einer märkischen Gutsfrau in unserem Jahrhundert. Bern–München–Wien 1990
4. Arnim, Daisy Gräfin von, Nils Aschenbach: Gutshäuser und Schlösser in der Uckermark, Teil 1. Bremen 2008
5. Arnim, Daisy Gräfin von, Nils Aschenbach: Gutshäuser und Schlösser in der Uckermark, Teil 2. Bremen 2009
6. Badinski, Beate: Schlösser und Gärten der Mark – Ganz. Hrsg. Sibylle Badstübner-Gröger, Freundeskreis Schlösser und Gärten der Mark in der Deutschen. Gesellschaft e. V.. Berlin 2009
7. Barsewisch, Bernhard von, Torsten Foelsch: Sieben Parks in der Prignitz, Geschichte und Zustand der Gutsparks der Gans Edlen Herren zu Putlitz. Berlin 2004
8. Barth, Matthias: Herrenhäuser und Landsitze in Brandenburg und Berlin. Von der Renaissance bis zum Jugendstil. Würzburg 2008
9. Bath, Herbert: Die Schlösser und Herrenhäuser in Berlin und Brandenburg. Ein Überblick in Wort und Bild. Berlin 2001
10. Bartlog, Jürgen: Nachrichten aus acht Jahrhunderten Görzker Geschichten. Görzke 1989
11. Baumann, Hans: Geschichte der Heilkunde. Gütersloh 2004
12. Birlack, Hilmar (Hrsg.): Die Sergener Chronik 1408–2008. Sergen 2008
13. Bohm, Carl Heinz: D. Anton Friderich Büschings Erdbeschreibung. Theil 1–11 (1–3), 13. Hamburg 1791
14. Brandstäter, H.: Dorfchronik – Das Dorf Groß Jamno, von seinen Anfängen bis 1987. Forst 1989
15. De Bruyn, Günter: Abseits. Liebeserklärung an eine Landschaft. Frankfurt/M. 2005
16. Dehio, Georg: Handbuch der deutschen Kunstdenkmäler; Brandenburg. Bearb. von Vinken, Gerhard u. a. München–Berlin 2000
17. De Veer, Renate: Steinernes Gedächtnis. Gutsanlagen und Gutshäuser in Mecklenburg-Vorpommern. Ein Handbuch. Band 1 bis 5, Schwerin 2005, 2006, 2008, 2009
18. Duncker, Alexander (Hrsg.): Die ländlichen Wohnsitze. Schlösser und Residenzen der ritterschaftlichen Grundbesitzer in der preußischen Monarchie nebst den königlichen Familien-, Haus-, Fideicomiss- und Schatullgütern in naturgetreuen, künstlerisch ausgeführten, farbigen Darstellungen nebst begleitendem Text. Berlin 1857–1863 (www.zlb.de/aktivitaeten/digitalisierung/duncker)
19. Enders, Lieselott: Historisches Ortslexikon für Brandenburg, Teil 2, 4, 6, 8, Weimar 1970, 1976, 1980, 1986
20. Fischer, Bernd Erhard, Angelika Fischer: Vergessenes Juwel in der Niederlausitz, Altdöbern. Eine Spurensuche. Berlin 1993
21. Foelsch, Torsten: Adel, Schlösser und Herrenhäuser in der Prignitz, ein Beitrag zur Kunst- und Kulturgeschichte der Prignitz. Perleberg. Leipzig 1997
22. Foelsch, Torsten: Burg und Schloss Stavenow in der Prignitz. Sonderdruck aus dem Jahrbuch für brandenburgische Landesgeschichte, Band 51 (2000)
23. Foelsch, Torsten: Schloss Neuhausen/Prignitz. Hrsg.: Sibylle Badstübner-Gröger, Freundeskreis Schlösser und Gärten der Mark in der Deutschen Gesellschaft e. V.. Berlin 2004
24. Fontane, Theodor: Wanderungen durch die Mark Brandenburg, Die Grafschaft Ruppin. Leipzig 1980
25. Fontane, Theodor: Wanderungen durch die Mark Brandenburg, Das Oderland. Leipzig 1980

26. Fontane, Theodor: Wanderungen durch die Mark Brandenburg, Havelland. Berlin 2005
27. Fontane, Theodor: Wanderungen durch die Mark Brandenburg, Spreeland. Berlin 2005
28. Fontane, Theodor: Wanderungen durch die Mark Brandenburg, Fünf Schlösser. Berlin 2005
29. Fontane, Theodor: Das Ländchen Friesack und die Bredows. Hrsg.: G. Erler, Th. Erler. Berlin 1997
30. Freundeskreis Schlösser und Gärten der Mark in der Deutschen Gesellschaft e.V. (Hrsg.): Burgen, Schlösser und Herrenhäuser in Brandenburg. Entdeckungsreisen zu bekannten und unbekannten Objekten. Berlin 2008
31. Goralczyk, Peter: Schlösser und Gärten der Mark – Mühlberg. Hrsg.: Sibylle Badstübner-Gröger, Freundeskreis Schlösser und Gärten der Mark in der Deutschen Gesellschaft e.V., Berlin 2008
32. Grundmann, Luise, Dietrich Hanspach, Hrsg.: Der Schraden. Eine landeskundliche Bestandsaufnahme im Raum Elsterwerda, Lauchhammer, Hirschfeld und Ortrand. Köln 2001
33. Gutsche, Edda: Historische Gutsanlagen in Berlin und Umgebung. Berlin 2011
34. Hinz, Ursula: Neu Fahrland. Von der Wende zur Wende. Chronik Teil 1. Hrsg.: Gemeinde Neu Fahrland. Potsdam 2003
35. Houwald, Götz Freiherr von: Die Niederlausitzer Rittergüter und ihre Besitzer, Teil 1–7. Stuttgart 1978–1999
36. Hup, Horst, Maria Müller, Inge Jahnke: Ein Schloß in der Mark – Erinnerungen an Dammsmühle. Bernau 1993
37. Jager, Markus (Hrsg.): Schlösser und Gärten der Mark. Festgabe für Sibylle Badstübner-Gröger. Berlin 2006
38. Jahrbuch Teltow, Stahnsdorf, Klein Machnow: Historische Streifzüge durch Region, Geschichte und Geschichten aus neuen und alten Zeiten: 200 Jahre Schloss Güterfelde. Teltow 2005
39. Kieback, Steffi: Park Lindenberg: Vorstudie für ein gartendenkmalpflegerisches Nutzungskonzept als Beitrag für die kommunale Entwicklung. Diplomarbeit, TU Berlin 2001
40. Klebert, Maria: Die Geschichte der Schlösser Nordostbrandenburgs, Entdeckungen entlang der Märkischen Eiszeitstraße, Heft 14 /210, Hrsg.: Gesellschaft zur Erforschung und Förderung der Märkischen Eiszeitstraße e. V; Eberswalde 2010
41. Kneschke, Ernst Heinrich, Hrsg.: Neues allgemeines Deutsches Adels-Lexikon, Bd. 6, Leipzig 1865
42. Kraus, Elisabeth: Die Familie Mosse: Deutsch-jüdisches Bürgertum im 19. und 20. Jahrhundert. München 1999
43. Lentz, Sebastian: Landschaften in Deutschland, Werte der deutschen Heimat: Brandenburg an der Havel und Umgebung. Köln 2006
44. Merian, Matthäus: Topographia Electoratus Brandenburgici et Ducatus Pomeraniaei, Reprint der Ausgabe von 1652, Braunschweig 2005
45. Meyer, Nils: Leerräume. Der Umgang mit Denkmalen als Sinnstiftungsprozess am Beispiel der Schlösser und Herrensitze in Brandenburg. Berlin 2009
46. Niemann, Karin: Rheinsberg in alten Ansichten. Europäische Bibliothek, Zaltbommel (NL) 1993
47. Nitschke, Heinz G., Jan Feustel: Entdeckungen im Fläming. Berlin 1996
48. Ortsbeirat Jagow und Verein „Landleben Jagow e.V." (Hrsg.): 650 Jahre Taschenberg. Chronik eines uckermärkischen Dorfes. Hennigsdorf 2005
49. Piltz, Georg: Kunstführer durch die DDR. Leipzig–Jena–Berlin 1985
50. Piltz Georg: Schlösser und Gärten in der Mark Brandenburg. Leipzig 1987
51. Preuß, Carsten, Hiltrud Preuß: Die Guts- und Herrenhäuser im Landkreis Teltow-Fläming. Berlin 2011
52. Rohde, Marie-Luise, Jutta Baeblich: Schlösser und Gärten der Mark – Metzelthin. Hrsg.: Sibylle Badstübner-Gröger; Freundeskreis Schlösser und Gärten der Mark in der Deutschen Gesellschaft e.V.. Berlin 2008
53. Schatte, Hartmut: Die Familie Schulz und ihre Güter in Brandenburg-Preußen mit Sembten, Groß Drewitz und Grano. Guben 2003
54. Schatte, Hartmut: Krayne, Teichperle der Niederlausitz. Guben 2005

55. Schellhorn, Martina, Oliver Mark: Heimat verpflichtet. Märkische Adlige – eine Bilanz nach 20 Jahren. Hrsg.: Brandenburgische Landeszentrale für politische Bildung. Potsdam 2012
56. Schiller, René : Vom Rittergut zum Großgrundbesitz. Ökonomische und soziale Transformationsprozesse der ländlichen Eliten in Brandenburg im 19. Jahrhundert. Berlin 2003
57. Siedler, Wolf Jobst: Wanderungen zwischen Oder und Nirgendwo. Das Land der Vorfahren mit der Seele suchen. Berlin 1988
58. Schmidt, Rudolf: 100 Jahre Familie Koppe auf Wollup. Eberswalde 1927
59. Schwarz, Ulrike: Gutachterliche Stellungnahme zum Denkmalwert. Brandenburgisches Landesamt für Denkmalpflege und Archäologisches Landesmuseum. Wünsdorf 2004
60. Sobotka, Bruno J., Jürgen Strauss: Burgen, Schlösser Gutshäuser in Brandenburg und Berlin. Stuttgart 1996
61. Sprossmann, Heinz: Jagow und seine Menschen. Hrsg.: Gemeinde Jagow. Zehdenick 1993
62. Sprossmann, Heinz: 625 Jahre Kutzerow/Dolgen. Kutzerow 2000
63. Thalmann, Gordon: Adelssitz in der Prignitz - Das Wenckstern'sche Wasserschloss in Kietz,. In: Im Dialog mit Raubrittern und schönen Madonnen. Die Mark Brandenburg im späten Mittelalter. Berlin 2011
64. Theise, Thomas: Schlösser und Gärten der Mark – Sieversdorf. Hrsg.: Sibylle Badstübner-Gröger, Freundeskreis Schlösser und Gärten der Mark in der Deutschen Gesellschaft e.V.. Berlin 1998
65. Theise, Thomas: Schlösser und Gärten der Mark – Heinersdorf. Hrsg. Sibylle Badstübner-Gröger, Freundeskreis Schlösser und Gärten der Mark in der Deutschen Gesellschaft e.V.. Berlin 1999
66. Walz, Tino: Schloß und Park Stechau. München 1996
67. Wedel-Parlow , Rüdiger von, Wolf Christian von Wedel-Parlow, Christiane Oehmig: Das Herrenhaus und das Rote Haus in Polßen. Hrsg.: Sibylle Badstübner-Gröger, Freundeskreis Schlösser und Gärten der Mark in der Deutschen Gesellschaft e. V.. Berlin 2009
68. Zuchold, Gerd H., Bernd Maether: Wege zu Schlössern und Herrenhäusern in der Niederlausitz. Hrsg.: Landesheimatbund Brandenburg e.V., Berlin 1995
69. Zuchold, Gerd H.: Herrensitze, Schlösser und Burgen im Land Brandenburg (unter Einschluß von Groß-Berlin) – vorläufiges historisch-statistisches Bestandsverzeichnis. In Schriftenreihe des IFP 21/9 der Technischen Universität Berlin und der Ferdinand von Quast-Gesellschaft 3 (1994)
70. Zeitgut: Zwischen Kaiser und Hitler. Kindheit in Deutschland 1914–1933. 47 Geschichten und Berichte von Zeitzeugen. Hrsg.: Jürgen Kleindienst. Berlin 2002

Presseerzeugnisse und Internet:

71. Berliner Morgenpost, 30. 5. 2008
72. Berliner Morgenpost, 4. 8. 2012
73. Berliner Zeitung, 5.12. 2005
74. Berliner Zeitung, 14./15. 6. 2008
75. Brandenburger Blätter der Märkischen Oderzeitung, 8. 4.1993
76. Brandenburger Blätter der Märkischen Oderzeitung, 17. 3.1995
77. Brandenburger Blätter der Märkischen Oderzeitung, 16.15.1998
78. Brandenburger Blätter der Märkischen Oderzeitung, 17. 11. 2000
79. Brandenburger Blätter der Märkischen Oderzeitung, 20. 12. 2002
80. Briedenburger Blätter der Märkischen Oderzeitung, 25. 6. 2004
81. Brandenburger Blätter der Märkischen Oderzeitung, 15. 10. 2004
82. Brandenburger Blätter der Märkischen Oderzeitung, 16. 12. 2005
83. Brandenburger Blätter der Märkischen Oderzeitung, 18. 2. 2005
84. Brandenburger Blätter der Märkischen Oderzeitung, 17. 2. 2006
85. Brandenburger Blätter der Märkischen Oderzeitung, 12. 6. 2009
86. Brandenburger Blätter der Märkischen Oderzeitung, 27.11. 2009
87. http://baustelleleben.de
88. http://bierfliege.hostingsociety.com/SchloesserONLINE/index1.htm?260.htm

89. http://brandenburg.rz.fhtw-berlin.de/kostbarkeiten.html
90. http://brandenburg.rz.htw-berlin.de/ausflug_koenigswusterhausen.html
91. http://brandenburg.stadt-erneuerung.de/doki/doberlug/Schloss.htm
92. http://de.groups.yahoo.com/group/Uckermark-Genealogie/message/92
     Geschichte des Dorfes Klockow aus dem Heimatkalender 1927 von Bernhard Mätzke und der Chronik von Klockow von 1992
93. http://de.wikipedia.org/wiki/Datei:Dallmin,_Polte.JPG
94. http://de.wikipedia.org/wiki/Burg_Vehlefanz
95. http://de.wikipedia.org/wiki/Klein_Kienitz
96. http://de.wikipedia.org/wiki/Kruegersdorf
97. http://de.wikipedia.org/wiki/Schloss_Grube
98. http://de.wikipedia.org/wiki/Neuhof_(Zossen)
99. http://de.wikipedia.org/wiki/Schloss_Zinnitz
100. http://de.wikipedia.org/wiki/Temnitztal
101. http://de.wikipedia.org/wiki/Ulrich_von_Etzdorf
102. http://d-nb.info Czubatynski, Uwe: 700 Jahre Quitzöbel, Beiträge zur Ortsgeschichte auf der Grundlage des Pfarrarchivs. Verlag Traugott Bautz, Nordhausen 2010
103. http://einestages.spiegel.de/static/tag/Summt.html
104. http://emazynxftp.de/~herzberg/SchlossParkZeittafel.htm
105. http://feudalismus.eu/haeuser/s/ST/A/Staffelde-Kremmen.htm
106. http://home.arcor.de/laasow/schloss/schloss.htm
107. http://lexikonn.de/Theisa
108. http://opus.kobv.de/ubp/volltexte/2005/157/pdf/wacker.pdf Jörg Wacker: Georg Potente (1876–1945) Dissertation, Philosophische Fakultät der Universität Postdam, 2003, S. 24
109. http://plattenburg.verwaltungbrandenburg.de/verzeichnis/objekt
110. http://portal.hsb.hs-wismar.de/pub/lbmv/mjb/jb023/355137879.htm , Georg Christian Friedrich Lisch: Ueber die norddeutschen Familien von Platen und die Familie von Bevernest.
111. http://schloss-schoenow.de
112. http://tu-dresden.de/die_tu_dresden/fakultaeten/fakultaet_architektur/ila/gla/dateien/ THEMENLISTE_Projekte_WS09.pdf
113. http://wapedia.mobi/de/Kartzow
114. http://wiederau.dreipage2.de/index.html
115. http://wilmersdorf.anger muende.de
116. http://wolletz.angermuende.de
117. Lausitzer Rundschau, 17. 4. 2004
118. Lausitzer Rundschau, 22. 1. 2008
119. Lausitzer Rundschau, 19. 3. 2008
120. Lausitzer Rundschau, 23. 1. 2007
121. Lausitzer Rundschau, 4. 9. 2007
122. Lausitzer Rundschau, 3. 9. 2009
123. Lausitzer Rundschau, 6. 7. 2009
124. Lausitzer Rundschau; 10. 8. 2010
125. Lausitzer Rundschau, 9. 9. 2010
126. Luckauer Lokalanzeiger, 20. 2. 2008
127. Märkische Allgemeine, 12. 11. 2010
128. Märkische Allgemeine, 18. 6. 2011
129. Märkische Allgemeine, 26. 6. 2011
130. Märkische Allgemeine, 28. 1. 2006
131. Märkische Allgemeine, 3. 12. 2008
132. Märkische Oderzeitung, 26. 8. 2006; 4. 7. 2004
133. Märkische Oderzeitung; Barnim Echo, 14./15. 1. 2012

134. Märkische Oderzeitung, 6. 12. 2012
135. Märkische Oderzeitung, März 2012 (in ww.christian-houschka-immobilien.de/images/stories/doc)
136. Märkische Oderzeitung, 17. 2. 2011; 7. 2. 2012
137. Mitteilung des Ortschronisten von Glienig, G. Grün
138. Ortrander Anzeiger, C 171
139. Rhein, Günter von, persönliche Mitteilung
140. The Independent World, 16. 2. 2010
141. Welt Online, 15. 10. 2003
142. www.14641-bredow.de/index.htm
143. www.alleburgen.de
144. www.altthymen.de/sehenswuerdigkeiten.htm
145. www.amt-altdoebern.de/seiten/gemeinden
146. www.amt-bruessow.de
147. www.amt-burg-spreewald.de/content/rubrik/229.html
148. www.amt-doebern-land.de
149. www.amt-gerswalde.de
150. www.amt-golzow.de/verzeichnis/objekt.php?mandat=52506
151. www.amtmeyenburg.de
152. www.badliebenwerda.de/prieschka/chronik/rittergut_d.htm
153. www.barnim.de/Neuendorf
154. www.bbfc.de/WebObjects
155. www.bldam.brandenburg.de
156. www.blumenow.de/zeittafel
157. www.blumenthal-mark.de/home.html
158. www.bodenreform-schwarzbuch.de/brandenburg.htm
159. www.brandenburg-abc.de
160. www.bundesregierung.de/nn_819558/Webs/Breg/meseberg/DE/Die__Geschichte__des__Schlosses
161. www.bundestag.de/blickpunkt/105_Unter_der_Kuppel/0401047.htm; Text: Heiko Fiedler-Rauer
162. www.burgeninventar.de
163. www.burg-lenzen.de/geschichte-der-burg.html
164. www.cga-verlag.de/2009/091212ellinorkorn.php
165. www.cga-verlag.de/alt/LandundLeute/lul12_herrenhaus.php
166. www.cga-verlag.de/alt/LandundLeute/lul6-krieschow.php
167. www.cga-verlag.de/radeln/radeln_rasten21.php
168. www.cga-verlag.de/radeln/radeln_rasten6.php
169. www.charisma-diakonie.de/Schmitz/07-3/laurent/view
170. www.dieprignitz.de/fileadmin/user_upload/PDF_Uploads/Stationsbuch_innen.pdf
171. www.denkmalschutz.de/denkmale/denkmal-liste
172. www.eickstedt.de/familie.htm
173. www.eiszeitstrasse.de
174. www.eiszeitstrasse.de, Biesenbrow. W. Ebert, 2006
175. www.eiszeitstrasse.de, Börnicke. W. Ebert, 2011
176. www.eiszeitstraße.de, Brüssow. M. Klebert, 2004
177. www.eiszeitstrasse.de, Coethen. H. Domnick/ W. Ebert, 2008
178. www.eiszeitstraße.de, Greiffenberg. W. Ebert, 2006
179. www.eiszeitstrasse.de, Grüntal. W. Ebert, 2010
180. www.eiszeitstrasse.de, Sonnenburg. H. Domnik, W. Ebert, 2002
181. www.eiszeitstrasse.de, Wölsickendorf; Wollenberg. W. Ebert / H. Domnick, 2005
182. www.esowatch.com/ge/index.php?title=F%C3%BCrstentum_Germania
183. www.europese-bibliotheek.nl/Marita Ihle: Erinnerungen an den Altkreis Spremberg. Europäische Bibliothek - Zaltbommel (NL) 2010

184. www.fair-hotels.de/Parkhotel-Schloss-Wulkow
185. www.fehrbellin.de/Lentzke
186. www.fleckenzechlin.de/texte/seite.php?id=2162
187. www.fuerstlichdrehna.de/wasserschloss.htm
188. www.gemeinde-dreetz.de
189. www.gemeinde-hoppegarten.de/dahlwitz/index.html)
190. www.gemeinde-karstaedt.de
191. www.geneagraphie.com
192. www.gens-prignitz.de/content/Projekte/pdf/Fretzdorf.pdf
193. www.gens-prignitz.de/content/Projekte/pdf/Karstedt.pdf
194. www.groß-fredenwalde.de
195. www.grossmachnow.de
196. www.gross-mehssow.de
197. www.gutboltenhof.de
198. www.gut-schwarzbach.de
199. www.gutshaus-wuestenrose.de
200. www.gutshof-lobendorf.de
201. www.heideblick.de
202. www.heimatheft.de/geschichte/Beerbaum/beerbaum-graefindoenhoff.htm
203. www.helga-kaestner.de
204. www.helga-kaestner.de/reetz.htm. John Shreve: Reetz. Ein Dorf in der Brandtheide, 1998
205. www.herrenhaus-brandenburg.eu/juehnsdorf-por.HTM
206. www.herrenhaus-brandenburg.eu/rogaesen-por.HTM
207. www.hds-neuenhagen.de/medien/GeschichteDesHauses/dottivilla03.04.07.pdf
208. www.hofkalender.de/haeuser/s/ST/O/Stoeffin.htm
209. www.hohen-neuendorf.de/hnd/history/stolpe.html
210. www.hornow-wadelsdorf.de
211. www.hubertushoehe.de
212. www.in-berlin-brandenburg.com/Brandenburg/Landkreise/Dahme-Spreewald/Sehenswuerdigkeiten/Schenkendorf.html
213. www.jahnsfelder-chronik.de/
214. www.karbe.info/Geschichte/Entwicklung/entwicklung.html
215. www.karbe.info/Verband/Hans_Karbe_Werbelow.pdf
216. www.kirchenkreis-kyritz-wusterhausen.de
217. www.klosterkirche-altfriedland.de/historie_gutsanlage
218. www.koenigs-wusterhausen.de/cms/beitrag/10464073/2188596/4
219. www.komptendorf.de/komptendorf/park-herrenhaus/
220. www.kunower-dorfverein.de,
221. www.landgut-st-michael.de
222. www.leeskow.de
223. www.lkspn.de/denkmaeler
224. www.lr-online.de/regionen/elsterwerda/Muehlberger-Claretiner-Pater
225. www.lr-online.de/regionen/luebbenau-calau
226. www.lznt.de.Kirchenbuch der Gemeinde Görlsdorf
227. www.maerkische-landsitze.de/lexikon
228. www.maerkische-schweiz.de/pages/region/gemeinden/jahnsfelde.html
229. www.mehrow.de
230. www.meineahnenforschung.de/nschulz.asp
231. www.molkenberg-foerderverein.de/index.php/frueher.html
232. www.monplaisir-schwedt.de
233. www.muehlenbeck-web.de/chronik

234. www.nackel.de/index.php?option=com_content&task=view&id=52&Itemid=81
235. www.niederlausitzer-kreisel.de/orte.htm
236. www.nordkurier.de/auf-tour/uckermark/gollmitz
237. www.nuthetal-chronik.de/html/ot_fahlhorst.html
238. www.oberkraemer.de/4/45/451/451schloss_sommerswalde.htm
239. www.plattenburg.de, http://daten2.verwaltungsportal.de/dateien/seitengenerator/2zichtow.pdf
240. www.pnn.de : 11.04.2009
241. www.potsdam-wiki.de/index.php/nim-Rittgarten%2C_Dietloff_von"
242. www.prignitz-abc.de
243. www.rathenow.de/Schwedenhaus-in-Boehne.603.0.html
244. www.repten.de/Gutshof/gutshof.html
245. www.restaurant-philippsthal.de/Philippsthal-Umgebung.28.0.html
246. www.rietz-neuendorf.de
247. www.ruppin.de/index.php?id=227&UserId=142&ort=Kyritz-Drewen&ListId=3
248. www.schenkendoebern.de
249. www.schloesser-um-dresden.de
250. www.schlossarchiv.de
251. www.schloss-börnicke.de
252. www.schloss-grochwitz.de
253. www.schloss-grube.de
254. www.schloss-luebbenau.de
255. www.schlossmuseum-wolfshagen.com
256. www.schloss-neuhausen.de
257. www.schloss-rauschendorf.de
258. www.schwante.de/schloesser.html
259. www.schwedt.eu
260. www.seminarhaus-wuestenrose.de
261. www.sperenberg.eu/Ansichten.html
262. www.stadt-trebbin.de
263. www.stechow.st.funpic.de/schueler2.html
264. www.stienitzseeopen.de
265. www.stiftungwaisenhaus.de/com/PDF/sigroen_paper.pdf
266. www.templin-info.de/templin_ortsteile/
267. www.teupitz.de/texte/seite.php?id=25934 ; Teupitzchronist Tyb'l, L.
268. www.tfh-berlin.de (Auszug aus der Diplomarbeit von S. Reißk und M.Piet)
269. www.theprinceofdeath.de/Burgen_Schlosser_Landerubersic/D_-_K/d_-_k.html
270. www.uckermark-region.de
271. www.vierlinden.org/gemeinde/worin.htm
272. www.vonarnim.com/presse
273. www.vonmimckwitz.de/besitzungen
274. www.walddrehna.de
275. www.wandern-in-brandenburg.de/09/08/15_i_01.html
276. www.welt.de/welt_print/article1124499/Berliner_auf_der_Suche_nach_dem_Landidyll.html
     22.7.2000
277. www.wildenau-ee.de/geschichte.htm
278. www.wuestenhain.de
279. www.wusterhausen.de/verzeichnis/objekt.php?mandat=27317
280. www.wusterhausen.de/verzeichnis/objekt.php?mandat=27320
281. http://m.morgenpost.de/printarchiv/brandenburg/article463957
282. Look Dr., Friedemann, persönliche Mitteilung
283. Schülzke, Carina, persönliche Mitteilungen

Bildnachweise

Aktuelle Abbildungen: Fotografien von Ingrid Reisinger ausgenommen
S. 13 Lichterfelde und S. 285 Ribbeck linke Abb.
S. 26 Britz: Eigentümer (www.quoka.de/vermietungen)
S. 222 Neu Golm: Carsten Hopf, Potsdam
S. 261 Schwante; S. 276 Zehdenick: Dr. Peter Bretschneider, Zepernick
S. 783 Halenbeck: Amt Meyenburg

Historische Abbildungen:
S. 9 Dammsmühle: aus Nr. 36 des Literaturverzeichnisses
S. 13 Lichterfelde: http://brandenburg.rz.htw-berlin.de/kostbarkeiten.html
S. 64 Falkenhain: Lausitzer Rundschau, 4.9.2007
S. 128 Stechow: http://stechow.st.funpic.de/geschichtliches.html
S. 144 Schönwalde: windows live fotogalerie
S. 149 Neu Fahrland: aus Nr. 34 des Literaturverzeichnisses
S. 196 Tasdorf: www.stienitzseeopen.de
S. 215 Sieversdorf: Volkmar Billeb, Berlin
S. 218 Molkenberg: www.molkenberg-foerderverein.de
S. 418 Saarmund: www.morgenstern-und-partner.de/_images/mietobjekte/Saarmund
S. 430 Hagelberg: Helga Kästner, Bad Belzig
S. 492 Granzow: Michael Holzrichter, Breitenfeld
S. 566 Groß Jamno: aus Nr. 14 des Literaturverzeichnisses
S. 578 Grano: aus Nr. 53 des Literaturverzeichnisses
S. 580 Hänchen: aus Nr. 35 des Literaturverzeichnisses
S. 583 Luisenruh-Peitz: aus Nr. 60 des Literaturverzeichnisses
S. 616 Dahme: Brandenburger Blätter der Märkischen Oderzeitung, 25. 6. 2004
S. 711 Wilmersdorf: Brandenburger Blätter der Märkischen Oderzeitung, 29. 1. 1999
S. 714 Radekow: www.villaradekow.eu

Abbildungen auf den Umschlagseiten:
Band 1: Gutshaus Altlandsberg, Schloss Sallgast, „Schwedenhaus" Böhne
Band 2: Guts-/Herrenhäuser in Criewen, Gahry, Pinnow (bei Angermünde)

Abkürzungsverzeichnis

BAR	Barnim
EE	Elbe-Elster
HVL	Havelland
LDS	(Landkreis) Dahme-Spreewald
LOS	(Landkreis) Oder-Spree
MOL	Märkisch-Oderland
OHV	Oberhavel
OPR	Ostprignitz-Ruppin
OSL	Oberspreewald-Lausitz
PM	Potsdam-Mittelmark
PR	Prignitz
SPN	Spree-Neiße
TF	Teltow-Fäming
UM	Uckermark
ASB	Arbeiter-Samariter-Bund
AWO	Arbeiterwohlfahrt
BUBAG	Braunkohle- und Brikett-Industrie-AG
BUND	Bund für Umwelt und Naturschutz Deutschland
Brbg.	Brandenburg
Brndbg. Schl. GmbH	Brandenburger Schlösser GmbH
CJD	Christliche Jugend Deutschlands
DKB	Deutsche Kreditbank AG
DMS	Denkmalsschutz
DRK	Deutsches Rotes Kreuz
e. V.	eingetragener Verein
FeWo	Ferienwohnungen
FDJ	Freie Deutsche Jugend
GA	Gutsanlage
GbR	Gesellschaft bürgerlichen Rechts
GFB	Gemeinnützige Gesellschaft zur Förderung Brandenburger Kinder und Jugendlicher mbH
GmbH	Gesellschaft mit beschränkter Haftung
gGmbH	gemeinnützige GmbH
GST	Gesellschaft für Sport und Technik
HO	Handelsorganisation
Kita	Kindertagesstätte
LPG	Landwirtschaftliche Produktionsgenossenschaft
MTS	Maschinen-Traktorenstation
NVA	Nationale Volksarmee
SED	Sozialistische Einheitspartei Deutschlands
Tbc	Tuberkulose
VEG	Volkseigenes Gut
VEB	Volkseigener Betrieb
ZK	Zentralkomitee

Ortsregister